Europäische Kurorte –
Fakten und Perspektiven

Prof. Dr. Frieder Stadtfeld (Hrsg.)

Europäische Kurorte

Fakten und Perspektiven

FBV Medien-Verlags GmbH

Die Deutsche Bibliothek — CIP-Einheitsaufnahme

Stadtfeld, Frieder (Hrsg.):
Europäische Kurorte : Fakten und Perspektiven / Frieder
Stadtfeld. — Limburgerhof : FBV-Medien-Verl.-GmbH, 1993
  ISBN 3-929469-01-4
  NE: Stadtfeld, Frieder [Hrsg.]

1. Auflage 1993
© FBV Medien-Verlags GmbH, D-67117 Limburgerhof, 1993
Alle Rechte vorbehalten. Nachdruck, auch auszugsweise,
nur mit Genehmigung des Verlags.
Layout und Druckvorlage: Jürgen Herber
Druck: Druck Partner Rübelmann, Hemsbach
Printed in Germany

ISBN 3-929469-01-4

Inhalt

Seite

Vorwort des Herausgebers 9

Deutschland

Karlheinz Wöhler:
Müssen sich die Kurorte umprofilieren? 13

Helmut Klopp und Norbert Tödter:
Die Wahl der Rechtsform als unternehmerischer Entscheidungsprozeß im
Fremdenverkehrsort 29

Heribert Kohl:
Steuern und Kuren 47

Peter Krumscheid:
Das Kurwesen in Zahlen 53

Wolfgang Fuchs:
Positionen deutscher Heilbäder und Kurorte in einem sich öffnenden
Europa 59

Barbara Richter:
Das Heilbad als Gesundheits-Clubdorf — Utopie oder Realität? 67

Österreich

Alois Modl:
Die österreichischen Heilbäder und Kurorte 71

Autonome Provinz Südtirol

Siegfried Wenter:
Heilbäder in Südtirol
Vergangenheit — Gegenwart — Zukunft 75

Italien

Emilio Becheri:
Trends in Thermal Treatment in Italy 79

Ungarn

Laszlo Csizmadia:
Kur- und Thermaltourismus in Ungarn 83

István Fluck:
Heilbäder in Ungarn und Budapest 99

Günther-Joachim Jaeckel:
Kuren im Thermal-Hotel Sárvár in Ungarn 105

Otto Balogh:
Developing Spa Tourism in the North-East of Hungary 115

Tschechische Republik

Marie Holubcova und Libuše Krejna:
Future Development of Czech Spas 121

Leo Novobilsky:
Karlovy Varys (Karlsbads) Rolle als Kurort im neuen Europa 125

Hana Güntherova:
Jáchymov (St. Joachimsthal) — das erste Radiumbad der Welt 133

Slowakische Republik

Marian Gúčik:
Stärken und Schwächen des Produktes der slowakischen Heilbäder 137

Juraj Čelko:
Gegenwart und Aussichten der slowakischen Heilbäder 145

Polen

Marek Paszucha:
The Spas and Polish Tourism Policy 149

Janusz S. Feczko:
Spa Resources in Poland: Qualitative Basis 155

Gerard Straburzyński und Zdzisław Suwała:
Polnische Kurortmedizin und Möglichkeiten des Gesundheitstourismus . 171

Marianna Daszkowska:
Kurorttourismus in Polen — ökonomische und juristische Aspekte 181

Irena Ledwoń-Jędrzejczyk:
Zukunftschancen der polnischen Kurorte
Die Kurorte als Reiseziel für ausländische Besucher 193

Bulgarien

Vasil Hristov Marinov:
Geographische Lage, Typisierung und Besonderheiten der Kurorte in
Bulgarien 207

St. Stamatov:
Entwicklung und Perspektiven des medizinischen Tourismus in Bul-
garien 221

Nadja Borisova Danailova und Snejana Georgieva Angelova:
Heilschlammbehandlung in den bulgarischen Seebädern 229

Vasil Naidenov Neschkov:
Das touristische Angebot in den bulgarischen Kurorten und Seebädern
am Beispiel des Kurortes St. Konstantin 239

Naiden Dimitrov Apostolov:
Touristische Verkehrstypologie der bulgarischen Heilbäder 245

Pavlina Tomova Detscheva:
Die balneologischen Zentren Bulgariens und die Entwicklung der Balneologie in der neuen Europäischen Gemeinschaft 251

Ukraine

Wladimir Iwanowitsch Skrinnik:
Zustand und Perspektiven des Fremdenverkehrs in der Ukraine 255

Alexander A. Beidyk and Nikolai Nikolaevich Padun:
The Ukraine's Recreational Resources 261

Vladimir Kirillovich Fedorchenko:
Conditions and Prospects of Developing the Recreational and Tourist
Potential of the Ukraine 267

Boris Pavlovich Yatsenko, S. S. Savitsky and E. E. Lishansky:
Problems of Developing International Tourist Activities in the Ukraine . 273

Autorenverzeichnis 281

Vorwort des Herausgebers

In den europäischen Kurorten und Heilbädern vollziehen sich große Veränderungen. Die Ursachen dieser Veränderungen sind:

- die Finanzierungsprobleme im Kurort- und Heilbäderbereich,
- die fortschreitende Integration der Europäischen Gemeinschaft,
- die Angleichung der ost- und mittelosteuropäischen Länder an die westliche Wirtschaftsform,
- der Vereinigung der ehemaligen Deutschen Demokratischen Republik mit der Bundesrepublik Deutschland.

Jedes dieser Themen erfordert für den Kurort- und den Heilbäderbereich eine eigene umfassende Darstellung. Dieses Buch versucht, einige Aspekte der kommenden Veränderungen aufzuzeigen. In seinem Mittelpunkt stehen die mittel- und osteuropäischen Kurorte und Heilbäder. Karlsbad, Budapest, Piešťany, Zoppot, Warna, ja sogar die Krim melden sich — um nur einige Namen zu nennen — nach über einem halben Jahrhundert wieder in den Kreis der großen europäischen Kurorte zurück. Die Kurlandschaft erhält wieder eine gesamteuropäische Dimension. Mit dieser gesamteuropäischen Dimension sind Chancen und Risiken verbunden. Sind die einzelnen Kurorte darauf vorbereitet?

Fragen, die im Hinblick auf die künftige Entwicklung beantwortet werden müssen, betreffen unter anderem

- die Neudefinition der Begriffe „Inland" und „Ausland" in der Europäischen Gemeinschaft und darüber hinaus
- die Vergleichbarkeit der Preis-/Leistungsstrukturen in den europäischen Kurorten,
- die Abstimmung der Finanzierungsträger und Finanzierungsformen für Kuraufenthalte in Europa,
- die Qualitätskriterien und Begriffsbestimmungen der europäischen Kurorte,
- das Verhältnis von Kurortmedizin und Kurorttourismus,
- die neuen Bedürfnisse der Kurgäste und die neuen Formen der Gesundheitsangebote,
- die Umprofilierung von Kurorten.

Daß sich die Kurorte und Heilbäder in ganz Europa verändern werden, ist für viele Beteiligte eine Gewißheit. Zu wünschen wäre, daß es dabei zu einem für alle vorteilhaften Austausch des Wissens und der Erfahrungen kommt. Diesem Ziel ist dieses Buch gewidmet. Es gibt neben aktuellen „westlichen" Kurortthemen in Deutschland, Österreich und Italien einen Überblick über die Situation der Kurorte und Heilbäder in Ungarn, der Tschechischen Republik, der Slowakei, Polen, Bulgarien und der Ukraine.

In diesen Ländern wurde eine europäische Kurorttradition bewahrt, die im „Westen" kaum mehr erfahrbar ist. Schon lange ist bekannt, daß die östlichen europäischen Länder über hochqualifizierte Kurärzte verfügen und ihre Leistungen zu sehr günstigen Preise anbieten. Sie haben damit Vorteile, die sie nicht ohne weiteres aufgeben werden, selbst wenn feststeht, daß aufgrund von Kostensteigerungen die in diesem Buch genannten Preise sehr bald ein ungläubiges Staunen auslösen werden.

Die Beiträge dieses Bandes erläutern jedoch nicht nur die derzeitige Situation der Kurorte, sondern sie berichten auch von ihren Entwicklungsmöglichkeiten und Perspektiven. Es wird deutlich erkennbar, daß die östlichen Kurorte nicht nur die heimischen Kurgäste im Auge haben, sondern auf die zahlungskräftige „westliche" Klientel und auf westliche Hilfe ihre Hoffnungen setzen.

Die Wettbewerbssituation der europäischen Kurorte wird sich durch die Marktteilnahme der östlichen Kurorte jedoch nicht schlagartig ändern. Der Strom der Kurteilnehmer läßt sich nicht kurzfristig und beliebig lenken. Hinzu kommt, daß die ökonomischen und politischen Veränderungen einen langen Weg zurückzulegen haben, bevor sie die östlichsten Grenzen Europas erreichen.

Dieses Buch macht die große Vielfalt der europäischen Kurorte deutlich. Es berichtet von der Wiederbelebung des weltberühmten böhmischen Bäder-Vierecks ebenso wie von Vorschlägen zur Revitalisierung der alpinen Heubadkurorte in Südtirol. Es gibt einen Überblick über die große Tradition und die Arbeitsweise der ungarischen Thermalbäder. Es listet die Aktivitäten der in Polen liegenden Kurorte sowie die Stärken und Schwächen der slowakischen Kurorte auf. Neben italienischen Szenarios für Kurclubdörfer ist Platz für die bulgarischen Kurorte und die Kurmöglichkeiten in der Ukraine.

Nicht zuletzt aber wird der Versuch gemacht, die deutschen Kurorte und Heilbäder mit einigen Analysen und Vorschlägen zu konfrontieren, die in die Zukunft weisen. Dabei wird die weitere Entwicklung der Kurorte in den neuen Bundesländern bewußt nicht in den Blick gefaßt, da sie eine eigene Darstellung erfordert.

Die europäischen Kurorte waren — und sind z. T. noch heute — Juwelen unter den Orten, zu denen Gäste reisen. Sie haben meist nicht nur eine landschaftlich besonders reizvolle Lage, sondern sind Schatzkammern der europäischen Architektur, Landschaftsgestaltung und Kultur. Ihr Glanz ist in großen Werken der europäischen Literatur festgehalten. Dieses kulturelle Erbe sollten all diejenigen kennen, die heute daran gehen, die Kurorte und Heilbäder den Erfordernissen der Zeit anzupassen. Angesichts des großen Potentials, über das die Kurorte verfügen, dürfte es nicht allzu schwierig sein, die notwendigen Änderungen vorzunehmen. Warum sollten die europäischen Kurorte, von denen einige eine jahrhundertelange und manche sogar eine über zweitausendjährige Tradition haben, nicht auch im 21. Jahrhundert attraktiv und voller Leben sein?

Weitgehend ungenutze Reserven der Kurorte liegen in der Steigerung der Zahl ausländischer Kurgäste, die oft weniger als ein Prozent der gesamten ausländischen Reisenden in dem jeweiligen Land ausmachen. Hier eröffnet sich ein Feld für vertrauensbildende Maßnahmen und für weltweite Marketingaktivitäten. Durch die Beschäfti-

gung von medizinischem Personal, das aus den Herkunftsländern der Kurgäste stammt
oder zumindest deren Muttersprache perfekt beherrscht, kann z. B. das Vertrauen in die
angebotenen Leistungen beträchtlich erhöht werden. Dieses Argument ist besonders bei
allen mit Gesundheitsaspekten zusammenhängenden Auslandsaufenthalten wichtig. Darüber hinaus könnten für weltweite Marketingaktivitäten die Kenntnisse und Einrichtungen der nationalen Fremdenverkehrsämter verstärkt genutzt werden.

Ungenutzte Reserven liegen aber auch in einer neuen Symbiose von Medizin und
Tourismus. Der teilweise lähmende Antagonismus von Ärzten und Touristikfachleuten
läßt sich überwinden, wenn beide Seiten zur Kenntnis nehmen, daß es sehr viele Formen von Tourismus und sehr viele Arten der medizinischen Behandlung gibt. Die Aufgabe besteht folglich darin, die passenden Formen und Leistungsangebote in einer harmonischen Weise zu kombinieren und damit die Wettbewerbssituation des gesamten
Kurortes zu stärken. Schon heute sind bestimmte Kurorte — insbesondere Heilklimatische Kurorte, Seeheilbäder und Luftkurorte — ohne Touristen nicht mehr vorstellbar.
Doch letztlich bleibt die Mischung von touristischen und ärztlichen Leistungen an die
Funktion und das Profil des einzelnen Kurorts gebunden.

Nachdem allgemeine Fremdenverkehrsorte zunehmend den lukrativen Markt des
Gesundheitstourismus entdecken, erhält der Wettbewerb der Kurorte in absehbarer Zeit
nicht nur eine gesamteuropäische Dimension, sondern auch eine andere Qualität. Schon
jetzt stehen Kurorte nicht nur untereinander, sondern auch verstärkt mit gesundheitsorientierten Urlaubs- und Freizeitorten im Wettbewerb.

Die organisatorischen und rechtlichen Gestaltungsmöglichkeiten der Fremdenverkehrsorte können durchaus als Modell für die Kurorte dienen. Eine maßgeschneider-
te Organisations- und Rechtsform erhöht die Effizienz und Flexibilität der Kurorte.
Hierzu bietet das Buch mit einer Gegenüberstellung der Vor- und Nachteile der möglichen Formen (GmbH, Regiebetrieb, Eigenbetrieb, eingetragener Verein etc.) einen praktischen Leitfaden.

Viele Beiträge dieses Sammelbandes entstanden anläßlich eines Kongresses, der
unter der Schirmherrschaft des Vizepräsidenten des Europäischen Parlaments in Zusammenarbeit mit der Kurdirektion Freudenstadt und der Fritz-Erler-Akademie in Freudenstadt durchgeführt wurde und bei dem der Herausgeber als Koordinator und Leiter
fungierte. Andere Beiträge wurden eigens für diesen Band geschrieben.

Den Autoren und Herrn Kurdirektor Peter Krumscheid sowie Frau Sabine Ferchau
und Herrn Elmar Haug sowie Herrn Alfred Braun sei an dieser Stelle nochmals für die
gute Zusammenarbeit gedankt. Sie alle sind an dem Wohlergehen der europäischen
Kurorte ebenso interessiert wie die Autoren, die ihre Analysen, Erfahrungen und Rat-
schläge in diesem Buch vorstellen.

Dieses Buch ist deshalb der Kurdirektion Freudenstadt und der Fritz-Erler-Akademie in der weltoffenen Schwarzwaldstadt gewidmet.

Für Textkorrekturen und Zusammenfassungen, die aufgrund sprachlicher oder
editorischer Erfordernisse notwendig wurden, trägt der Herausgeber die alleinige Ver-

antwortung. Die Layout- und Textgestaltung lag in den bewährten Händen von Herrn Jürgen Herber.

Frieder Stadtfeld

Karlheinz Wöhler
Müssen sich die Kurorte umprofilieren?

1 Problemstellung

Noch ehe die Weh- und Klagelieder über die Maßnahmen zur Kostendämpfung auch bei Kurbehandlungen verklungen sind, taucht eine neue Bedrohung auf: Viele Ferienorte und Städte rüsten ihre Hallenbäder um und lassen dabei das Gesundheits- oder „Wellness"- Argument in Angebotsformen gießen. Es entstanden und entstehen aus ehemaligen Hallenbädern „Thermen", „Badeländer" mit Sauna-, Solarium-, Massage- und sonstigen „Gesundheitsbereichen" oder auch „Spaß- und Erlebnisbäder" mit Gesundheits- und Vitalangeboten. Entsprechend diesen Facelifting-Aktionen loben sich die Orte als Ziele aus, in denen man sich erholen und etwas für die Gesundheit tun kann.

Diese Entwicklung trifft auf eine Diskussion über das Verhältnis zwischen Kurort und Tourismus, die noch kein Ende gefunden hat. Dabei sorgt sich insbesondere die Kurortmedizin um ihre Zukunftsperspektiven. Nicht mehr nur Kuration, Rehabilitation oder Prävention sind die neuen (und alten) Perspektiven, sondern „Promotion" (vgl. Gehrke 1992, S. 11 f.). Die Kurortmedizin bemüht sich darum, den Patienten oder Noch-nicht-Patienten so zu motivieren, daß er aus sich selbst heraus etwas für seine Gesundheit zu tun bereit ist. Genau mit dieser Argumentation locken auch die neuen, umgebauten und im Angebot erweiterten Hallenbäder, die in das jeweilige Konzept der Ferienorte integriert sind.

Die Frage ist daher: Wollen die um diese neuen Bäder erweiterten Ferienorte in den lukrativen Kurgästemarkt einwirken? Und wollen die Kur- und Heilbäder ihre ehedem ungeliebten touristischen Kurgäste mit einem „Promotions"-Angebot halten? In einer empirischen Studie[*] ist dieser Frage nachgegangen worden. Hier sollen einige erste Ergebnisse vorgestellt werden, die in der Tendenz eine Antwort auf die Frage zulassen, ob und wie sich Kurorte umprofilieren sollten.

Umprofilierung ist dann angesagt, wenn ein Angebot von einem Image- und/oder Preisverschleiß befallen ist. Gemessen an dem „eigentlichen" Kurgästeanteil, leiden Kurorte und Heilbäder an Verfallserscheinungen.

---

[*] Frau Vivian Wein, cand. rer. pol., sei an dieser Stelle für die Datenaufbereitung gedankt.

2 Ausgangsposition

2.1 Kurorte und Heilbäder

Es ist eine bekannte Tatsache, daß sich in den letzten drei Jahrzehnten die Gästestruktur in den Kurorten und Heilbädern vollends gewandelt hat. Sie ist schlicht umgekippt. Der Anteil der Gäste, die eine Badekur durchführen (offene Badekur und Sozialkur), ist in manchen Orten im Verhältnis zu den anderen Gästen („Kurgästen") auf 1 : 10 gesunken (vgl. Becker/May 1988, S. 187 ff.). Man muß allerdings festhalten, daß diese Entwicklung auf einem ohnehin niedrigen Niveau ansetzte, und dies vor allem dort, wo ehemalige Ferienorte in den 60er bzw. 70er Jahren prädikatisiert wurden. Bei den traditionellen oder klassischen Kurorten ist diese Entwicklung nicht so dramatisch, wenngleich auch dort das Pendel zugunsten der touristischen Kurgäste ausgeschlagen ist (vgl. Söhner 1988, S. 3 ff.).

Die Ursachen für diese Entwicklung sind in vielen Umständen zu suchen. Das GRG (Gesundheitsreform-Gesetz) ist ein Element und hat in den Jahren 1989/90 diese Entwicklung beschleunigt, indem der Rückgang der offenen Badekuren durch eine verstärkte Hinwendung zu neuen Zielgruppen kompensiert wurde (vgl. Bleile 1991, S. 33 f.). Wesentliche Ursachen liegen indes in der Attraktivität der Heilbäder und Kurorte:

- Sie halten eine vielfältige und „gepflegte" Freizeitinfrastruktur vor.
- In der Regel haben sie eine landschaftlich schöne Lage.
- Die Erreichbarkeit über zentrale Straßen ist meistens gut.
- Durch die Prädikatisierung ist gewissermaßen eine Urlaubs- oder Ferienwelt garantiert, die der Besucher als Kontrast zur Alltagswelt erwartet.

Diese Merkmale üben Strahlkräfte auf die „schnöden" Touristen aus, die sich in den prädikatisierten Orten „tummeln": Erholungsurlauber, Kurzurlauber, Tagesausflugsgäste (primäre wie auch sekundäre), Tagungs- und Kongreßtouristen. So ist es nur allzu verständlich, wenn aus kurmedizinischer bzw. aus Prädikatsicht von Nutzungskonflikten gesprochen wird. Die Touristen halten sich in einem Ort auf, der im Prinzip für sie nicht vorgesehen ist. Diese Inbesitznahme bewirkte für jeden sichtbare wirtschaftsfördernde Effekte, so daß sich auch die kommunalen Entscheidungsträger auf dieses touristische Publikum einstellten. „Ein Blick auf die Angebote der Heilbäder und Kurorte zeigt beispielhaft die Öffnung zum Tourismus: Da gibt es ‚gesellige Kuren', ‚Vorsorgekuren', ‚Gesundheitsaufenthalte', ‚Pauschalangebote' zur Prävention und ähnliches, neue Zielgruppen werden erschlossen" (Söhner 1988, S. 5). Heute ist das Angebot für den Urlauber, ja für alle, die gesund sind und aktiv bleiben, ein selbstverständliches Kurortangebot. So gibt der Landesfremdenverkehrsverband Baden-Württemberg über einen Spezialveranstalter für „medizinischen Tourismus" ein „Gesundheits-Plus-Programm" heraus. Der Tourismus im Kurort ist eine Tatsache.

Dieser Ist-Zustand soll beispielhaft an der Gästestruktur Bad Zwischenahns aufgezeigt werden. (Das Zahlenwerk stammt aus einer Erhebung für ein Fremdenverkehrskonzept; der Kurverwaltung Dank für die Überlassung!) Man sieht, daß Urlauber Kurorte und Heilbäder als Urlaubsort annehmen. Sie sind — wie es Söhner ausdrückt — „Ziele einer Reisekultur", die insbesondere für Tagesbesucher attraktiv sind. Tagesausflüge werden primär vom Wohnort aus und sekundär vom Urlaubsort aus unternommen. Insofern ist der Anteil der touristischen Kurgäste weitaus höher.

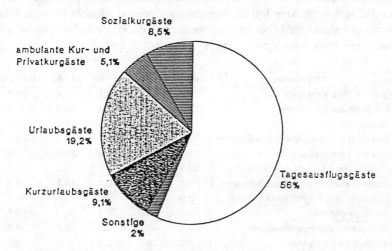

Abb. 1: Gästestruktur Bad Zwischenahns im Juli/August 1990.

Wenn Kurorte Ziele einer Reisekultur sind, dann ist es interessant, zu erfahren, ob diese Kultur von einer exklusiven Klientel oder älteren Besuchern gepflegt wird. Zieht man zur Beantwortung dieser Frage das Alter als Indikator heran, das ja auch etwas über die Lebensphase und somit Lebensumstände aussagt, so zeigt sich, daß der Kurort von allen Altersklassen besucht wird. Das „Altenimage" von Kurorten ist somit ein Phantom. Es hat tatsächlich den Anschein, daß Kurorte und Heilbäder mit ihrer Atmosphäre Lebensqualität vermitteln, die über alle Altersklassen hinweg nachgesucht wird.

Anlaß	<30	30–40	40–50	50–60	>60 Jahre
Erholungsurlauber	3,7	9,4	11,9	21,6	40,7
Kurzurlauber	9,3	20,3	21,4	15,2	10,8
Sozialkurgäste	7,3	4,7	4,8	17,2	11,8
Privatkur / Ambulante Kur	—	1,6	4,8	6,4	9,8
Tagesausflug	72,2	56,3	54,8	38,4	24,5

Tab. 1: Anlaß des Aufenthalts in Bad Zwischenahn (in %).

Bei diesem Zahlenwerk in der Grafik und der Tabelle überrascht es nicht, wenn Vertreter der Kurortmedizin anklagend feststellen, daß die gemeindepolitischen Entscheidungsträger mit ihrem „vorherrschenden Konzept eines reinen Fremdenverkehrs ohne therapeutische Zielsetzung jenseits des engeren Kurbereichs" ein Publikum anlokken, das nicht auf die gesundheitsorientierte Infrastruktur des Ortes zurückgreift (Schipperges/Kirschner 1987, S. 38). Sieht man sich die unternommenen Aktivitäten während des Aufenthalts an, dann legt die Verteilung auf den am stärksten besetzen Feldern offen, daß wahrlich nicht von einer Inanspruchnahme kurortspezifischer Vorhalteleistungen gesprochen werden kann:

Aktivitäten	<30	31–40	41–50	51–60	>60 Jahre
Besuch des Kurparks	**70,4**	**73,4**	**84,5**	**84,8**	**87,2**
Fährfahrt auf dem Meer	22,2	31,3	42,9	49,6	52,5
Museumsbesuch	14,8	31,3	31,0	34,4	30,9
Besichtigung von Sehenswürdigkeiten	13,0	28,1	28,6	28,8	27,9
Besuch der Spielbank	24,1	15,6	22,6	26,8	8,8
Besuch von Stadt- und Volksfesten	25,9	20,3	13,1	16,8	10,3
Besuch kultureller Veranstaltungen	**5,6**	**7,8**	**10,7**	**15,2**	**15,2**
Einkaufs- und Schaufensterbummel	42,6	43,8	56,0	51,1	44,2
Ausflüge gemacht	20,4	32,8	36,9	33,6	28,4
Ambulante Kuranwendungen	**1,9**	**—**	**7,1**	**8,8**	**8,8**
Im Badepark gewesen	9,3	10,9	2,4	2,4	2,0
Im Wellenbad gewesen	29,6	26,6	16,7	24,0	17,6
Spazierengehen/Wandern	**77,2**	**60,9**	**78,6**	**73,6**	**76,0**
Radfahren	22,2	31,2	27,4	32,0	13,2
Bootfahren	35,2	25,0	13,1	15,2	7,4

Tab. 2: Unternommene bzw. geplante Aktivitäten in Bad Zwischenahn (in %).

Die Verteilung der Aktivitätsmuster über die Altersklassen hinweg verdeutlicht eindrucksvoll, daß es außer den Einrichtungen der Kuranwendung und (teilweise) den kulturellen Veranstaltungen keinen besonderen Bereich gibt, der nur von der spezifischen Kurklientel frequentiert wird. Was den „artgemäßen Kur- und Erholungseinrichtungen" zuzuschlagen ist (Kurpark, Wanderwege oder das Wellenbad), befindet sich bei den Touristen ebenso in fester Hand wie bei den eigentlichen Kurgästen, die sich vornehmlich aus der Altersklasse der 50jährigen und Älteren rekrutieren. Und was die anderen Aktivitäten anbelangt, so sind hier lediglich graduelle Unterschiede feststellbar.

Diese Aktivitätsverteilung stärkt die Vermutung, daß es in einem Kurort **nicht zu Nutzungskonflikten** kommt. Man kann daraus schließen, daß die Ansprüche und Forderungen der Touristen und der „eigentlichen" Kurgäste nicht unterschiedlich sind. Es ist anscheinend eine Legende, wenn immer wieder behauptet wird, der „ordentliche" Kurgast sei „anders", er suche nicht das alltägliche Urlaubsleben. Was er sucht und findet, sind Rückzugszonen und -gebiete, in denen er seine Ruhe hat und von denen aus er (beobachtend) am Leben teilnehmen kann. Doch genau dieses scheint auch für einen großen Teil der Touristen zu gelten, denn sie partizipieren ebenfalls an diesen Möglichkeiten (vgl. Kurpark oder Wandern). Das macht ja den Kurort als Ort der nachgefragten Reisekultur aus. Niemand wird strukturell ausgeschlossen, doch jeder hat die Option, sich selbst auszuschließen, um dann wieder ohne weiteres am „Leben" teilzunehmen.

2.2 Ferienorte

Wenn es nach dieser Datenlage keinen Kurort bzw. kein Heilbad „an und für sich" gibt — zumindest was die Gäste- und Aktivitätsstruktur anbelangt —, dann bleibt das Wesen des „eigentlichen" Kurortes oder Heilbades auf die spezifischen Infrastrukturen beschränkt, die mit den „**Begriffsbestimmungen**" des Deutschen Bäderverbandes vorgegeben sind (1987). Sieht man einmal von den Einrichtungen der Kurmittelanwendung und der dazugehörigen sachlichen und personellen Ausstattung ab, dann halten selbst „normale" Ferienorte Infrastrukturen vor, die für Kurorte gelten (vgl. Barlage / v. Frieling 1989, S. 67 ff.): Wanderanlagen mit gekennzeichnetem Wegenetz, Liegewiesen, Parks, Haus des Gastes, kulturelle Veranstaltungen — und aufgrund der Gesetzeslagen und den Umweltanforderungen sind auch die allgemeinen gesundheitlichen Voraussetzungen gegeben (Energie, Abwasser, Abfall, Lärm etc.). Was den Ferienorten bisweilen fehlt, ist die **gesundheitsbetonte Infrastruktur**, die als „Quasi-Kurinfrastruktur" herhalten könnte.

Eine gesundheitsorientierte Infrastruktur als Angebot in das touristische Leistungsprogramm zu integrieren, ist aus zweierlei Gründen attraktiv:

1. Fast jeder Ferienort kann ein Hallenbad vorhalten. Seit 1972 gehen die Besucherzahlen in alten Hallenbädern allerdings dramatisch zurück (bis zu 40 %; vgl. Fuhrer, 1992). Mangels permanenter Reinvestitionen hat sich baulich nichts geändert, so daß diese Bäder für die Besucher nicht mehr attraktiv sind. In der gleichen Zeit haben sich die Freizeitanforderungen der (potentiellen) Badegäste geändert, die eher Erlebnis und weniger einen starren, reglementierten und „geduldeten" Badeaufenthalt wollen (vgl. Fromme/Nahrstedt 1989). Diesem Image- und Gästeverschleiß — auch von einem Preisverfall begleitet — kann nicht mehr mit einem Facelifting entgegengewirkt werden; der Verfall ist schon zu weit fortgeschritten.

   In dieser Situation entscheiden sich derzeit nicht wenige Ferienorte, das Hallenbad durch ein neues Bad zu ersetzen (öffentlich und/oder privat finanziert). Das alte Hallenbad erlebt in einer gänzlich neuen Form eine Auferstehung: Neben den vielen neuen Wassereinrichtungen bzw. „Wasserlandschaften" (Wasserrutschen, Wasserfällen, Whirlpools, Inselduschen, Wildbächen, Gegenstromanlagen) plaziert sich ein Gesundheits- bzw. „Wellnessbereich" mit Sauna, Fitneß und ein **kurähnliches Angebot** (vgl. Reddel 1989, S. 253 f.; Gronow-Lutter 1989) mit:

- Wassergymnastik
- Hydro-Power
- Wirbelsäulentraining   } Wasserbezogene Angebote
- Bewegungstraining
- Massagen etc.

- Arztvorträgen
- Vollwerternährungsseminaren
- Entspannungsübungen   } „Trocken-Angebote"
- Bewegungsübungen etc.

Diese Angebote sind für alle Altersklassen und schließen Spezialangebote für Schwangere, Senioren, Sportverletzte, Rheumakranke u. a. ein. Zur Durchführung und Erstellung dieser Leistungen kann man auf (lokale) Kooperationspartner wie Ärzte, Psychologen, Ernährungsberater, Vereine, Studios, ja sogar die Krankenkassen zurückgreifen.

Damit weisen diese Spaß-, Erlebnis- und Gesundheitsbäder Funktionen auf, die sonst nur in den Bädern oder ähnlichen Einrichtungen der Kurorte und/oder Heilbäder vorzufinden sind. Diesen Gesundheitsofferten stehen verschiedene altersgerechte Angebote, Erlebniswelten (individuelle wie auch gemeinschaftlich erfahrbare) und ein Gastronomieangebot zur Seite, das stark zur Kostendeckung beiträgt. Damit jedoch nicht genug: In der Regel sind derartige Badelandschaften in Innen-, Innen-/Außen- und Außenzonen aufgeteilt, so daß je nach Wetter bzw. Jahreszeit draußen und drinnen „erlebt" werden kann. Darüber hinaus gewährleistet eine weitere Zonierung, daß sich der Besucher zurückziehen und kontemplativ die Welt wahrnehmen kann.

2. Die radikale Um- bzw. Neugestaltung der Hallenbäder ist eine Antwort auf die Grundeinstellung der Bevölkerung im allgemeinen und der Urlauber im besonderen. Es zeigt sich, daß Gesundheit als äußerst wichtig eingeschätzt wird, gefolgt von Familie/Freunden, Freizeit und Berufsleben (vgl. Puhe 1988, S. 14 f.). Vor diesem Hintergrund definiert der Bundesbürger in Ost- und Westdeutschland seine Freizeit: Abschalten/Ausspannen; Abwechslung/Erlebnis; Naturerleben; Gesundheit/Sport/Bewegung. Die neuen Hallenbäder haben sich auf diese Freizeitbedürfnisse eingestellt, die man als Urlauber, Tagesausflügler oder Ortsansässiger befriedigen kann.

Es überrascht nicht, daß nach der Umgestaltung der Hallenbäder die Gästezahlen wieder heftig ansteigen und somit nach langer Zeit wieder eine Kostendeckung bewirken. Ferienorte, die diese Einrichtungen vorhalten können, werden attraktiv bzw. behalten ihre Attraktivität. Nicht selten wird dieses neue Leistungspaket in ein weitgefaßtes Leitungsbündel für Urlauber integriert, das vielfältige „Kreativ-Aktiv-Gesundheits-Programme" umfaßt. Garniert wird das Ganze mit einer guten Infrastruktur, die an die „Bestimmungen für Kurorte" mehr als herankommt. Eine

Selbstauslobung als „umweltfreundlicher" Ort stellt überdies Assoziationen zur Gesundheit her.

Die **kurähnlichen Ferienorte**, aber auch Städte haben sich diesem Trend angeschlossen, halten demzufolge ein Leistungsangebot vor, das den Gesundheitsaspekt aufgenommen hat, ohne sich von „den Touristen" zu distanzieren. Eine Gästestrukturanalyse eines neuen „Thermen-Hallenbades" dokumentiert, daß es im Grunde von der gleichen Klientel besucht wird, wie sie sich in den Abbildungen 1 und 2 widerspiegelt (vgl. Reddel 1989, S. 25 ff.). Diese Ferienorte haben sich umprofiliert, was auch in der Werbung und anderen Marktbearbeitungsmaßnahmen zum Ausdruck kommt.

3 Strategische Optionen

Wenn man gewillt ist, diese Analyse der Ausgangssituation zu akzeptieren, dann gibt es „neue" Ferienorte, die vom Angebot und Charakter her Kurorten und Heilbädern ähneln, und umgekehrt sind die letzteren touristisch besetzt. Während diese Ferienorte „geselliger" sind, d. h. das kurortspezifische Normen- und Regelwerk nicht kennen, besitzen die Kurorte und Heilbäder zweifelsohne eine weitaus höhere „Kurkompetenz". Ob diese Kompetenz über das Rehabilitative bzw. Kurative hinaus auch bei der selbstgewählten Prävention/Vorsorge für die eigene Gesundheit gesehen wird, ist allerdings nicht ausgemacht. Es gibt für den Urlauber bzw. „Freizeitmenschen" auch andernorts Gelegenheiten, selbst etwas für die Gesundheit zu tun. Die Kurortmedizin muß nicht ein Promotor für die eigene Gesundheitsvorsorge sein; einen Promotor findet man — sofern man ihn sucht — auch in den neuen Hallenbädern und Ferienorten, die sich mit Gesundheitsangeboten qualifizieren.

Vor diesem Hintergrund stellt sich die Frage, ob nicht die Kurorte und Heilbäder Gefahr laufen, die angeblich „ungeliebten" Hauptgäste, die Touristen, zu verlieren, wenn diese in den „neuen" Ferienorten ein Angebot vorfinden, das sich mit dem deckt, was sie sonst in den Kurorten und Heilbädern gesucht haben. Welche Märkte/Zielgruppen sollen also bearbeitet werden?

Diese Frage ist bekanntlich die Frage nach der Bestimmung von Marktfeldstrategien (vgl. Ansoff 1966, S. 122; siehe hierzu insbesondere Becker 1992, S. 121 ff.). Marktfeldstrategien sind eng an das Wunschbild des Kurortes („Was wollen wir?" bzw. *„Das* wollen wir!") und an seine allgemeinen Gestaltungsgrundsätze („Wenn ..., dann ...!") angelehnt, die integraler Bestandteil der Kurortphilosophie sind. Daraus wird abgeleitet, welche Leistungen auf welchen Märkten angeboten werden. Grundsätzlich können dabei vier strategische Alternativen in Erwägung gezogen werden, wie die folgende Matrix verdeutlicht.

Zielgruppen Märkte Leistungen	bisherige	neue
bisherige	1 Marktdurchdringungs- strategien	2 Markterweiterungs- strategien
neue	3 Leistungserweiterungs- strategien	4 Diversifikations- strategien

Tab. 3: Marktfeldstrategien.

Ad 1: Marktdurchdringungsstrategien. Ansatzpunkte für Marktdurchdringungsstrategien liefern die bereits vorhandenen und bereits in der Vergangenheit anvisierten Zielgruppen, deren Aufenthaltsdauer oder Besucherhäufigkeit stärker ausgeschöpft werden können als bisher. Das bedeutet, daß nicht nur bisherige Gäste, sondern auch Nicht-Besucher von einem Besuch in einem Kurort überzeugt werden. Das kann im einzelnen bedeuten:

— Der Gast eines Kurortes wird Inhaber einer „Kurgastkarte" (= Kundenbindung).
— Stammgäste werden zu Kurwochenenden (preisdifferenziert) eingeladen (= Gästepflege).
— Bisherige Nicht-Besucher fühlen sich durch klar gestaltete und übersichtliche Leistungsangebote angesprochen und werden zu Gästen.
— Ein touristischer Kurgast wird durch einen Vortrag zu einer offenen Badekur überzeugt.
— Durch eine Beratung über das Antragsprozedere wird ein Gast einer offenen Badekur zur Antragsstellung einer Sozialkur überzeugt.

Wie man sieht, können diese einzelnen Marktdurchdringungsstrategien Reserven mobilisieren. Vieles ist noch nicht ausgeschöpft, so daß man nicht hektisch auf die „Bedrohung" durch neue „Gesundheitsferienorte" reagieren müßte.

Ad 2: Markterweiterungsstrategien. Ausgehend von der bisherigen Leistung, werden mit Markterweiterungsstrategien neue Zielgruppen erschlossen. Diese Markterweiterung ist in den letzten zwei Jahrzehnten mit dem Ergebnis erfolgt, wie es in Kapitel 2.1 dargelegt wurde. Vielfach geschah und geschieht dies mit privaten Leistungsträgern, die sich des gleichen Leistungsprogramms bedienen oder aber **Leistungsvariationen** und -verbesserungen bieten. Im Zuge dieser Strategie kam es auch zu einer gewissen Filialisierung von privaten Kurkliniken und -hotels. Eine wesentliche Leistungs- und Programmvariation ist die Ergänzung des Kurbades durch zusätzliche Varianten (Wellenbad, Badeland o. ä.). Leistungsvariationen, also im Grunde Erweiterungen der **Programmtiefe**, stellen auch der Ausbau des Wegenetzes für neue Nutzungsarten (Radfahren, Laufen), die Einbeziehung neuer Therapieformen und -anwendungsbereiche in das bestehende Behandlungsangebot oder die Erweiterung des Kurzentrums um einen Tagungsbereich dar.

Durch diese Leistungsvariationen gelingt es, neue Zielgruppen wie Erholungsurlauber, Tagesausflügler, Tagungs- und Seminartouristen anzusprechen. Im gleichen Maße verlagern sich die Geschäftsfelder von der Kur hin zu den touristischen Kurgästen.

Ad 3: Leistungserweiterungsstrategien. Unter Leistungserweiterungsstrategien wird das Angebot neuer Leistungsprogramme auf den bisherigen Märkten bzw. Zielgruppen verstanden. Genau vor dieser Situation stehen die Kurorte, wenn sie befürchten müssen, Touristen bzw. touristische Kurgäste an die neuen gesundheitsorientierten Ferienorte zu verlieren. Um eine Abwanderung zu verhindern, wäre es insbesondere denkbar, Spaß- und Erlebnisbäder mit Gesundheitsangeboten zu errichten. Die neuen Ferienorte mit diesen Bädern haben erfolgreich diese Leistungserweiterungsstrategie betrieben, mit der Konsequenz, daß sie ihre Gäste behalten und/oder neue hinzugewinnen.

In den nächsten beiden Kapiteln soll anhand empirischer Daten die Leistungserweiterungsstrategie für Kurorte diskutiert werden.

Ad 4: Diversifikationsstrategien. Unter Diversifikationsstrategie wird die Aufnahme neuer Leistungen in das kurörtliche Leistungsbündel und die Ansprache neuer Zielgruppen (vorher nicht bearbeitete Märkte) verstanden. Einige Kurorte und Heilbäder sind diese strategischen Wege gegangen. Das Tagungsgeschäft mag als Beispiel gelten (vgl. Bleile 1991, S. 34).

Mit der Bestimmung der Marktfelder muß auch das Verhalten gegenüber den Wettbewerbern festgelegt werden. Wettbewerber sind einerseits die deutschen Kurorte und Heilbäder (je nach Standpunkt 430 oder 326; es lassen sich in den Neuen Bundesländern die Kureinrichtungen nicht einheitlich einordnen) sowie die ausländischen Anbieter und andererseits die gesundheitsorientierten Ferienorte. Dieses Verhalten kann defensiv oder offensiv und auf Erhaltung oder Ausschaltung des Wettbewerbs angelegt sein. Ohne hier etwas vorwegzunehmen, bieten sich zwei Strategiealternativen an:

— Eine offensive, auf Erhaltung der Wettbewerbsposition gerichtete Strategie muß eine **Profilierung** anstreben (siehe auch Bleile 1991, S. 33; Söhner 1988, S. 18).
— Eine defensive, auf weitgehende Ausschaltung des Wettbewerbs beruhende Strategie läuft auf **Kooperation** z. B. mit den neuen Ferienorten hinaus.

Die empirische Analyse wird zeigen, welche Option besteht. Denn erst wenn die Meinungen und Vorstellungen der Gäste bekannt sind, kann und sollte man strategische Entscheidungen treffen.

4 Leistungsattraktivität aus der Gästesicht

Es wurden Gäste in einem Kurort mit einem Kurbad und Gäste in einem Ferienort mit einem Erlebnisbad, das sich durch eine Therme auszeichnet, befragt. Die Befragungen wurden an unterschiedlichen Tagen und Zeiten durchgeführt.

Das **Kurbad** liegt im Kurzentrum (Kurpark, Gastronomiebetrieb, Geschäfte, Anschluß an das Wander-/Radfahrwegenetz) und weist im Innenbereich drei Becken mit unterschiedlichen Wassertemperaturen (Jod-, Sole- und Thermalbad) auf. Der Thermenbereich kann auch im Außenbereich als „Freibad" benutzt werden. Dort gibt es auch ein Sauna-/Solariumangebot und Ruhezonen. Der Gast muß das kurspezifische Regelwerk beachten und einhalten. Das **Erlebnisbad** hat zwei Becken: ein neues Thermalbecken und das alte Hallenbad, das umgestaltet und in den Komplex integriert wurde. Dieser überdachte Komplex beinhaltet in den verschiedenen Zonen Erlebnisbereiche, Ruhezonen und Gastronomie sowie ein Fitneßangebot. Ein Animationsprogramm rundet die Leistungspalette ab. Bei gutem Wetter bzw. im Sommer kann sich der Gast einen weitläufigen Außen- und Freibereich erschließen.

Der Kurort ist gemäß den „Bestimmungen" strukturiert und ausgestattet. Beide liegen verkehrsmäßig günstig; der Ferienort ist noch besser von der Autobahn aus erreichbar. Wettbewerbsbedeutsam ist, daß der Kurort mit seinem Thermal-Jod-Sole-Bad von **acht (!) Ferienorten bedrängt** wird, die mit ihren neuen Bäderangeboten sowohl Gesundheit als auch Erlebnis herausstellen. Der Einzugsbereich dieser Konkurrenten liegt in einem Radius, der innerhalb der tolerierten Distanzschwelle für Tagesausflügler anzusiedeln ist. Touristische Kurgäste haben somit acht weitere Alternativen, selbst etwas für die Gesundheit zu tun und können dabei gleichzeitig auf ein offenes, geselliges Erlebnisangebot zurückzugreifen.

Nach der Wichtigkeit bzw. dem Anreiz für einen Besuch gefragt, gab es interessante Unterschiede. Ermittelt wurden die Ergebnisse mittels einer Faktorenanalyse. Die Faktorenanalyse reduziert die Vielzahl der zu beantwortenden Fragen auf wenige, wesentliche Faktoren. Sie informieren über die hinter den Antworten liegenden Gründe, ein Kurbad oder Erlebnisbad aufzusuchen. Ohne hier näher auf methodische Verfahrensweisen einzugehen, ergaben sich bei dem **Kurbad** die aus Tab. 4 ersichtlichen Faktoren und Faktorbesetzungen.

Betrachtet man die Motivlagen (Faktoren) der unterschiedlichen Kurbadgäste, dann fällt dreierlei auf:

1. Jeder, also auch diejenigen, die eine Kur durchführen, besucht das Kurbad und den inneren Kurbereich, weil man dort unter Menschen aller Altersklassen ist. Kein anderer Faktor weist eine derart hohe und dichte Ladung auf.
2. Die kurbadspezifischen Eigenschaften (Kurangebot, das auf die Regeleinhaltung bedachte Personal und die Ruhezonen) laden auf den jeweiligen Faktoren mit den niedrigsten Werten. Sie fallen gewissermaßen heraus. Und dies bedeutet, daß die Besucher darin die schwächsten Anziehungskräfte erblicken.

Faktoren	Eigenschaften	Faktorladungen
1. Vorteile	Öffnungszeiten	0,85162
	Gastronomieangebot	0,64285
	Preisgünstigkeit	0,55536
2. Gemischtes Publikum	Jüngeres Publikum	0,84838
	Älteres Publikum	0,82046
3. Serviceangebot	Abwechslungsreiches Angebot	0,77355
	Kurangebot	0,59682
	Verhalten der Angestellten	0,50653
4. Pragmatismus	Gute Verkehrsanbindung	0,80053
	Spaßangebot	0,63594
	Fitneßangebot	0,61587
5. Ambiente	Architektur	0,77965
	Landschaftl. Lage	0,74624
6. Hygiene	Sauberkeit	0,83858
	Ruhezonen	0,57745
7. Sauna	Saunaangebot	0,85196

Tab. 4: Faktorenanalyse „Kurbad".

3. Ganz pragmatisch gesehen, will jeder Besucher schnell und günstig einen Ort erreichen, an dem er Spaß hat und etwas für seine Fitneß, sprich Gesundheit, tun kann (Faktor 4). Im Kurbad sieht man hierfür einen geeigneten Ort, wenngleich mit mehr oder wenigen deutlichen Abstrichen, was die im Verhältnis zu den anderen Eigenschaften niedrigen Ladungen belegen. Auf der gleichen Ebene liegt das Gastronomieangebot, das aufgrund der niedrigen Ladung gerade noch als akzeptabel angesehen wird.

Ein Fazit daraus lautet: Das Kurbad wird nicht als Kureinrichtung in Anspruch genommen. Günstige Rahmenbedingungen wie die Verkehrsanbindung und die Öffnungszeiten bringen jung und alt an einen Ort zusammen, an dem man in angenehmer Umwelt (Ambiente) etwas erleben und für seine Fitneß bzw. Gesundheit tun möchte. Gerade diese beiden Momente werden nicht so günstig, wohl aber als ausreichend eingeschätzt. Das **Saunaangebot**, mit der höchsten Ladung überhaupt, kompensiert vieles.

Das Bild von der „Therme", so nennt sich jetzt das umgestaltete und erweiterte Hallenbad, ist etwas einheitlicher. Die Faktorbesetzung ist eindeutiger und diskriminiert nicht so viele Eigenschaften. Es stellte sich für das neue, **gesundheits- und spaßorientierte Hallenbad** folgende Werte heraus:

Faktoren	Eigenschaften	Faktorladungen
1. Erleben	Spaßangebot	0,80669
	Jüngeres Publikum	0,74923
	Abwechslungsreiches Angebot	0,69184
2. Ambiente	Gastronomieangebot	0,78493
	Architektur	0,62467
	Lage	0,50879
	Kurähnliches Angebot	0,46812
3. Pragmatismus	Öffnungszeiten	0,77236
	Preisgünstigkeit	0,67816
	Gute Verkehrsanbindung	0,61498
4. Unterhaltung	Animation	0,75142
	Möglichkeiten für Unternehmungen nach dem Besuch	0,53147
5. Ruhige Atmosphäre	Älteres Publikum	0,78621
	Ruhezonen	0,71666
6. Gesundheit	Saunaangebot	0,86597
	Fitneßangebot	0,56919
7. Sauberkeit	Sauberkeit	0,87056

Tab. 5: Faktoranalyse „Gesundheitsorientiertes Hallenbad".

Wenn man die Faktoren diskutiert, muß stets gesehen werden, daß sich in ihnen die Antworten aller Befragten widerspiegeln. Die Motivlage spiegelt zwar die Gesamtheit wider, doch es läßt sich erkennen, daß die Therme Platz für unterschiedliche (Ziel-) Gruppen hat. Im einzelnen ist das Augenmerk auf vier Punkte zu werfen:

1. Offensichtlich kommt das umgestaltete Hallenbad bei dem jüngeren „Erlebnispublikum" bestens an.
2. Das kurähnliche Angebot (Faktor 2) fällt vollkommen heraus. Man will aus freien Entschlüssen etwas für sich und die eigene Gesundheit tun, was auch der Faktor 6, „Gesundheit", ausdrückt.
3. Wer eine ruhige Atmosphäre sucht, findet hier ebenfalls ein adäquates Angebot.
4. Die gesamte Umgebung mit dem Gastronomieangebot (es umfaßt ein vielfältiges, aufgegliedertes Angebot) findet Zustimmung.

Die Schlußfolgerung aus dieser Datenlage ist eindeutig. Hier kommen Menschen mit verschiedenen Motivlagen zusammen, die ihre unterschiedlichen Wünsche und Bedürfnisse befriedigen können. Das Leitungsprogramm ist derart diversifiziert, daß es weder zu Nutzungskonflikten noch zu Unzufriedenheit führt. Eine Clusteranalyse für das umgebaute gesundheitsorientierte Hallenbad ergab **drei Zielgruppen**, die sich sozialdemo-

graphisch unterscheiden, jedoch hinsichtlich der befragten Eigenschaften des Hallen-
bades kaum Differenzierungen aufweisen. Eine jüngere Zielgruppe hob die Animation
hervor, eine zweite lehnte diese besonders ab, und eine dritte hielt nichts vom Saunaangebot. Diese Unterschiede harmonieren dennoch, was sich insbesondere darin dokumentiert, daß keine Zielgruppe das „ältere Publikum" präferiert oder ablehnt. Es ist dem
neuen Hallenbad demnach gelungen, drei Zielgruppen mit einem diversifizierten Leistungsprogramm anzusprechen.

 Gänzlich anders ist es bei dem **Kurbad**. Seine Klientel ist zweigeteilt. Die Clusteranalyse ergab hier eine Verfeinerung des Ergebnisses der Faktorenanalyse. Die zwei
Gruppen haben auf den wesentlichen Variablen folgende Gestalt:

Wichtigkeit	Zielgruppe 1	Zielgruppe 2
Saunaangebot/Fitneß	—	+
Sauberkeit	+	+
Abwechslung/Erleben	-/+	+
Jüngeres Publikum	-/+	+
Öffnungszeiten	+	+
Ambiente	-/+	+
Verkehrsanbindung	+	+

Legende

+	sehr wichtig
-/+	mit Maßen und dem Charakter eines *Kur*bades angepaßt
-	nicht wichtig

Tab. 6: Zielgruppen des Kurbades.

Wie ersichtlich, will die Zielgruppe 1 „ihr" (altes) Kurbad, „ihren" Kurort. Es können
zwar Änderungen Platz greifen, doch diese Änderungen müssen im Rahmen bleiben.
Dagegen hält die Zielgruppe 2 viel von einer Auflockerung, von einer Vielfalt, die man
vor allem im Erlebnis- und Gesundheitsbereich für sich und seine (Familien-)Angehöri-
gen sucht. Diese Zielgruppe lehnt zwar das Kurbad nicht ab, doch es ist innerlich schon
auf dem Weg, eine angemessene Alternative zu suchen.

 Diese Alternative könnte durchaus in dem nahegelegenen, schnell erreichbaren
Erlebnis- und Gesundheitsbad liegen. Das, was als touristisches Publikum wenn nicht
abqualifiziert, so doch als „uneigentlich" zum Kurort gehörend qualifiziert wurde,
schickt sich an, sich umzuorientieren. Wenn der Kurort nicht leer stehen will, dann muß
er diese Zielgruppe, die touristischen Kurgäste, mit Produktdifferenzierungsmaßnahmen
zum Bleiben veranlassen.

5 Umprofilierung mit Leistungserweiterungsstrategien

Nach den oben genannten Marktfeldstrategien stehen in dieser Situation Leistungserweiterungsstrategien an. Sie zielen darauf ab, die bisherigen Zielgruppen zu halten, indem
das Angebot durch neue Leistungen erweitert wird. Wenn also die touristischen Entscheidungsträger die touristischen Kurgäste weiterhin „versorgen" und gleichzeitig die

„eigentlichen Kurgäste" (vgl. in etwa Zielgruppe 1) ansprechen wollen, dann kann dies nur unter Einbeziehung aller kurörtlichen Leistungsträger bewältigt werden. Aus dieser Sicht ergeben sich vier Alternativen, unter denen, je nach den vorhandenen und zu erschließenden Ressourcen, auszuwählen ist:

Leistungsträger Leistungserweiterung	Kurmedizinische(s) Personal/Einrichtungen	Touristische(s) Personal/Einrichtungen
kurorttypisch	1 interne Facherweiterung	2 externe Facherweiterung
nicht kurorttypisch	3 interne Leistungserweiterung	4 externe Leistungserweiterung

Tab. 7: Leistungserweiterungsstrategien.

Die ersten drei Strategien sind in den letzten Jahren bewußt oder unbewußt verfolgt worden. Der Schritt zur konsequenten Ausrichtung auf die vierte Strategie steht (noch) an. Er ist notwendig, wenn der touristische Kurgast auf lange Sicht gehalten werden soll. Im einzelnen können die Leistungserweiterungsstrategien wie folgt beispielhaft erläutert werden:

Ad 1: Interne Facherweiterung liegt dann vor, wenn kurmedizinische Einrichtungen neue bzw. neuartige, aber verwandte Leistungen anbieten. Das Leistungsprogramm ist in der Vergangenheit immer wieder sowohl in die Breite als auch in die Tiefe erweitert worden (= horizontale und vertikale Erweiterung). Prävention ist das eine Stichwort. Gegenwärtig sind es unter kurmedizinischer Anleitung durchgeführte Therapien, die kaum noch alle aufzählbar sind. Diese Leistungserweiterungen bewirken nicht zuletzt auch eine Öffnung gegenüber neuen Gästen und somit den touristischen Urlaubern.

Ad 2: Externe Facherweiterung bedeutet beispielsweise, wenn im Kurzentrum oder den Unterkünften Beratungen und/oder kurbezogene Veranstaltungen durchgeführt werden. Sie informieren über eine Kurbehandlung und/oder bringen Erholungsurlauber dazu, an einer Therapie, einem Bewegungstraining o. ä. teilzunehmen. Diese Aktionen vollziehen sich nicht in einer reglementierenden Kuratmosphäre, können aber vom Kurfachpersonal durchgeführt werden.

Ad 3: Interne Leistungserweiterung findet permanent statt, wenn z. B. ein Saunabereich dem Kurmittelsektor angegliedert oder wenn Personal eingestellt wird, das sich um kurbegleitende Maßnahmen wie z. B. Bewegungstraining kümmert. Beides ist nicht kurorttypisch, doch die Nähe zur Kurmedizin suggeriert, daß hier etwas Fachspezifisches geschieht. Eine interne Leistungserweiterung läge auch vor, wenn sich die Kurortmedizin der eingangs erwähnten Aufgabe der Motivation des Gastes widmet, aus sich selbst heraus etwas für seine Gesundheit zu tun. Das wäre keine kurort- oder kurmedizinspezifische Leistung.

Ad 4: Externe Leistungserweiterung ist eine Strategie, die konsequent auf den touristischen Kurgast abzielt. Während die drei anderen Strategien mehr oder weniger sanft und im Einklang mit der Kurmedizin als „Wächter" des „wahren" Kurorts verfolgt werden, stehen jetzt die kurörtlichen Entscheidungsträger vor der Frage, ob sie sich offen und bewußt zum touristischen Kurgast **angebotsmäßig** bekennen sollen. Wie im vorherigen Kapitel aufgezeigt, soll dies nicht ohne den Gesundheitsaspekt geschehen. Erholung, Erleben, Gesundheit und Bewegung sind die in einem Leistungsbündel zu vereinenden Grundelemente. Die umgestalteten, gesundheits- und spaßorientierten Hallenbäder sind ein Vorbild. Mit ihm können Zielgruppen gehalten und/oder neue, wie Familien mit Kindern, gewonnen werden.

Während sich Kurorte und Heilbäder schon längst mit den ersten drei Strategien profiliert haben (vgl. Bleile 1991, S. 33), so ist ihnen mit der vierten Strategie eine Möglichkeit gegeben, sich für neue bzw. neuartige Zielgruppen zu profilieren. Viele Kurorte sind bereits diesen Weg gegangen, doch er durchzieht nicht den Kurort in der Gesamtheit. Dies bedeutet nicht, einer Öffnung der „touristischen Vorfluter", wie der Diskotheken oder des lärmenden Nachtlebens, das Wort zu reden. Ganz im Gegenteil. Die neuen Hallenbäder demonstrieren, wie es eine **offene Zonierung** möglich macht, daß eine unterschiedliche Klientel ihre jeweiligen Aktivitäts- oder Ruheräume findet. Über alle Klassen, Kassen und Altersgruppen hinweg vereinen sich hier Menschen, die Bewegung, Gesundheit, Erleben und Entspannung suchen. Eine derartige Zonierung ist auch in einem Kurort möglich.

Kurorte und Heilbäder müssen sich der Bedrohung stellen, die die neuen Wettbewerber mit ihren offenen Gesundheitsangeboten mit sich bringen. Wenn die Ferienorte sich mit einem erlebnisreichen Gesundheitsangebot profilieren, dann müssen die Kurorte endlich touristische Farbe bekennen. Sie müssen sich in diesem Sinne umprofilieren, ansonsten steht die nächste Krise vor der Tür. Aufgrund der Ressourcen sollte es ein Leichtes sein — den tourismuspolitischen Willen vorausgesetzt —, diese Herausforderung zu meistern.

*

Literaturverzeichnis

ANSOFF, H. J.: *Management-Strategie*, München 1966.

BARLAGE, D. / H.-D. V. FRIELING: *Freizeitrelevante Infrastruktur in Urlaubsgebieten und ihre Nutzung durch Urlauber*, Göttingen 1989.

BECKER, C./M. MAY: „Heilbäder in der Kurortkrise", in: ARL (Hrsg.): *Fremdenverkehr und Regionalpolitik, Forschungs- und Sitzungsberichte* 172, Hannover 1988, S. 181—223.

BECKER, J.: *Marketing-Konzeption*, 4., verb. u. erw. Aufl., München 1992.

Begriffsbestimmungen für Kurorte, Erholungsorte und Heilbrunnen, hrsg. v. Deutschen Bäderverband und Deutschen Fremdenverkehrsverband, Bonn 1987.

BLEILE, G.: „Zunehmender Wettbewerbsdruck erfordert neue Management-Konzepte und Marketing-Strategien, in: *Heilbad und Kurort* 43, 1991, S. 32—34.

FROMME, J./W. NAHRSTEDT (Hrsg.): *Baden gehen*, Bielefeld 1989.

FUHRER, A.: „Vom Hallenbad zum Freizeittempel", in: *Handelsblatt*, Nr. 45 (22/23.02. 1992), S. 33.

GEHRKE, A.: *Überlegungen zu Chancen und Perspektiven einer gezielten Kurortplanung* (Schriftenreihe 1 des Heilbäderverbandes Niedersachsen: „Im Mittelpunkt der Mensch"), Hannover 1992.

GRONOW-LUTTER, V.: „Gesundheitsförderung in (Freizeit-)Bädern. Zur wohnungsnahen Versorgung von chronisch Kranken", in: Fromme, J./W. Nahrstedt (Hrsg.): *Baden gehen*. Bielefeld 1989, S. 299—305.

PUHE, H.: „Der Saunatyp und sein Freizeitumfeld", in: *Internationales Sauna-Archiv*, 1988 (Dezember), S. 9—23.

REDDEL, S.: „Anforderungsprofil und Konzeption freizeit- und gesundheitsorientierter Bäder, dargestellt am Beispiel der TAUNUS-THERME", in: Fromme, J./W. Nahrstedt (Hrsg.): *Baden gehen*, Bielefeld 1989, S. 249—258.

SCHIPPERGES, H./CHR. KIRSCHNER: „Die Kurortmedizin", in: Deutscher Bäderverband (Hrsg.): *Grundlagen der Kurortmedizin und ihr Stellenwert im Gesundheitswesen der Bundesrepublik Deutschland*, Bonn 1987, S. 17—39.

SÖHNER, M.: *Kurort und Tourismus*, Hamburg 1988.

* * *

Helmut Klopp und Norbert Tödter
Die Wahl der Rechtsform als unternehmerischer Entscheidungsprozeß im Fremdenverkehrsort

1 Einleitung

Die Entscheidung über die Rechtsform einer Unternehmung gehört zu den konstitutiven Unternehmungsentscheidungen einer Betriebsgründung und kann umschrieben werden als der „Inbegriff der gesetzlich typisierten Grundstruktur einer Betriebswirtschaft"[1]. Trotzdem stellt sich die Frage der Rechtsformwahl für einen Betrieb nicht nur bei der Gründung, sondern sie muß jeweils von neuem überprüft werden, wenn sie vom wirtschaftlichen Standpunkt aus nicht mehr die zweckmäßigste ist.[2] Dabei bezieht sich die Zweckmäßigkeit einer Rechtsform in ihrer Grundstruktur sowohl auf das Außenverhältnis (Auftreten im Rechtsverkehr) als auch auf das Innenverhältnis (interne Willensbildung).[3]

Die „richtige" Organisation für den gemeindlichen Fremdenverkehr gibt es nicht. Struktur, Rahmenbedingungen und Größenordnungen sind so unterschiedlich, daß allgemeingültige Konzeptionen weder möglich noch sinnvoll sind.[4]

Im Wirtschaftsverband Deutscher Heilbäder und Kurorte sind 268 Heilbäder und Kurorte zusammengeschlossen, von denen 77,7 % unter der Leitung der kommunalen Verwaltung stehen. Die sich seit Ende der 70er Jahre nachhaltig verändernde Marktsituation im Fremdenverkehr, bedingt durch die Wandlung des bis in die frühen 70er Jahre reichenden Verkäufermarktes hin zum Käufermarkt, hat einen wachsenden Wettbewerbsdruck bewirkt. Die Auswirkungen des Gesundheitsreformgesetzes von 1989/90, die Öffnung der Grenzen nach Osten durch die politischen Umwälzungen und nach Westen durch den EG-Binnenmarkt ab 1993 wird die Wettbewerbssituation der deutschen Heilbäder und Kurorte noch weiter verschärfen. Um die Leistungs- und Wettbewerbsfähigkeit für die Zukunft zu sichern und um dem Aufgabenwandel im Fremdenverkehr gerecht zu werden, wurden und werden die bestehenden Organisationformen vermehrt in Frage gestellt.[5]

Das Ziel dieses Aufsatzes ist es, die grundlegenden Unterschiede der öffentlichrechtlichen Organisationsformen und der privat-rechtlichen Rechtsformen gerade im Hinblick auf die Entscheidungsprozesse, die einer veränderten Marktsituation gerecht werden müssen, darzustellen.

2 Rechts- bzw. Organisationsformen

2.1 Privat-rechtliche Rechtsformen

2.1.1 Rechtsformen

Grundsätzlich sind alle Privatrechtsformen für einen Kurbetrieb denkbar. Hier sollen jedoch lediglich die betriebswirtschaftlichen Besonderheiten der in Fremdenverkehrs-orten bisher vertretenen Rechtsformen kurz dargestellt werden.

a. Die **Gesellschaft mit beschränkter Haftung** (GmbH) ist eine juristische Person. Notwendige Organe der GmbH sind die Geschäftsführung, die Gesellschafterversamm-lung sowie der Aufsichtsrat, soweit er per Gesetz oder Satzung vorgeschrieben wird. Die laufende Führung ist Aufgabe der Geschäftsführung. Der Gesellschafterversamm-lung obliegen die Überwachung der Geschäftsführung, die Feststellung des Jahres-abschlusses sowie die Verteilung des Gewinns. Bei der Haftungsbeschränkung besteht für die GmbH die Besonderheit, daß alle Gesellschafter für die Einzahlung des gesam-ten Haftungskapitals haften, die Haftung aber auf dieses Kapital beschränkt ist.[6] Die Geschäftsführung wird aufgrund der betriebswirtschaftlichen Erfordernisse und des Ver-antwortungsbewußtseins ausgewählt. Die Vergütung ist erfolgsorientiert und erfolgt nicht nach den Maßstäben des öffentlichen Dienstrechtes.[7]

b. Bei der **Aktiengesellschaft** (AG) ist die Trennung zwischen Eigentümern und Be-triebsleitung streng durchgeführt. Der Vorstand trifft dabei sämtliche Führungsentschei-dungen selbständig und trägt die gesamte Verantwortung. Die Organe der AG sind der Vorstand, der Aufsichtrat und die Aktionärsversammlung. Der Vorstand ist nicht an Weisungen des Aufsichtsrates gebunden. Die Aktiengesellschaft ist in der Regel die zweckmäßigste Rechtsform für Großbetriebe.[8]

c. Nach § 21 Bürgerliches Gesetzbuch (BGB) können nur solche **Vereine** (e. V.) in das Vereinsregister beim Amtsgericht eingetragen werden, deren Zweck nicht auf einen wirtschaftlichen Geschäftsbetrieb gerichtet ist. Aufgrund von § 43 Abs. 2 BGB kann diese Rechtsfähigkeit dann entzogen werden, wenn eingetragene Vereine einen wirt-schaftlichen Geschäftsbetrieb unterhalten.[9] Die Mitgliederversammlung ist in der Regel oberstes Vereinsorgan. Dem Vorstand obliegt die Geschäftsführungs- und Vertretungs-funktion des Vereins. Die einzelnen Kompetenzen können durch die Satzung beschränkt werden.

d. Die **Genossenschaft** ist ähnlich dem eingetragenen Verein als wirtschaftlicher Verein zu charakterisieren. Sie ist weder eine Personen- noch eine Kapitalgesellschaft. Sie ist eine juristische Person, deren ursprüngliches Ziel nicht in der Gewinnerzielung, sondern in der Selbsthilfe der Mitglieder durch gegenseitige Förderung lag. Alle Mitglieder haben daher auch in der Generalversammlung nur eine Stimme. Die Haftung ist beschränkbar.[10]

2.1.2 Träger privat-rechtlicher Rechtsformen

Privat-rechtliche Rechtsformen können sowohl von privaten Betrieben bzw. Personen als auch von öffentlichen Betrieben gebildet werden. Beteiligt sich die öffentliche Hand an privaten Betrieben, so entsteht ein gemischtwirtschaftlicher Betrieb. Gemäß § 65 BHO soll sich der Bund an der Gründung einer Unternehmung in der Rechtsform des Privatrechts oder an einem bereits bestehenden Unternehmen nur beteiligen, wenn

1. ein wichtiges Interessse des Bundes vorliegt und sich der vom Bund angestrebte Zweck nicht besser und wirtschaftlicher auf andere Weise erreichen läßt;
2. die Einzahlungsverpflichtung des Bundes auf einen bestimmten Betrag begrenzt ist;
3. der Bund einen angemessenen Einfluß, insbesondere im Aufsichtsrat oder in einem entsprechenden Überwachungsorgan, erhält;
4. gewährleistet ist, daß der Jahresabschluß, soweit nicht andere gesetzliche Vorschriften entgegenstehen, entsprechend den aktienrechtlichen Vorschriften aufgestellt und geprüft wird.[11]

Diese für den Bund gültigen Einschränkungen sind auch in der Gemeindeordnung gem. § 104 vorgesehen.[12]

2.2 Öffentlich-rechtliche Organisationsformen

2.2.1 Der reine Regiebetrieb

Der reine Regiebetrieb stellt eine „Verwaltungseinheit ohne jegliche institutionalisierte Selbständigkeit"[13] dar. Er ist in den Gemeindehaushalt integriert, besitzt keine eigene Vermögensrechnung, soll aber trotzdem nach wirtschaftlichen Grundsätzen geführt werden. Eine exakte Ermittlung des Betriebsergebnisses ist aufgrund der fehlenden Abgrenzung des Betriebsvermögens nur erschwert möglich. Die Beschäftigten eines reinen Regiebetriebes sind Betriebsangehörige der Gemeinde ohne eine spezielle Vorbildung bzw. einer besonderen fachlichen Qualifikation. Erschwerend für eine unabhängige wirtschaftliche Betätigung ist die Verschmelzung der Leitungsfunktion des Betriebes mit der allgemeinen Verwaltung sowie die organisatorische Unselbständigkeit des Regiebetriebes. Es handelt sich hierbei um Kleinbetriebe in Gemeinden bis 5.000 Einwohner.[14]

2.2.2 Der Betrieb mit Sonderrechnung

Diese besondere Einheit innerhalb einer Verwaltung, die zumindest über mehr Delegation von Verantwortung und Kompetenzen verfügt, ist dem Bürgermeister unterstellt. Die Wirtschaftsführung und das Rechnungswesen werden nach dem dritten Abschnitt des Eigenbetriebsgesetzes (Wirtschaftsplan, kaufmännischer Jahresabschluß und Jahresbericht) über Sondervermögen geführt.

2.2.3 Der Eigenbetrieb

Als weitere Organisationsform des öffentlich-rechtlichen Bereiches kann man den Eigenbetrieb abgrenzen. Er stellt ein Sondervermögen der Gemeinden bzw. Landkreise dar. Die Rechtsstellung des Eigenbetriebes ist als unselbständiger, aber organisatorisch abgegrenzter Teil des Gemeindevermögens zu charakterisieren.[15] Gemäß § 1 des Eigenbetriebsgesetzes haben Gemeinden mit mehr als 10.000 Einwohnern ihre wirtschaftlichen Unternehmen als Eigenbetriebe zu führen, sofern die Bedeutung des Unternehmens dieses rechtfertigt, und für sie unmittelbar und uneingeschränkt zu haften.[16] Oberstes Entscheidungsgremium und Kontrollorgan ist die Gemeindevertretung, der die Aufgaben der Feststellung des Jahresabschlusses, des Wirtschaftsplanes (Erfolgsplan, Vermögensplan, Finanzplan und Stellenplan) sowie die Verwendung des Jahresgewinns bzw. der Deckung des Jahresverlustes obliegt. Die Kompetenzen der Entscheidungsgremien, d. h. der Gemeindevertretung, der Ausschüsse der Gemeindevertretung, des Werkleiters sowie des Bürgermeisters als Dienstvorgesetzten aller Bediensteten, werden durch die Eigenbetriebsverordnung und Eigenbetriebssatzung geregelt. Dabei bleibt der Eigenbetrieb rechtlich unselbständig und ist daher nicht in der Lage, Rechtsstreitigkeiten im eigenen Namen durchzuführen oder Darlehen aufzunehmen. Die Werkleitung vertritt den Eigenbetrieb im Rechtsverkehr. Ihr obliegt weiterhin die laufende Betriebsführung auf der Grundlage der Eigenbetriebsverordnung und gemäß der Betriebssatzung.[17] Der Bürgermeister kann der Fremdenverkehrsdirektion nur noch Weisungen erteilen, um die Aufgabenerfüllung zu sichern, evtl. Mißstände zu beseitigen und die Einheitlichkeit der Gemeindeverwaltung sicherzustellen.[18]

Auch die Staatsbäder können Vermögensteile aus dem Haushaltsplan ausgliedern und als Sondervermögen verwalten. Sie werden entweder als Anstalt des öffentlichen Rechts („Öffentlicher Betrieb zum Zwecke der Wahrnehmung bestimmter öffentlicher Aufgaben außerhalb der unmittelbaren Staatsgewalt")[19] oder als Eigenbetrieb geführt. Dabei wird die Leitung des Betriebes einem Beamten oder Angestellten übergeben, der den Betrieb weisungsgebunden an eine Dienstaufsicht, eine Finanzdirektion oder einen zusammengefaßten Landesbetrieb leiten soll.[20]

2.2.4 Die Eigengesellschaft

Die nach § 104 GemO entstandene Möglichkeit der Gründung einer GmbH durch die Gemeinde ohne Beteiligung Dritter hat zur Folge, daß eine weitere Organisationsform öffentlich-rechtlicher Betriebe die GmbH ist, sofern der öffentliche Zweck nicht ebenso gut durch einen Eigenbetrieb erfüllt werden kann.[21] Die Eigengesellschaft als privatisierter Kurbetrieb wird vom Bürgermeister vertreten. Der Geschäftsführer führt die Geschäfte entsprechend dem Wirtschaftsplan (Erfolgsplan, Finanzplan und Stellenübersicht). Er kann als Gesellschafter Weisungen erteilen und damit in die laufende Betriebsführung eingreifen.[22]

2.2.5 Rechtsformen im Überblick

	Regiebetrieb	Eigenbetrieb	Eingetragener Verein (e.V.)	Gesellschaft mit beschränkter Haftung (GmbH)
Rechtsform	Öffentlich-rechtlich; Teil einer Körperschaft des öffentlichen Rechts	Öffentlich-rechtlich; Teil einer Körperschaft des öffentlichen Rechts	Privat-rechtlich; Juristische Person	Privat-rechtlich
Gründungsvoraussetzung	Beschluß des Gemeinderats	Beschluß des Gemeinderats	Eintrag ins Vereinsregister; mindestens 7 Gründer	Anmeldung und Eintrag ins Handelsregister; Gesellschaftsvertrag
Rechtsgrundlage	Gemeindeordnung (Gem.O.)	Gemeindeordnung (Gem.O.); Eigenbetriebsgesetz	Bürgerliches Gesetzbuch (BGB)	GmbH-Gesetz
Organe	Gemeinderat; Bürgermeister	Gemeinderat; Bürgermeister; Werkleitung; Werkausschuß	Mitgliederversammlung; evtl. Beirat; Vorstand	Gesellschafterversammlung (Aufsichtsrat); Geschäftsführung
Finanzierung	Im Rahmen des Haushaltsplans; Einnahmen öffentlich-rechtlicher Abgaben	Wirtschaftsplan; Einnahmen aus dem Unternehmen; kein Abgabenerhebungsrecht; Verlustzuweisung an die Kommune	Einnahmen aus Unternehmung; Mitgliedsbeiträge	Stammeinlagen; Einnahmen aus Unternehmung; Nachschußpflicht zur Kostendeckung
Haftung	Gemeinde; in vollem Umfang ohne Prüfung des gesetzlichen Vertreters; kein Risiko für Geschäftspartner	Gemeinde	Grundsätzlich: Vereinsvermögen; bei unüblichen Risiken oder nicht-eingetragenen Vereinen oder Steuerschulden: gesamtschuldnerisch	Gesellschaftsvermögen
Vorteil	Für Geschäftspartner kein Risiko		Einbindung eines ideellen Personenkreises	Klassische Unternehmensform; schnelle Handlungsabläufe; nur für größere Betriebe
Nachteil	Unflexibel, an Haushalt gebunden	Konzipiert für Versorgungsbetriebe	Kein Abgabenerhebungsrecht; Finanzschwäche; abhängig von Gemeinde	Kein Mitspracherecht im kommunalen Bereich

Tab. 1: Rechtsformen im Überblick.[23]

3 Struktur der Rechts- bzw. Organisationsformen im Fremdenverkehr

3.1 Rechtsformen im Kur- und Bäderwesen

Bei der Darstellung der unterschiedlichen Rechtsformen im Kur- und Bäderbereich in der Bundesrepublik Deutschland kann man grundsätzlich sowohl nach Trägern als auch nach deren Rechts- bzw. Organisationsform unterscheiden. Die Aufteilung nach der reinen Rechts- bzw. Organisationsform würde zu einem verzerrten Gesamtbild führen. Es ergibt sich folgende Unterscheidung:

A. Öffentliche Betriebe mit öffentlich-rechtlicher Organsationsform
B. Öffentliche Betriebe mit privat-rechtlicher Rechtsform
C. Private Betriebe mit privat-rechtlicher Rechtsform.

Nach Auszählung der Ergebnisse des Wirtschaftsverbandes deutscher Heilbäder und Kurorte entsprechend dem Bäderkalender gab es 1989 folgende Aufteilung nach Rechts- bzw. Organisationsformen:[24]

A.   Öffentliche Betriebe mit öffentlich-rechtlicher Organisationsform

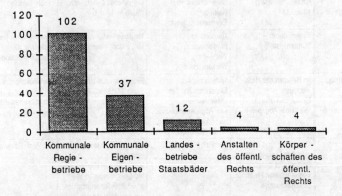

Abb. 1: Organisationsformen der Kurorte und Bäder 1989: Öffentlich-rechtliche Betriebe.

B.   Öffentliche Betriebe mit privat-rechtlicher Rechtsform

GmbH mit einer Mehrheitsbeteiligung der Kommune . . . . 60 Betriebe
GmbH mit einer Mehrheitsbeteiligung des Landes . . . . 9 Betriebe

C. Private Betriebe mit privat-rechtlicher Rechtsform

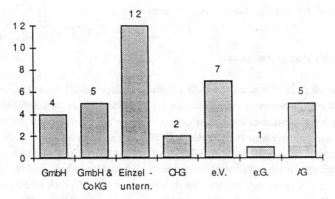

Abb. 2: Organisationsformen der Kurorte und Bäder 1989: Private Betriebe.

Die nach A, B und C vorgenommene Aufteilung ergibt folgende Verteilung:

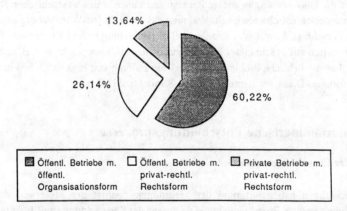

Abb. 3: Rechts- bzw. Organisationsformen in %.

Der hier dargestellte Überblick läßt die Vermutung als richtig erscheinen, daß die Vielfalt der Rechtsformen nicht aufgrund einer Anpassung an die wirtschaftlichen Erfordernisse erfolgt ist, sondern eher auf das Beharrungsvermögen gewachsener Institutionen zurückgeht.[25] Die 13,64 % privatrechtliche Betriebe entstanden dabei in vielen Fällen erst auf Initiative von privaten Unternehmern, die mit dem Bau von Feriendörfern oder Kurkliniken auf die Rechtsform des Kurbetriebes Einfluß nahmen. Dabei wird deutlich, daß die Frage nach den Entscheidungsprozessen in den bestehenden Strukturen von entscheidender Bedeutung für deren Rechtsform ist. Eine notwendige betrieblich-fachliche Gestaltungsfreiheit liegt bei den vorhandenen öffentlich-rechtlichen Rahmenbedingungen und den Entscheidungsstrukturen nicht vor.

3.2 Entwicklungstendenzen

Im Vergleich zu der Situation von 1983 auf der Grundlage des Jahresberichts des Deutschen Bäderverbandes von 1983 stellt sich die Situation 1989 nicht wesentlich zugunsten von privatrechtlichen Rechtsformen dar. Hier waren von insgesamt 260 Kurorten und Heilbädern insgesamt 195 und damit 75 % in kommunaler Verwaltung. Der Anteil der in privatem Besitz befindlichen Betriebe lag bei 15 %.[26] Eine vermehrte Tendenz hin zu privatrechtlichen Privatbetrieben kann daher nicht gesehen werden. Lediglich eine Verschiebung von öffentlich-rechtlichen Betrieben mit öffentlich-rechtlicher Organisationsfunktion hin zu öffentlichen Betrieben mit privat-rechtlicher Rechtsform ist festzustellen. Ob diese Entwicklung auch in Zukunft anhält oder ob sich hier eine Veränderung auch durch die neu hinzuzurechnenden Bäder in den Neuen Bundesländern ergibt, wird im Rahmen dieser Arbeit nicht weiter untersucht. Anzumerken bleibt aber, daß sich die Umwandlung in andere Rechtsformen auch in den westdeutschen Bundesländern unterschiedlich entwickelt. Während das Land Baden-Württemberg den Kommunen vorschlägt, Staatsbäder und deren Bäderverwaltungen und Kurverwaltungen in Gesellschaften mit beschränkter Haftung zusammenzuführen,[27] gibt es z. B. in Schleswig-Holstein erhebliche Probleme mit der Umwandlung von Eigenbetrieben in andere Rechtsformen. Diese Probleme werden in Kapitel 5 skizziert.

4 Unternehmerische Entscheidungsprozesse

4.1 Der Entscheidungsansatz

Entscheidungen haben aufgrund der Mehrdimensionalität der Ziele und der Entscheidungspersonen Prozeßcharakter. Die Phasen der Entscheidung sind: 1. Anregungsphase, 2. Suchphase, 3. Alternativen-Bewertung, 4. Realisationsphase, 5. Kontrollphase.[28] Im weiteren Verlauf der Arbeit soll unter Punkt 4.2 die Anregungsphase (Problem) des Fremdenverkehrs, unter Punkt 4.3 die Suchphase mit der entsprechenden Informationsbeschaffung, unter 5 die Alternativen-Bewertung und unter Punkt 6 ein Beispiel für Probleme in der Realisationsphase dargestellt werden.

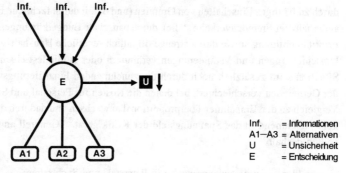

Abb. 4: Schematische Darstellung des Entscheidungsprozesses.

4.2 Aufgaben des Fremdenverkehrs und deren Entscheidungsprozesse

Ohne Rücksicht auf die rechtliche oder organisatorische Gestaltung umfassen die Aufgaben eines Fremdenverkehrsortes neben allgemeinen gesetzgeberischen und administrativen Aufgaben auch die Errichtung und den Betrieb spezifischer Fremdenverkehrsanlagen sowie organisatorische Aufgaben und die Werbung.[29] Für die Erfüllung dieser zahlreichen Aufgaben sind verschiedene Träger verantwortlich. Die bis in die 70er Jahre reichende Vorstellung der Gemeinden, sie seien lediglich für die kommunalen Aufgaben im Sinne der Fremdenverkehrsförderung durch entsprechende gesetzgeberische Maßnahmen, Bereitstellung von Infrastruktur sowie die Vorhaltung eines begrenzten Dienstleistungspotentials (Zimmernachweis, Ortsprospekte) verantwortlich, während die privaten Anbieter für die anderen Aufgaben selbst Sorge zu tragen hätten, kann durch die Veränderung der Marktbedingungen im Fremdenverkehr heute nicht mehr gelten. So hat sich auch die Palette der anzubietenden Dienstleistungen erheblich erweitert. Sofern sich dieser Trend noch verstärkt, ändert sich die Funktion der Fremdenverkehrsbetriebe von reinen Informationsanbietern hin zu Vermittlern und Veranstaltern.[30]

Eine Monopolstellung, wie sie „klassische" kommunale oder staatliche Regiebetriebe haben (Wasserversorgung, Energieversorgung), besteht für die Kur- und Bäderbetriebe aufgrund des Wettbewerbs im Inland bzw. zu Konkurrenzanbietern im Ausland nicht.[31] Die Aussetzung eines kommunalen Betriebes in die Gesetze des Marktes erfordert von diesem eine wirtschaftliche Betriebsführung, welche die Gewinnmaximierung zum Ziel hat. Dazu sind „vollständige Marktorientierung und ein hohes Maß an Flexibilität des Management"[32] erforderlich. Dieses fehlt jedoch den Regie- und Eigenbetrieben des Fremdenverkehrs. Hierarchische Entscheidungsprozesse stehen im krassen Gegensatz zu Flexibilität und Beweglichkeit.[33] Die Entscheidungsprozesse in der bisherigen öffentlich-rechtlichen Organisationsform sind deshalb gekennzeichnet durch uneindeutige Kompetenzregelungen (die zu Unsicherheiten und Verzögerungen führen), durch zu häufiges Einschalten von Gremien (und damit durch fachliche Entscheidungen außerhalb der Fremdenverkehrsstelle), durch pauschale Budgetkürzungen ohne fachliche Prioritätenbildung sowie durch strenge öffentlich-rechtliche Haushaltsvorschriften, die Umschichtungen und Veränderungen verhindern oder zumindest erschweren.[34] Diese Situation wird zusätzlich noch durch die zunehmenden Finanzierungsschwierigkeiten der Gemeinden verschlechtert, bei denen die Kosten für Personal und Sachaufwand im Vergleich zu den Einnahmen überproportional anwachsen und dadurch der Fremdenverkehr zunehmend in das Spannungsfeld der Kritik gerät.[35] Generell angestrebt werden sollten deshalb

- eine klare Kompetenzabgrenzung in Personal- und Sachfragen;
- ein Budget, das sich am Marketingkonzept orientiert;
- eine marktanpaßte Arbeitszeit;
- eine Sicherstellung der kurz-, mittel-, und langfristigen Planungsziele.[36]

4.3 Entscheidungskriterien bzw. Zielerreichungsgrad

Da sich die Gemeinde, wie in Kapitel 2.1.2 dargestellt, nur an Kapitalgesellschaften mit Haftungsbeschränkung beteiligen darf und die Wahl der Rechtsform sich schwerpunktmäßig auf das Innenverhältnis bezieht, kann in den meisten Fällen nur die Rechtsform der GmbH gewählt werden.

Privat-rechtliche Rechtsformen wie die AG, die OHG oder GmbH & Co. KG sind aus Gründen der Gemeindegröße, notwendiger Haftungsbeschränkung und aus steuerlichen Gründen für öffentliche Betriebe auszuschließen.[37]

Tab. 1 verdeutlicht, daß die privatrechtlichen Rechtsformen „e.V." und „GmbH" deutliche Vorteile und eine weitaus bessere Zielerreichung in den Bereichen „Entlastung" (artfremde öffentliche Aufgaben des Fremdenverkehrs und Belastung der Gemeinde mit Einzelfragen), „Interne und politische Konfliktverringerung" (Kompetenzstreitigkeiten durch unterschiedliche Arbeitsstrukturen), „Betrieblich-fachliche Gestaltungsfreiheit" (höhere Flexibilität und Marktanpassung) sowie in der Bindungsfreiheit und in der finanziellen Gestaltungsfreiheit (Gestaltungsfreiheit der Mittel, Budgetumschichtungen) gegenüber den öffentlich-rechtlichen Organisationsformen haben. Im Bereich des Rechnungswesens kann bei entsprechender Gestaltung zumindest der Eigenbetrieb ein ähnlich gutes Ziel erreichen. Im Personalbereich schneiden bei der sozialen Absicherung die öffentlich-rechtlichen Organisationsformen besser ab, während die Möglichkeit von monetären Leistungsanreizen und die vertragliche Gestaltungsfreiheit (nur Gültigkeit der Arbeitsgesetze und nicht des öffentlichen Dienstrechtes) bei den privat-rechtlichen Rechtsformen gegeben sind. Die Möglichkeit einer Steuerung bzw. Einflußnahme an sich ist bei allen gegeben. Wesentlich leichter ist die Zielerreichung bei den öffentlich-rechtlichen Organisationsformen gegeben. Im Bereich „Harmonie der Aufgabe", dessen

Teilaufgabe auch der Marketingbereich ist, sind die öffentlich-rechtlichen Strukturen den privat-rechtlichen weit unterlegen.[38]

Entscheidend für die Wahl der Rechtsform ist grundsätzlich eine entsprechende Gewichtung der einzelnen Faktoren für die spezielle örtliche Situation und deren Gegebenheiten. **Deutlich wird in der Tabelle auch, daß es die „Ideallösung" für einen Fremdenverkehrsbetrieb nicht gibt.** Zu beachten bleibt, daß eine Verselbständigung auch generell mit Nachteilen verbunden ist. Indem es zu einem zusätzlichen Koordinations- bzw. Kontrollaufwand in der Verwaltung kommt, gibt es erhebliche Umstellungsprobleme für das bis dahin beschäftigte Personal. Durch Einflußverlust der Gemeinde wird die Gesamtplanung eines Fremdenverkehrsortes ggf. zersplittert.

5 Verselbständigung des Fremdenverkehrs

5.1 Innerorganisatorische Verselbständigung

Sollte ein Fremdenverkehrsort aufgrund seiner Größe oder wirtschaftlichen Bedeutung oder der Kosten einer Umwandlung bzw. der gegebenen Zielrichtung und der Sicherung gemeindlichen Einflussses eine privat-rechtliche Rechtsform nicht für praktikabel halten, so muß er aufgrund der bestehenden Marktsituation zumindest eine öffentliche Organisationsform wählen, die den Gegebenheiten entspricht, bzw. sie so umorganisieren, daß sie dem Management entsprechende Handlungsfreiheit aufgrund der gegebenen gesetzlichen Vorschriften gewährt.

Für kleinere Gemeinden bietet sich die Möglichkeit, sich von einem reinen Regiebetrieb in einen **Betrieb mit Sonderrechnung** umzuwandeln. Dieser bietet den Vorteil, daß der nach Abschnitt 3 des Eigenbetriebsgesetzes und dessen Durchführungsvorschriften vorhandene Wirtschaftsplan den Zuschußbedarf des Betriebes im vornherein sichtbar macht und daß durch das Vorliegen eines Rechnungsabschlusses ein Plan-Ist-Vergleich möglich wird. Eine Ergebniskontrolle ist durch eine in Sparten gegliederte Sonderrechnung möglich. Auch wenn eine zwingende Vorschrift der doppelten Buchführung nicht vorhanden ist, sollte ein Wechsel von der kameralistischen Buchführung stattfinden. Eine weiterreichende Entscheidungsbefugnis und die Verminderung von Reibungsverlusten ist durch die Umwandlung in einen Betrieb mit Sonderrechnung nicht zu erreichen.

Beim **Eigenbetrieb** sollte die Geschäftsführung auf einen Werkleiter übergehen, dessen fachliche Voraussetzungen entscheidend für dessen Einstellung sein sollten. Die Eigenbetriebssatzung ist so umzugestalten, daß sie dem Werkleiter weitgehende Kompetenzen einräumt und langwierige Entscheidungsprozesse vermeidet.

Zusammenfassend läßt sich für eine innerorganisatorische Verselbständigung sagen, daß sie zumindest zu einer „theoretischen Verbesserung der Leistungsfähigkeit"[39] führt. Wie hoch jedoch der Erfolg einer Verselbständigung ist, gründet sich bei den öffentlich-rechtlichen Organisationsformen auf die Einsicht der Gemeindevertreter, daß sich Fremdenverkehrsorte in einem stärker werdenden Wettbewerb befinden und deshalb bereit sind, Entscheidungsbefugnis abzugeben. Wichtig erscheint auch der Aspekt, daß im Gegensatz zu der Legislaturperiode der Gemeindevertreter ein Kurbetrieb auch mit langfristigen Konzeptionen arbeiten muß.

Die vollständige Marktorientierung eines Kurbetriebes kann jedoch nur im Rahmen einer privat-rechtlichen Organisationsform gewährleistet werden.[40] Dabei sollten auch die Teilprivatisierung von bestimmten Aufgaben, die Kooperation mit privat-rechtichen Feriendörfern und Kurkliniken sowie die Aufgabenteilung mit eingetragenen örtlichen Fremdenverkehrsvereinen und deren Potential ehrenamtlicher Arbeit in Erwägung gezogen werden.

5.2 Rechtliche Verselbständigung

Der **eingetragene Verein** erscheint zumindest als alleinige Rechtsform für einen Fremdenverkehrsbetrieb sowohl aus rechtlicher als auch aus wirtschaftlicher Sicht nicht marktgerecht.[41] Die Kombination eines e. V., der die hoheitlichen Aufgabenfelder unter Leitung eines gemeindlichen Fremdenverkehrsdirektors übernimmt, und einer GmbH, die alle privat- und gemeinwirtschaftlichen Aufgaben abdeckt, wobei der Geschäftsführer zugleich Fremdenverkehrsdirektor ist, wäre eine weitere Lösungsmöglichkeit, um marktgerechte privat-rechtliche Rechtsformen zu erlangen.[42]

Sofern das Eigentum in den Händen der Gemeinde bleibt, kann meist nur **die Rechtsform der GmbH** gewählt werden, und es kommt zu einer formellen Privatisierung.[43] Obwohl die Rechtsform der GmbH an sich ein hohes Maß an Selbständigkeit bietet, hängt die tatsächliche Ausgestaltung der Entscheidung von den entsprechenden Vertretern ab. Die Vertragsfreiheit ermöglicht zwar die Trennung von Gemeinde und GmbH, trotzdem ist es ebenso möglich, eine ähnlich enge Bindung wie beim Eigenbetrieb herzustellen. Durch entsprechende Gestaltung des Aufsichtsrates und die Entsendung von Gemeindevertretern in denselben können auch die entsprechenden Gemeindeziele sichergestellt werden. Fehlen würden in einer GmbH auf jeden Fall die umfangreichen haushaltsrechtlichen Vorschriften wie z. B. öffentliche Ausschreibungen, interne Vertragsvergabe an unwirtschaftlich arbeitende andere Gemeindebetriebe. Auch der Verwaltungsbereich würde erheblich vereinfacht, und die freiwerdenden Kapazitäten können in die Bereiche Wirtschaftlichkeitsprüfungen etc. übergeleitet werden, so daß der sich eventuell ergebende Mehraufwand im Verwaltungsbereich einer GmbH durch Einsparungen in unwirtschaftlichen Bereichen kompensiert werden könnte.

Die GmbH läßt auch frei, entsprechende Fachkräfte in die Geschäftsführung zu bestellen und sie entsprechend zu vergüten. Die Mitarbeiter einer GmbH können leistungsbezogener vergütet werden, wobei gleichzeitig die einengenden Arbeitszeitregelungen des öffentlichen Dienstrechts entfallen. Eine höhere Dynamik durch verbesserte Motivation der Mitarbeiter ist dadurch zumindest möglich.[44]

Die hier beschriebenen theoretischen Möglichkeiten, durch eine Änderung der Rechtsform eine andere betriebliche Organisationsform zu erhalten, bestätigen das Ergebnis einer von der kommunalen Gemeinschaftsstelle für Verwaltungsvereinfachung 1976 durchgeführten Untersuchung. Hier waren rationellere, kostengünstigere Leistungserstellung, Entlastung des Haushalts, Ausnutzung des vorhandenen Marktes, größere Flexiblität bei der Personalbeschaffung die am häufigsten genannten Gründe für die Übertragung kommunaler Aufgaben.[45] Bei der Veräußerung oder Übertragung öffentlichen Eigentums sind allerdings grundsätzlich die eventuellen steuerlichen Nachteile zu beachten. Auch hier ist es durchaus möglich, nur Teilbereiche in das Eigentum einer GmbH zu überführen und z. B. Schwimmbad bzw. Kurhaus im kommunalen Eigentum zu belassen und nur an eine GmbH zu verpachten.

Wichtig bleibt der Hinweis, daß die Entscheidung für eine GmbH als Rechtsform zur Wahrnehmung fremdenverkehrspolitischer Aufgaben an sich noch keine Erfolgsgarantie für ein wirtschaftliches und marktgerechtes Handeln ist. Dieser hängt letztendlich vor allem von der Qualifikation (betriebswirtschaftlich und persönlich) der Betriebsführung ab.[46]

5.3 Vorgehensweise

Fordert die Marktsituation des sich verstärkenden Wettbewerbes
— unternehmerische Verantwortung,
— Flexibilität und Schnelligkeit unternehmerischer Maßnahmen,
— betriebswirtschaftliches Handeln und betriebswirtschaftliche Ziele,
— steuerliche Vorteile,
— Eigenständigkeit der Finanzen,
dann müssen die Handlungsträger und Kompetenzen für ein etwaiges Entscheidungsverfahren festgelegt werden. Im nächsten Schritt müssen die Kriterien und Voraussetzungen für eine Verselbständigung geprüft und deren Gewichtung festgelegt werden. Dabei bleibt die Frage der Realisierbarkeit der Organisationsform mit den örtlichen Gegebenheiten zu prüfen. Bei Unterschieden müssen die bestehenden Gegebenheiten ergänzt bzw. verändert werden. Eine Kontrolle des Zielerreichungsgrades für jedes Kriterium ist unerläßlich, um die Zielvorgaben auch wirklich für die örtlichen Verhältnisse entsprechend der Konzeption zu bewerten. Im nächsten Schritt müssen sowohl Gewichtung als auch Bewertung multipliziert werden. Die Addition der Punktewerte ergibt einen Vorschlag zur Verselbständigung.[47]

6 Schlußbemerkung

Das Für und Wider der einzelnen Organisationsformen sowie die praktischen Beispiele lassen erkennen, daß eine allgemeingültige Aussage über die „ideale" Rechtsform nicht möglich ist. Deutlich ist aber auch geworden, daß die Rechtsform alleine noch nicht die Flexibilität, die Marktgerechtheit und eine Umwandlung von Verlust- in Gewinnbetriebe bewirkt, sondern immer nur der erste Schritt in die richtige Richtung ist. Dabei muß grundsätzlich für jeden Fremdenverkehrsort eine gründliche Aufgabenanalyse letztendlich den Ausschlag für die Wahl der Rechtsform geben. Der steigende Wettbewerb im In- bzw. Ausland macht allerdings die Überprüfung der bestehenden Formen unerläßlich. So werden die Verselbständigung und Privatisierung sowie die Ausrichtung auf marktgerechtes Management für die Zukunft der entscheidende Faktor für die Marktstellung des einzelnen Fremdenverkehrsortes sein.

Auch bleibt zu überlegen, ob durch weitere Gemeindereformen nicht größere Fremdenverkehrsgebiete in dem durch die neuen Bundesländern und die EG-Staaten größer gewordenen Markt sinnvoll werden. Für den Verbraucher ist in vielen Bereichen die bestehende Vielzahl von touristischen Fremdenverkehrsbetrieben und deren Verwaltungsapparat ohnehin nicht mehr einsichtig und nachvollziehbar. Damit sinkt auch grundsätzlich die Bereitschaft des einzelnen Bürgers, diese öffentlichen Unternehmen zu finanzieren. Die Konzentration der zur Verfügung stehenden staatlichen Mittel scheint daher unerläßlich. Die Zeiten, in denen sich jede Gemeinde ein eigenes Schwimmbad, eine eigene Turnhalle leisten konnte, sind ohnehin vorüber, da der Unterhalt dieser Anlagen nicht mehr öffentlich finanzierbar ist. Die Privatisierung von rentablen Betriebsteilen und das Beibehalten defizitärer Bereiche im kommunalem Eigentum kann schon gar keine Lösung sein.

Auf alle Fälle müssen die Heilbäder und Kurorte, denen ein immer härterer Wind von Kostendämpfung, Strukturveränderung und Wettbewerb entgegenbläst, auch ihre organisatorischen und rechtlichen Rahmenbedingungen an diese Veränderungen anpassen. Wer hier zu spät kommt, den bestraft der Markt.

Entscheidungskriterien	Rang G	Integration in die Verwaltung E	G	Betrieb mit Sonderrechnung E	G	Eigenbetrieb E	G	e.V. E	G	GmbH E	G
Selbständigkeitsgrad											
1　Entlastung		-3		-1		0		1		3	
2　Interne und politische Konfliktverringerung		-3		-1		1		3		3	
3　Betrieblich-fachliche Gestaltungsfreiheit		-2		1		2		3		3	
4　Bindungsfreiheit Haushalt		-3		-3		1		3		3	
5　Finanzielle Gestaltungsfreiheit						-1					
Lösung von haushalts-/öffentlich-rechtlichen Bestimmungen		-3		-3				3		3	
6　Kaufmännisches Rechnungswesen		-2		2		3		3		3	
7　Personal:											
Soziale Belange		3		3		3		-1		-1	
Leistungsmotivation		-1		1		2		0		0	
Personaleinsatz, Spezialisierung		-1		-1		1		2		3	
Personalwirtschaftliche/vertragliche Gestaltungsfreiheit		-3		-3		0		3		3	
8　Steuerung:											
Einbindung gemeindliche Planung		3		3		3		-2		-1	
Steuerungsmöglichkeit/Zieleinhaltung		3		3		1		-2		-1	
Rechtliche Sicherheit des Einflusses / FVST		3		3		3		-2		-1	
9　Aufwand:											
Aufwand für die Umwandlung		3		2		2		0		-1	
Steuerlicher Aufwand		3		3		3		0		-3	
10　Harmonie mit der Aufgabe		-2		-2		0		3		3	
11　Umwelt, Bereitschaft zu ehremamtl. Eng.		1		1		1		3		-1	
12　Verringerung, Koordinationsaufwand		3		3		1		-3		2	
13　Betriebliche Mindestgröße:											
Wirtschaftlicher Stellenbedarf		3		3		1		-2		-2	
Sachmittel / techn. Auslastung der Ausstattung		3		3		2		-2		-2	

E = Erfüllungsgrad; G = Gewichtung
-3 = vollständige Nichterfüllung; 3 = vollständige Zielerfüllung

Tab. 2: Zielerreichung der Aufgaben in den einzelnen Rechtsformen. Voraussetzungen, allgemeingültige Kriterien und Entscheidung für eine Verselbständigung. [48]

*

Anmerkungen

1 U. Bestmann (Hrsg.): *Kompendium der Betriebswirtschaftslehre*, München/Wien: Oldenbourg, [4]1988, S. 21.

2 Vgl. G. Wöhe: *Einführung in die Allgemeine Betriebswirtschaftslehre*, München: Vahlen, [15]1984, S. 263.

3 Vgl. U. Bestmann, a.a.O., S. 21.

4 Vgl. Ministerium für Wirtschaft, Mittelstand und Verkehr Baden-Württemberg und Gemeindetag Stuttgart (Hrsg.): *Rationelle Organisation gemeindlicher Fremdenverkehrsstellen*, WIBERA Wirtschaftsberatungsgesellschaft AG, Düsseldorf 1984, S. 12.

5 Vgl. G. Bleile: „Zunehmender Wettbewerbsdruck erfordert neue Management-Konzepte und Marketing-Strategien", in: *Heilbad und Kurort*, 43. Jg., 2—3/91, S. 32.

6 Vgl. G. Wöhe, a.a.O., S. 292 ff.

7 Vgl. P.H. Brintzinger: „Zeitgemäße Organisationsformen der Fremdenverkehrsstellen, 1984", Institut für angewandte Verkehrs- und Tourismusforschung e.V., S. 14.

8 Vgl. G. Wöhe, a.a.O., S. 292 ff.

9 Vgl. P.H. Brintzinger, a.a.O., S. 5.

10 Vgl. G. Wöhe, a.a.O., S. 270 ff.

11 § 65 Abs. 1 BHO.

12 Vgl. § 102 Gem.O. des Landes Schleswig-Holstein.

13 *Gablers Wirtschaftslexikon*, 12., völlig neu bearbeitete und erweiterte Auflage, 1988, S. 1201.

14 Vgl. E. Kleinert: „Rechtsformen im Kur- und Bäderwesen, Unternehmensleitung (Management) und Verantwortung, 2. Teil", in: *Heilbad und Kurort*, 39. Jg., 2/87 (15.02.1987), S. 47 ff.

15 *Gablers Wirtschaftslexikon*, a.a.O., S. 1376.

16 Vgl. Ministerium für Wirtschaft, a.a.O., S. 145.

17 Vgl. E. Kleinert, a.a.O., S. 48.

18 Vgl. Landesfremdenverkehrsverband Baden Württemberg e.V./Sächsische Verwaltungs- und Wirtschaftsakademie (Hrsg.): *Seminarbegleiter Organisationsstruktur des Fremdenverkehrs in der BRD auf Bundes- und Landesebene*, Westeberger, G., 1990, S. 32.

19 *Gablers Wirtschaftslexikon*, a.a.O., S. 240.

20 Vgl. E. Kleinert, a.a.O., S. 49.

21 Vgl. Landesfremdenverkehrsverband Baden Württemberg e.V./Sächsische Verwaltungs- und Wirtschaftsakademie (Hrsg.), a.a.O., 1990.

22 Vgl. E. Kleinert, a.a.O., S. 164.

23 Vgl. Landesfremdenverkehrsverband Baden-Württemberg e.V./Sächsische Verwaltungs- und Wirtschaftsakademie (Hrsg.), a.a.O., S. 37 f.

24 Vgl. Deutscher Bäderverband e.V. (Hrsg.): *Deutscher Bäderkalender 1989*, Bonn 1989, S. 179 ff., aus dem alle Daten der drei folgenden Grafiken stammen.

25 Vgl. E. Kleinert, a.a.O., S. 353.

26 Vgl. ebda.

27 Vgl. G. Bleile, a.a.O., S. 32.

28 Vgl. U. Bestmann (Hrsg.), a.a.O., S. 16.

29 Vgl. W. Hunzinger: *Betriebswirtschaftlehre des Fremdenverkehrs*, Band 1: Der Fremdenverkehrsbetrieb und seine Organisation, Bern: Gutenbergverlag, 1959, S. 22.

30 Vgl. Ministerium für Wirtschaft, a.a.O., S. 136.

31 Vgl. G. Bleile, a.a.O., S. 32.

32 Vgl. ebda.

33 Vgl. Ministerium für Wirtschaft, a.a.O., S. 136.

34 Vgl. ebda., S. 138.
35 Vgl. Landesfremdenverkehrsverband Baden-Württemberg e. V. / Sächsische Verwaltungs-
und Wirtschaftsakademie (Hrsg.), a. a. O., S. 42.
36 Vgl. ebda., S. 29.
37 Vgl. Ministerium für Wirtschaft, a. a. O., S. 145.
38 Vgl. ebda., Anlage 7.
39 Ebda., S. 155.
40 Vgl. G. Bleile, a. a. O., S. 32.
41 Vgl. P. H. Brintzinger, a. a. O., S. 14.
42 Vgl. ebda.
43 Vgl. E. Kleinert, a. a. O., S. 164.
44 Vgl. Landesfremdenverkehrsverband Baden-Württemberg e. V. / Sächsische Verwaltungs-
und Wirtschaftsakademie (Hrsg.), a. a. O., S. 34.
45 Vgl. E. Kleinert, a. a. O., S. 165.
46 Vgl. G. Bleile, a. a. O., S. 33.
47 Vgl. Ministerium für Wirtschaft, a. a. O., S. 15.
48 Ministerium für Wirtschaft, a. a. O., S. 153.

*

Literaturverzeichnis

1. Bücher

BESTMANN, U. (Hrsg.): *Kompendium der Betriebswirtschaftslehre*, München/Wien:
R. Oldenbourg, 1988,

Gablers Wirtschaftslexikon, Wiesbaden: Th. Gabler, [12]1988.

HUNZIKER, W.: *Betriebswirtschaftslehre des Fremdenverkehrs*, Band 1 „Der Fremdenverkehrsbetrieb und seine Organisation", Bern: Gurtenverlag, 1959.

WÖHE, G.: *Einführung in die allgemeine Betriebswirtschaftslehre*, München: Franz
Vahlen, [15]1984.

2. Aufsätze in Zeitschriften

BLEILE, G.: „Zunehmender Wettbewerbsdruck erfordert neue Management-Konzepte
und Marketing-Strategien", in: *Heilbad und Kurort*, 43. Jg., 2—3/91.

KLEINERT, E.: „Rechtsformen im Kur- und Bäderwesen, Unternehmensleitung (Management) und Verantwortung, 1. Teil", in: *Heilbad und Kurort* 10/86.

———: „Rechtsformen im Kur- und Bäderwesen, Unternehmensleitung (Management)
und Verantwortung, 2. Teil", in: *Heilbad und Kurort* 2/87.

———: „Rechtsformen im Kur- und Bäderwesen, Unternehmensleitung (Management)
und Verantwortung, 3.Teil", in: *Heilbad und Kurort* 6/87.

3. Publikationen des Fremdenverkehrs

Deutscher Bäderverband e. V. (Hrsg.): *Deutscher Bäderkalender 1989*, Bonn 1989.

4. Sonstige Quellen

BRINTZINGER, P. H.: „Zeitgemäße Organisationsformen der Fremdenverkehrsstellen, 1984", in: *IVT*, Institut für angewandte Verkehrs- und Tourismusforschung e. V. Landesfremdenverkehrsverband Baden-Württemberg e. V. und Sächsische Verwaltungs- und Wirtschaftsakademie (Hrsg.): *Seminarbegleiter Organisationsstruktur des Fremdenverkehrs in der BRD auf Bundes und Landesebene*, Westenberger, G., 1990.

Ministerium für Wirtschaft, Mittelstand und Verkehr Baden Württemberg (Hrsg.): *Rationelle Organisation gemeindlicher Fremdenverkehrsstellen*, WIBERA Wirtschaftsprüfungsgesellschaft auf Aktien, Düsseldorf 1984.

Schleswig-Holsteinischer Landtag: *Bericht und Beschlußempfehlung des Finanzausschusses*, 12. Wahlperiode, Drucksache 12/1586 vom 15. 08. 91.

* * *

Heribert Kohl
Steuern und Kuren

Es berührt fast die Grenzen des guten Geschmacks, über so gegensätzliche Themen wie „Kuren" und „Steuern" gleichzeitig zu berichten. Auf der einen Seite die angenehme Kur — besagt doch schon das lateinische *cura*: Fürsorge und Pflege —, also die wohltuende Heilbehandlung, auf der anderen Seite die garstigen, komplizierten, vielfältigen und ungerechten Steuern und Abgaben.

1 Die Kurtaxe

Kurtaxen sind öffentlich-rechtliche Abgaben eigener Art zur Finanzierung von Kureinrichtungen in Kur-, Bade- und Fremdenverkehrsgemeinden, die ortsfremde Kurgäste zu leisten haben. Die Kurtaxe ist ein Beitrag der Interessenten zu den Kosten einer öffentlichen Einrichtung. Maßgebend ist hierbei auch der Gesichtspunkt der Gegenleistung. So werden Kurtaxen zur Deckung oder Verringerung der Kosten von demjenigen gefordert, dem die Einrichtung besondere Vorteile gewährt, ohne Rücksicht darauf, ob der Zahlungspflichtige die Vorteile auch tatsächlich wahrnimmt. Die Rechtsgrundlage für die Erhebung der Kurtaxe ist in den Gemeindeordnungen der Länder und, man höre und staune, in dem „Preußischen Kommunalabgabegesetz" aus dem Jahre 1893 zu finden.

Wenn auch die Kurtaxe nicht zu den Steuern gehört, so bedeutet dies noch lange nicht, daß sie nicht doch beim Staat zu Steuereinnahmen führt.

2 Die Einkommensteuer

Die Gewinne aus der selbständigen Tätigkeit als Arzt, Badearzt, Heilpraktiker, Krankengymnast oder einer ähnlichen heilberuflichen Tätigkeit unterliegen ungeschmälert der deutschen Einkommenbesteuerung. Gemeindliche und private Krankenhäuser oder Kurkliniken zählen nicht hierzu.

3 Die Körperschaftsteuer

Eine juristische Person des öffentlichen Rechts ist unbeschränkt körperschaftsteuerpflichtig, soweit sie einen Betrieb gewerblicher Art unterhält. Juristische Personen des öffentlichen Rechts sind insbesondere die Gebietskörperschaften, also die Gemeinden, Gemeindeverbände oder Zweckverbände. Der Gesetzgeber möchte hiermit erreichen, daß im Grundsatz alle Einrichtungen der öffentlichen Hand, die das äußere Bild eines Gewerbebetriebs haben, der Körperschaftsteuer unterworfen werden.

Diese Gründe sind insbesondere dann nachvollziehbar, wenn die juristische Person des öffentlichen Rechts (dies könnte z. B. eine Kurverwaltung sein) mit ihrer Tätigkeit zu anderen Unternehmen unmittelbar in Wettbewerb tritt. Eine Ausübung der öffentlichen Gewalt liegt nämlich dann nicht mehr vor, wenn sich die Körperschaft durch ihre Einrichtungen in den wirtschaftlichen Verkehr einschaltet und eine Tätigkeit entfaltet, die sich ihrem Inhalt nach von der Tätigkeit eines privaten gewerblichen Unternehmens nicht wesentlich unterscheidet. Wird z. B. ein gemeindliches Schwimmbad sowohl als Schulschwimmbecken wie auch für den öffentlichen Badebetrieb genutzt, ist, unabhängig davon, welche Nutzung überwiegt, die Nutzung für den öffentlichen Badebetrieb grundsätzlich als wirtschaftliche selbständige Tätigkeit anzusehen. Hier ist dann ein „Betrieb gewerblicher Art" anzunehmen.

Kurbetriebe einer Gemeinde stellen, wenn verschiedene Voraussetzungen erfüllt sind, Betriebe gewerblicher Art dar. Dies gilt auch unabhängig davon, ob eine Kurtaxe z. B. als öffentlich-rechtliche Abgabe erhoben wird. Im einzelnen gilt folgendes:

Krankenhäuser sind grundsätzlich als sog. „Zweckbetriebe" von der Körperschaftsteuer befreit. Krankenhäuser sind Einrichtungen, in denen durch ärztliche und pflegerische Hilfeleistung Krankheiten, Leiden oder Körperschäden festgestellt, geheilt oder gelindert werden sollen oder Geburtshilfe geleistet wird und in denen die zu versorgenden Personen untergebracht und verpflegt werden können. Diese Legaldefinition ist so weit gefaßt, daß sowohl allgemeine Krankenhäuser als auch Spezialkliniken, etwa Heilstätten und Sanatorien, aber auch Kurheime davon erfaßt werden können.

Kurkliniken, die die strengen Vorschriften des § 67 der Abgabenordnung erfüllen, unterliegen somit nicht der Körperschaftsteuer, der ggf. erzielte Überschuß ist von der Körperschaftsteuer befreit.

Die Kurkliniken und Kurheime, die den strengen Anforderungen des § 67 der Abgabenordnung als Zweckbetrieb nicht gerecht werden, haben unter bestimmten, sehr eingeschränkten Voraussetzungen die Möglichkeit, die sog. „Gemeinnützigkeit" auszunutzen. Gemeinnützige Körperschaften sind von der Körperschaftsteuer befreit.

In der Vielzahl aller Fälle wird die Kurklinik bzw. das Kurheim jedoch als „wirtschaftlicher Geschäftsbetrieb" anzusehen sein, und damit unterliegen diese Häuser der Körperschaftsteuer in vollem Umfang.

Eine Besonderheit gilt dann wieder bei den Betrieben gewerblicher Art von juristischen Personen des öffentlichen Rechts; dies wird in aller Regel bei den Kurbetrieben einer Gemeinde sowie bei der Bäder- und Kurverwaltung der Fall sein. Statt der üblichen Körperschaftsteuer von 50 % ermäßigt sich die Körperschaftsteuer bei den Betrieben gewerblicher Art von juristischen Personen des öffentlichen Rechts auf 46 v. H., und außerdem können diese Kurbetriebe bzw. diese Kur- und Bäderverwaltungen einen Körperschaftsteuer-Freibetrag von bis zu DM 7.500,– geltend machen. Im Gegensatz zu vielen anderen juristischen Personen erhalten diese Bäder- und Kurverwaltungen bzw. Kurbetriebe also einen günstigeren Körperschaftsteuersatz zugesprochen und einen, wenn auch nicht allzu hohen, Körperschaftsteuer-Freibetrag.

Damit führen dann auch — und hier schließt sich ein wenig der Kreis — die von den Bäder- und Kurverwaltungen bzw. den Kurbetrieben einer Gemeinde vereinnahmten Kurtaxen ggf. zu einem körperschaftsteuerpflichtigen Überschuß.

4 Die Umsatzsteuer

Umsatzsteuerfrei sind die Einnahmen aus der Tätigkeit als Arzt, Badearzt, Heilpraktiker, Krankengymnast, Masseur, medizinischer Bademeister, Beschäftigungs- und Arbeitstherapeut und Umsätze aus ähnlichen heilberuflichen Tätigkeiten. Diese Einnahmen unterliegen also nicht der deutschen Umsatzsteuer.

Die ärztliche Tätigkeit sonstiger Unternehmer, z. B. von gewerblichen Instituten und Privatkrankenhäusern sowie von Kurverwaltungen und ähnlichen Unternehmern, fällt nicht unter die Befreiungsvorschrift. Unter bestimmten, strengen Voraussetzungen können jedoch Krankenhäuser, Kurkliniken, Diagnosekliniken und andere Einrichtungen ärztlicher Heilbehandlung unter die Umsatzsteuerbefreiung des § 4 Nr. 16 fallen. Im Abschnitt 62 der Einkommensteuer-Richtlinien finden wir den Hinweis, daß auch Kurkrankenhäuser zu diesen Krankenhäusern gehören, während dies bei Kurheimen nicht der Fall ist. Kurkrankenhäuser können also durchaus nach § 4 Nr. 16 von der Umsatzsteuer befreit sein, Kurheime hingegen nicht.

Nun werden im Bereich der Bäder- und Kurverwaltungen auch andere Einnahmen erzielt, die wiederum unterschiedlich der Umsatzsteuer zu unterwerfen sind. Gemeindliche Kurverwaltungen, die Kurtaxen und Kurförderungsabgaben erheben, sind, wie bereits oben ausgeführt, in der Regel Betriebe gewerblicher Art. Damit unterliegen diese Gemeinden mit den durch die Kurtaxe abgegoltenen Leistungen der Umsatzsteuer. Während also diese Leistungen der Umsatzsteuer unterliegen, werden Kurförderungsabgaben anders behandelt.

Die Kurförderungsabgaben (Fremdenverkehrsbeiträge A) sind im Gegensatz zu den Kurtaxen nicht als Entgelte für Leistungen der Gemeinden zu betrachten und somit nicht der Umsatzsteuer zu unterwerfen.

Die Bereithaltung von Kureinrichtungen für Kurgäste (Gewährung eines Nutzungsrechtes) gegen Entgelt stellt einen steuerbaren und steuerpflichtigen Leistungsaustausch zwischen der Gemeinde und dem Kurgast dar. Der Umsatz unterliegt der Regelbesteuerung, eine Befreiung liegt nicht vor.

Allerdings sind die Leistungen, die mit der Kurtaxe abgegolten werden, nach § 12 Abs. 2 Nr. 9 UStG mit dem ermäßigten Steuersatz (derzeit 7 %) zu versteuern. Bei der Bereitstellung von Kureinrichtungen handelt es sich um eine einheitliche Gesamtleistung, die sich aus verschiedenen Einzelleistungen — z. B. der Veranstaltung von Kurkonzerten, dem Gewähren von Trinkkuren sowie dem Überlassen von Kurbädern, Kurstränden, Kurparks und anderen Kuranlagen oder -einrichtungen zur Benutzung — zu-sammensetzt.

Voraussetzung für die Steuerermäßigung ist, daß für die einheitliche Gesamt-leistung als Entgelt eine Kurtaxe aufgrund einer besonderen gesetzlichen Regelung oder nach einer entsprechenden vertraglichen Vereinbarung erhoben wird. Das Entgelt braucht nicht unbedingt als Kurtaxe bezeichnet zu werden. Kurtaxen sind z. B. auch die Kurbeiträge in Nordrhein-Westfalen, der Fremdenverkehrsbeitrag B in Rheinland-Pfalz und die Kurabgaben in Bayern und Schleswig-Holstein.

Im Gegensatz hierzu stehen Einzelleistungen, wie z. B. die Gebrauchsüberlassung einzelner Kureinrichtungen oder Kuranlagen und die Veranstaltung von Konzerten, The-ateraufführungen oder Festen, für die neben der Kurtaxe ein besonderes Entgelt zu zahlen ist.

Auch die unmittelbar mit dem Betrieb von Schwimmbädern verbundenen Unter-nehmen sowie die Verabreichung von Heilbädern wird nur mit dem ermäßigten Steuer-satz (derzeit 7 %) versteuert.

Heilbäder sind Bäder aus anerkannten natürlichen Heilquellen und Peloidbäder, und sie werden als Wannenbäder, Packungen, Heilbäder und Duschen abgegeben, als Inhalationen, als Trinkkuren und in Bewegungsbädern. Auch Heilbäder nach Kneipp-scher Theorie und Heilbäder des Meeres zählen hierzu ebenso wie medizinische Zusatz-bäder, Saunabäder, Dampf- und Heißlufträumbäder, Lichtbäder usw. Bei der Verabrei-chung von Heilbädern, die ihrer Art nach allgemeinen Heilzwecken dienen, wie z. B. Saunabäder, ist es nicht erforderlich, daß im Einzelfall ein bestimmter Heilzweck nach-gewiesen wird. Dies gilt allerdings nicht für Leistungen, die z. B. kosmetischen Zwek-ken dienen.

5 Die Gewerbesteuer

Unternehmen von juristischen Personen des öffentlichen Rechts sind gewerbesteuer-pflichtig, wenn sie als stehende Gewerbebetriebe anzusehen sind. Oben wurde bereits unter „Körperschaftsteuer" darauf hingewiesen, daß Bäder- und Kurverwaltungen sowie Kurbetriebe einer Gemeinde in der Vielzahl aller Fälle, unter Berücksichtigung von bestimmten Vorschriften, Betriebe gewerblicher Art darstellen. Sie unterliegen somit grundsätzlich der Gewerbesteuer.

Sollte jedoch die Körperschaft nach der Satzung oder der Verfassung ausschließ-lich gemeinnützigen Zwecken dienen, so wäre der Ertrag von der Gewerbesteuer be-freit.

Die Gewerbesteuer richtet sich nach dem Steuermeßbetrag und dem jeweiligen Hebesatz der Gemeinde. Während die Steuermeßzahl bei den Kur- und Bäderverwaltun-gen sowie den Kurbetrieben in aller Regel 5 v. H. beträgt, haben die Gemeinden das eingeschränkte Recht, den Hebesatz für die jeweilige Gemeinde selbst festzusetzen.

Wirtschaftliche Geschäftsbetriebe von Körperschaften bzw. von gemeinnützigen Unternehmen erhalten einen Freibetrag in Höhe von DM 7.500,— pro Jahr. Dieser Betrag ist von dem steuerpflichtigen Gewerbeertrag abzuziehen. Ferner beträgt die Steuermeßzahl für das Gewerbekapital 2 v. T.

6 Die Vermögensteuer

Steuerbefreit sind nach § 3 Abs. 1 Nr. 4 des Vermögensteuergesetzes Einrichtungen, die, unter anderem, unmittelbar der körperlichen Ertüchtigung oder der Kranken- und Wohlfahrtspflege dienen, ohne Rücksicht auf die Rechtsform, in der sie bestehen, wenn sie Gebietskörperschaften oder Sozialversicherungsträgern gehören. Hinzuweisen ist insbesondere darauf, daß diese Befreiungsvorschrift über die Voraussetzung der Gemeinnützigkeit in der Abgabenordnung hinausgeht.

Fazit: Angesichts der vielfältigen Besteuerungsmöglichkeiten im Bereich der Kurbetriebe sowie der Kurbäder- und Kurverwaltungen kann man nur unterstreichen: **Lernt Steuern steuern.** Wem diese Belastung zu außergewöhnlich ist, dem sei geraten: Kurkosten können als außergewöhnliche Belastung von der Einkommensteuer abgesetzt werden.

Peter Krumscheid
Das Kurwesen in Zahlen

Kurgastzahlen und Kurarten

Wir müssen für das Berichtsjahr 1991 die Zahlen der Alten und der Neuen Bundesländer unterscheiden. Alle folgenden statistischen Werte beziehen sich auf die Heilbäder und Kurorte in den westlichen Bundesländern. Sie basieren auf der „Bäderstatistik" des Deutschen Bäderverbands, die in den 268 Mitgliedskurorten jährlich durchgeführt wird.[1]

Als **Kurgäste** werden diejenigen Personen definiert, die mindestens vier Nächte in einem Kurort logieren. 1991 waren dies 9.397.247 – also fast 9,4 Millionen Menschen. Das waren 11,8 % mehr Gäste als im Jahr zuvor, in dem noch 8.409.017 Gäste gezählt wurden. Die Zahlen der Besucher und Übernachtungen sind zwar gestiegen, aber die ambulanten Vorsorge- und Rehabilitationskuren im Krankenkassenbereich konnten die Rückschläge des Jahres 1989 bei weitem nicht ausgleichen. Die Kurmittelhäuser sind im zunehmenden Maße defizitär, denn die Zahl der abgegebenen Kurmittel geht weiter stark zurück. Eine Ursache dafür ist, daß es in den Verhandlungen mit den Krankenkassen wieder nicht gelang, kostendeckende Entgelte zu vereinbaren.

Die gestiegenen Zahlen betreffen also in erster Linie die touristische Nachfrage. Bei den **ambulanten Kuren** gab es nur eine geringe Zunahme. Die Zahl der Kurpatienten liegt bei dieser Kurform immer noch um 30 % unter der des Jahres 1988. Diese Entwicklung sieht der Verband mit wachsender Sorge, weil **stationäre Kuren** immer stärker zunehmen. Durch diese Nachfrageverschiebung werden die gewachsenen, differenzierten Leistungsstrukturen der Kurorte gefährdet. Der Deutsche Bäderverband stellt in seinem Jahresbericht 1991 fest, daß sich das Sozialkurwesen in einer Schieflage befindet.

Die Gesamtzahl der Kurgäste ist aufzuteilen in Privatkurgäste und Sozialkurgäste. Die Zahl der **Privatkurgäste** ist mit einem Anteil von 84,1 % (= 7.903.514 Gästen) erheblich höher als die der **Sozialkurgäste**. (1.493.733 Gäste entsprechen 15,9% Anteil an der Gesamtkurgastzahl.) **Sozialkurgäste** sind jene Patienten, die eine Kur im medizinischen Sinne mit vollständiger oder teilweiser finanzieller Unterstützung eines Trägers der gesetzlichen Sozialversicherung durchführen. Hierzu zählen sowohl ambulante als auch stationäre Kuren. Alle übrigen Gäste, die von der Kurverwaltung nicht als „Sozialkurgäste" zu erkennen sind, da keine Einweisungs- oder Abrechnungsverfahren mit Leistungsträgern erfolgen, werden als Privatgäste erfaßt.

Die Seebäder und die Heilklimatischen Kurorte, also die Bädersparten, in denen der allgemeine Fremdenverkehr eine große Rolle spielt, haben überdurchschnittliche Zuwachsraten bei den Privatgästen verzeichnet und damit am stärksten von dem veränderten Urlaubsverhalten der Bevölkerung infolge der Krisen in den Tourismusgebieten des Mittelmeers profitiert. Die Statistik gibt für 1991 insgesamt 766.689 Betten in allen Kurorten an. Die Bettenzahl ist gegenüber 1990 gleichgeblieben, also bedeutet die gestiegene Gästezahl eine bessere Auslastung pro Einheit. Diese stieg im statistischen Durchschnitt um 12,5 Tage auf jetzt 149,2 Belegungstage. Dies entspricht einer Jahresbelegung von 41 %.

Die Sozialkuren sind von dem Dirigismus der Gesundheitspolitik abhängig. Gerade in den vergangenen zwanzig Jahren war das Sozialkurwesen Zielscheibe von Kritik, Mißgunst und Anfeindungen. Dies hat den Gesetzgeber veranlaßt, den Zugang zu diesen Kuren zu erschweren: 1975 durch das Haushaltsstrukturgesetz, 1977 durch das Krankenversicherungs-Kostendämpfungsgesetz (RVKG).

1981 kam in einer neuen Kostendämpfungsrunde das Zweite Haushaltsstrukturgesetz und das Kostendämpfungs-Ergänzungsgesetz sowie das Haushaltsbegleitgesetz 1983. Der letzte gravierende Einschnitt wurde mit dem Gesundheits-Reformgesetz im Jahr 1988 eingeleitet. Die Folgen bei den Rückgängen im Bereich der ambulanten Vorsorge- und Rehabilitationskuren sind bis heute unübersehbar. Zum 1. Januar 1991 erfolgte in den neuen Bundesländern die Umstellung des Gesundheits- und Rehabilitationsrechts auf einheitliches Bundesrecht. Das Kurgeschehen stabilisierte sich erst im Laufe des Jahres auf niedrigem Niveau, so daß repräsentative Aussagen für die Heilbäderverbände der Länder Brandenburg, Mecklenburg-Vorpommern, Sachsen, Sachsen-Anhalt und Thüringen für diesen Bericht nicht möglich sind.

Begriffsbestimmungen für Kurorte, Erholungsorte und Heilbrunnen

Die medizinische Forschung in den verschiedenen Therapiebereichen hat zwangsläufig dazu geführt, daß die Heilbäder und Kurorte die Kurangebote und vor allem ihre Wirkungsweise klassifizieren und damit vergleichbar machen mußten. Ein Vorteil für den Gast war und ist damit die Übersichtlichkeit des Gesamtangebots. Bereits im Jahr 1902 gab es eine „Ständige Kommission für die gesundheitlichen Einrichtungen in den Nord- und Ostseebädern", die sich mit der notwendigen Ausstattung der Bäder befaßte.[2] 1904 wurde auf diese Vorarbeit aufgebaut und ein „Deutscher Ausschuß für die gesundheitlichen Einrichtungen in den Kur- und Badeorten" etabliert. Dieser reichsweite Ausschuß hat die Richtlinien für die allgemeinen grundsätzlichen Voraussetzungen und sonstigen für die Anerkennung eines Kurortes notwendigen Einrichtungen entwickelt.

Diese Mindestanforderungen sind bis heute Bestandteil der Begriffsbestimmungen und werden konstant überarbeitet, zuletzt 1991 mit einer Verschärfung der Bestimmungen. Die frühen Begriffsbestimmungen enthalten die Richtlinien für Heilbad, Heilklimatischen Kurort, Luftkurort, Seebad, Kneippkurort — sowie Sommerfrische, Winterfrische, Erholungsort, Touristenort und Wintersportplatz.

In Bad Harzburg wurde 1949 ein Ausschuß für Begriffsbestimmungen eingesetzt, der seine Arbeit bis heute beibehält. In den „Begriffsbestimmungen für Kurorte, Erholungsorte und Heilbrunnen" sind die Artbezeichnungen festgelegt, die natürliche

Kurmittel als Voraussetzung führen müssen: „Heilbad", „Heilquelle" (Peloid, Moor usw.), „Kurbetrieb", „Seeheilbad", „Seebad", „Kneippheilbad", „Kneippkurort", „Heilklimatischer Kurort", „Luftkurort" und „Erholungsort".[3] Dazu gehören noch die Heilbrunnenbetriebe, die das Wasser natürlicher Heilquellen zum Versand bringen.

Für die einzelnen Artbezeichnungen wird der sogenannte „Kurortcharakter" verbindlich festgelegt. Bestimmte Voraussetzungen müssen erfüllt sein, z.b. Badeärzte, Kurärzte, kurgemäße Unterbringung und Verpflegung (Diät), Unterhaltung und Betreuung der Kurgäste sowie allgemeine gesundheitliche Voraussetzungen. Industrieanlagen im Kurbereich sind demnach verboten, weil das Prädikat streng kontrolliert wird.

1991 gaben der Deutsche Bäderverband und der Deutsche Fremdenverkehrsverband gemeinsam die 10., überarbeiteten Richtlinien der Begriffsbestimmungen heraus. Sie sind strenger geworden — um den Kurortcharakter zu schützen und wirkliche Qualität zu manifestieren. Hinweise über Kurtaxeerhebung, quelltechnische Anlagen, Abfüll- und Versandeinrichtungen, Heilanzeigen und die Aussagen zu den Grundlagen der Prädikatisierung eines Ortes (Böden, Meer, Klima usw.) geben neben den zwingend notwendigen Analysen des Deutschen Wetterdienstes und den hygienischen Anforderungen ein Qualitätsprofil ab, das sich heute in der Diskussion über den „Sanften Tourismus" durchaus als Vorreiter dieser Idee ansehen lassen kann.

Diese international anerkannten Normen dienen heute den Mitgliedsländern der Fédération Internationale du Thermalisme et du Climatisme (FITEC) als Regelungsgrundlage der Begriffe in den Kurorten. Damit ist der hohe Standard der deutschen Begriffsbestimmungen zum europäischen Standard geworden.

Die staatlich anerkannten Heilbäder und Kurorte in Deutschland

In den alten Ländern der Bundesrepublik Deutschland gab es 1991 insgesamt 268 prädikatisierte Seeheil- und Seebäder, Mineral- und Moorbäder, Kneippheilbäder und Kneippkurorte sowie Heilklimatische Kurorte.[4] Diese teilten sich auf in:

38 Seeheil- und Seebäder	(14%)
140 Mineral- und Moorbäder	(52%)
47 Kneippheilbäder und Kneippkurorte	(18%)
43 Heilklimatische Kurorte	(16%).[5]

Naturgemäß sind die Seebäder an den Küsten, es gibt keine an Binnenseen. Von den 38 Seeheil- und Seebädern befinden sich 20 in Schleswig-Holstein und 18 in Niedersachsen.

Die mit 52% aller Bäder größte Gruppe sind die Mineral- und Moorbäder — also diejenigen, die über ortsgebundene Kurmittel verfügen (Sole, Thermal, Fango etc.). 3 davon finden wir in Schleswig-Holstein, 12 in Rheinland-Pfalz, 16 in Nordrhein-Westfalen, je 21 in Niedersachsen und Hessen, 30 in Bayern und 37 in Baden-Württemberg.

Die regionale Verteilung der Kneippheilbäder und Kneippkurorte ist in allen Bundesländern zu finden:

2 in Schleswig-Holstein,

1 im Saarland,

je 6 in Rheinland-Pfalz und Niedersachsen,

je 8 in Niedersachsen und Bayern,

7 in Hessen und

9 in Baden-Württemberg.

Auch bei den Heilklimatischen Kurorten liegt Baden-Württemberg an der Spitze: 15 Kurorte tragen dieses Prädikat. In Bayern sind es 11 Orte, in Hessen 3, in Niedersachsen sind es 7, in Nordrhein-Westfalen 4, Rheinland-Pfalz hat 2 prädikatisierte Orte und das Saarland einen.

Damit ist Baden-Württemberg in der Summe der prädikatisierten Kurorte Deutschlands Bäderland Nr. 1. Insgesamt 61 Kurorte finden wir hier.

Bäderland Nr. 2 ist Niedersachsen mit 52 Kurorten, gefolgt von Bayern mit 49. 30 Kurorte tragen in Hessen ein Prädikat, in Nordrhein-Westfalen immerhin 28. 25 Orte in Schleswig-Holstein (20 Seeheilbäder!), 20 Orte in Rheinland-Pfalz und 2 Kurorte im kleinen Saarland geben ein umfassendes Bild der Bäderlandschaft.

Interessant erscheint in diesem Zusammenhang ein Blick auf die Statistik der Übernachtungen in westdeutschen Städten im Jahr 1991. Unangefochten liegt (West-) Berlin mit 4.809.700 Gästen aus dem Inland vor München und Hamburg. An vierter Stelle folgt dann aber ein Bad — nämlich Bad Füssing, in dem 1991 die Gäste 2.746.800mal übernachteten (Hamburg: 2.964.200). Die Kurorte Bad Wildungen und Oberstdorf haben mehr Inlandsübernachtungen als beispielsweise Frankfurt a. M. oder Köln. Mit Bad Kissingen und Bad Wörishofen komplettiert sich das Bild: 5 Kurorte unter den „Top Ten" der deutschen Inlandsübernachtungen.

Bei Gästen aus dem Ausland findet sich kein Kurort unter den ersten Zehn: Beweis für die Nachfrage von Inlandsgästen, aber kaum Interesse von Auslandsgästen. Hier führt München vor Frankfurt a. M. und Berlin.

Die Geschichte der deutschen Bäderverbände von 1892–1992

1892	Am 23. April 1892 wird der „Allgemeine Deutsche Bäderverband" in Leipzig gegründet. In Bad Kösen wird der 1. Deutsche Bädertag durchgeführt.[6]
1902	Am 11. Deutschen Bädertag in Bad Nauheim nehmen bereits 72 Mitglieder teil. Der Verband besteht aus 58 Badeverwaltungen bzw. Kurvereinen und 136 Einzelmitgliedern.
1907	Nach mehrjähriger Vorbereitung wird erstmals das „Deutsche Bäderbuch" herausgegeben.

1920	Erster Bädertag nach dem Ersten Weltkrieg als 24. Bädertag in Bad Kissingen. Neue Satzung durch Aufteilung der Mitglieder in Fachabteilungen. Einstellung eines Hauptamtlichen Geschäftsführers.
1932	Ende der freien Verbandsarbeit.
1933	In Berlin wird der Allgemeine Deutsche Bäderverband unter dem Druck der politischen Verhältnisse aufgelöst.
1935	Der eingetragene Verein „Bund Deutscher Verkehrsverbände und Bäder" wird in „Reichsfremdenverkehrsverband" umbenannt.
1939–1945	Während des Zweiten Weltkriegs finden keine Deutschen Bädertage statt. Die Heilbäder und Kurorte dienen als Kurlazarette.
1947	Auf dem 43. Deutschen Bädertag in Norderney wird der „Deutsche Bäderverband" mit Sitz in Bad Oeynhausen gegründet.
1950	Aufnahme des Deutschen Bäderverbands in die FITEC (Internationale Vereinigung für Balneologie und Klimatologie).
1951	Erarbeitung der „Richtlinien und Begriffsbestimmungen für die Anerkennung von Bade- und Heilklimatischen Kurorten, Erholungsorten und Heilbrunnen". Gültig ab 1953.
1965	Neugründung des Wirtschaftsverbands Deutscher Heilbäder und Kurorte als eingetragenen Vereins. Die Strukturierung geht hin zu einem „Verbände-Verband".
1984	Auf dem 80. Deutschen Bädertag wird erstmals in Garmisch-Partenkirchen eine Deklaration zum Umweltschutz verabschiedet.
1989	Die Auswirkungen des am 01. 01. 89 in Kraft getretenen Gesundheitsreformgesetzes (GRG) treffen die Heilbäder und Kurorte mit starken Rückgängen in allen Bereichen.
1990	Erste offizielle Zusammenkunft von Spitzenvertretern des Deutschen Bäderverbands und des Heilbäderverbands der DDR (dieser Verband wurde am 19. 04. 90 gegründet). Der Heilbäderverband der Länder Brandenburg, Mecklenburg-Vorpommern, Sachsen-Anhalt, Sachsen und Thüringen wird als „Abteilung E" des Deutschen Bäderverbands für eine Übergangszeit von längstens 5 Jahren als korporatives Mitglied aufgenommen.
1991	Beim 87. Deutschen Bädertag in Freudenstadt im Schwarzwald wird über ein Marketingkonzept diskutiert, das durch das Bundesministerium für Wirtschaft gefördert wird. Ein Informations- und Schulungssystem für die neuen Bundesländer nimmt die Arbeit auf – gefördert vom Gesundheitsministerium.

Der Deutsche Bäderverband e. V.

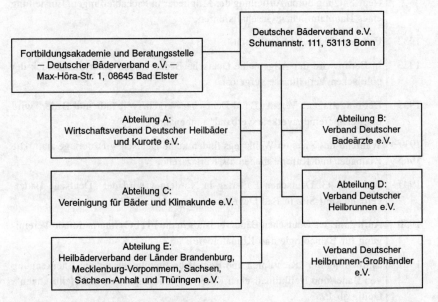

Abb. 1: Die Organisation im Schaubild.[7]

∗

Anmerkungen

1 Deutscher Bäderverband e. V. (Hrsg.): *Jahresbericht 1991*, Kassel: Druckhaus Meister KG, 1992.

2 Dr. Gerhard Hüfner: *Die Deutschen Bäderverbände 1892—1992, Chronik der Verbandsarbeit*, Gütersloh: Flöttmann, 1992, ISBN: 3-87231-056-9; *Grundlagen der Kurortmedizin und ihr Stellenwert im Gesundheitswesen der Bundesrepublik Deutschland*, 1987.

3 *Begriffsbestimmungen für Kurorte, Erholungsorte und Heilbrunnen*, hrsg. vom Deutschen Bäderverband e.V. und Deutschen Fremdenverkehrsverband e.V., [10]1991.

4 Deutscher Bäderverband e. V. (Hrsg.): *Jahresbericht 1991*, Bonn 1992; *Heilbad und Kurort. Verbandzeitschrift des Deutschen Bäderverbands e. V.*, Gütersloh: Flottmann, Gesamtausgabe 1991.

5 Pressebüro und Mediendienst Hans O. Berg: *Aktuelle Diagramme*. Rundschreiben vom 24. 09. 92. — Kurfürstenstr. 76, 53913 Swisttal-Buschhoven.

6 Dr. Gerhard Hüfner, a. a. O.

7 Deutscher Bäderverband e.V. (Hrsg.): *Statistik 1991 Organisation Anschriften 1992*, Bonn.

∗ ∗ ∗

Wolfgang Fuchs
Positionen deutscher Heilbäder und Kurorte in einem sich öffnenden Europa

1 Allgemeine Ausgangslage

Breit ist das Spektrum deutscher Heilbäder und Kurorte angelegt. Große landschaftliche, aber auch landsmannschaftliche Unterschiede, wie etwa zwischen Bad Reichenhall zu Füßen der Alpen im äußersten Süden Deutschlands und in Seebädern wie Westerland auf Sylt im äußersten Norden. Die Geschichte, ein wesentliches Element, das die Unverwechselbarkeit eines Kurortes prägt, ist ebenso vielfältig, wie die deutschen Regionen unterschiedlich sind. Dazu gehören ganz junge Bäder, wie das Heilbad Bad Krozingen und zugleich bekanntes Gesundheitszentrum im ländlichen Raum am Südlichen Oberrhein und lange Traditionen, wie etwa in Baden-Baden, wo sich Aristokraten und Dichter aus ganz Europa getroffen haben. Rund 260 Heilbäder und Kurorte sind Mitglieder im Deutschen Bäderverband. In nächster Zeit werden noch 30 bis 40 Orte aus den Neuen Bundesländern in diese Kategorie hineinwachsen, die nach dem Vorliegen der jeweiligen Landesgesetze auf der Grundlage der Begriffsbestimmungen des Deutschen Bäderverbandes nach entsprechender Prüfung ihre Prädikate erhalten.

Im Westen Deutschlands haben die Heilbäder und Kurorte im Windschatten des deutschen Wirtschaftswunders einen großen Aufstieg genommen. Das soziale Netz wurde eng geknüpft. Großzügig wurden Kurmaßnahmen bezuschußt. Streng waren aber auch die Vorschriften. Die stationären Heilverfahren der deutschen Rentenversicherungsträger und die Anschlußheilverfahren der gesetzlichen Krankenkassen sind inzwischen weit über unsere Landesgrenzen bekannt geworden, und manche unserer Kollegen im europäischen Ausland beneiden uns über das Engagement der Sozialversicherungsträger.

Nicht verwunderlich, daß mehrmals in den Jahren seit 1970 Korrekturen zur Kostenbegrenzung und zur Sicherung der therapeutischen Effizienz von seiten des Gesetzgebers vorgenommen wurden, zuletzt das Ende der 80er Jahre verabschiedete Gesundheitsreformgesetz. Die Nachfrage privater Gäste, die nicht in den gesetzlichen Krankenkassen versichert sind, ist in den letzten Jahrzehnten kontinuierlich gewachsen und hat einen guten Stand erreicht.

Neue Veränderungen im Gesundheitswesen durch gesetzgeberische Eingriffe stehen an, die alles andere als einfache Herausforderungen an die Kurortunternehmen, aber auch an die Städte und Gemeinden darstellen, die ihr Schicksal sehr eng mit dem Kurwesen verknüpft haben. In den meisten der 260 westdeutschen Heilbäder und Kurorte wird an weitreichenden Erneuerungsmaßnahmen gearbeitet. Die Öffnung zu mehr privat finanzierter Nachfrage, die Notwendigkeit stärkerer Verzahnung mit privatem Investitionskapital wird trotz aller Schwierigkeiten neuen Lösungen zugeführt. Aber man sollte

Verständnis haben, daß die Verantwortlichen ungeachtet ihrer positiven Einstellung zu einem sich öffnenden Europa mit Sorge auf die zusätzlichen Veränderungen blicken, wenn der Wettbewerbsdruck, der damit aus den verschiedenen Regionen Europas einsetzt, sich insgesamt verstärkt.

2 Deutsche Ausgangsbedingungen

2.1 Die Begriffsbestimmungen Deutscher Heilbäder und Kurorte

Seit vielen Jahrzehnten gibt es einen strengen Ordnungsrahmen des Deutschen Heilbäderverbandes: die Begriffsbestimmungen Deutscher Heilbäder und Kurorte. Diese Begriffe sind in konkrete Kriterien übersetzt. Quantitative Grenzwerte, die in einem jeweils durch Landesrecht geordneten Anerkennungsverfahren zur Anwendung kommen und für die Ein- und Höherstufung im hierarchischen System Deutscher Heilbäder und Kurorte angewandt werden. Es sind Mindestanforderungen an die Infrastruktur, kritische Grenzwerte für Luftbelastung, strenge Bedingungen an die Verabreichung der ortsgebundenen Heilmittel und ihre Qualität. Diese Rahmenbedingungen für verschiedene Formen und Schwerpunkte der Kurbehandlung sollen durch die Begriffsbestimmungen nach der Art der Heilmittel, der Kureinrichtungen und der ärztlichen Versorgung den Kurort und den Kurortcharakter definieren und festlegen. Diese Grundlagen waren und sind die gemeinsame Basis zur Entwicklung von Qualität in den verschiedenen Indikationen für den Dienstleistungsbereich einer deutschen Kur. Sei es in einem Kneippkurort wie etwa Bad Wörishofen oder in uralten Thermalbädern, wo sich schon die Römer entspannten, wie in Badenweiler zu Füßen des südlichen Schwarzwalds.

Viele deutsche Kollegen fragen dringend: Wie sehen vergleichbare Begriffsbestimmungen in anderen europäischen Ländern aus? Und ich selbst füge hinzu: Ist es realistisch, eine Art europäischer Charta von Begriffsbestimmungen zu formulieren, der alle Bäder und Kurorte europaweit beitreten könnten, die sich unter diesem Qualitätsstandard versammeln wollen. Oder ist eine solche Vorstellung unter den Gesichtspunkten moderner Marketingstrategien eher hinderlich als fördernd?

Eines jedenfalls wäre nicht förderlich: ein bürokratisch verwalteter, zentralistisch festgelegter europäischer Durchschnittswert quer durch die unterschiedlichen europäischen Regionen. Wenn europäische Heilbäder und Kurorte Spitzenpositionen qualitätsvoller Dienstleistungen erreichen wollen, dann werden solche Durchschnittswerte nicht dienlich sein.

Die persönlichen Erwartungen und die Anforderungen an Heilung, Gesundung und Regeneration sind sehr groß, sie nehmen ständig zu. Darum werden auch immer größere Anteile des verfügbaren persönlichen Einkommens in das Gesundheitswesen fließen. Wie dabei die Kurortangebote abschneiden und ob sie einen entsprechend großen Anteil dieser wachsenden Wirtschaftskraft bei sich vereinnahmen können, wird von ihrer Überzeugungskraft abhängen. Am Ende entscheidet die Effizienz ihrer Maßnahmen. Die

Erfahrungen, die Menschen in dem einen Bad gemacht haben, bestimmen ihre Erwartungen, die sie an das andere Bad richten. Und es ist dabei gleichgültig für sie, ob dies im Inland oder im Ausland gelegen ist.

2.2 Die neue Kur

Nicht nur das Panorama der Erkrankungen hat sich verändert, etwa hin zur großen Volkskrankheit im Herz-Kreislauf-Bereich. Jeder zweite Deutsche stirbt an Durchblutungsstörungen. Oder denken wir an die tödlichen Gefahren der Krebserkrankung, aber auch an die rapide um sich greifenden Behinderungen in unseren Bewegungsabläufen.

Auch die Einstellung zum Leben, zum menschlichen Körper, zu Geist und Seele ist in Bewegung gekommen. Es gibt eine Rückbesinnung auf Kreisläufe, auf Naturkreisläufe in der uns umgebenden Umwelt und in uns. Die Einsicht, daß die Natur Manifestation des Geistes außerhalb von uns selbst ist, der Geist Manifestation der Natur innerhalb von uns. Wissenschaftliche Erkenntnisse und persönliche Erfahrungen im Umgang mit Gesundheit und mit der Eindämmung von Krankheit verweisen auf solche Kreisläufe.

Nicht zufällig wenden sich Kurorte der Kunst, auch moderner Kunst zu. Ein zugegeben ambivalenter Vorgang, der bei älteren Gästen nicht nur Zustimmung findet. Aber Prävention, pflegliche Stärkung der Widerstandskräfte, ist an Menschen aller Generationen gerichtet. Künstlerisch kreativer Ausdruck öffnet menschliche Perspektiven für die Zukunft.

Moderne Industrieunternehmen besinnen sich auf eine Firmenkultur. Warum haben Bäderverantwortliche immer noch Hemmungen, die europäischen Traditionen von Bäderkultur aufzugreifen und den Bogen zu spannen, hin zu den Herausforderungen der neuen Zeit? Das Marketingkonzept moderner Heilbäder wird nicht auf fundierte Elemente moderner Medizin verzichten können. Aber die Elemente von Kunst und Kultur gehören unverbrüchlich zu einem Konzept, das in die Zukunft reicht.

In einer jüngsten Veröffentlichung des Deutschen Heilbäderverbandes unter der Überschrift „Die neue Kur" schreiben Schipperkess und Kirchner, führende deutsche Sozial- und Rehabilitationsmediziner:

> Das Weltbild unserer Zeit ist gekennzeichnet durch eine Rückbesinnung vom rein naturwissenschaftlich mechanistisch zu einem umfassenden anthropologischen Denken, vom bloß ökonomischen zu mehr ökologischem Handeln. Durch einen Wandel, auch von der reduktionistischen, krankheitsorientierten Heiltechnik, weg zu einer auf die menschliche Umwelt und Mitwelt umfassenden Heilkunde. In dieser schwierigen Übergangssituation haben wir neue Konzepte einer Lebensführung und Daseinsstilisierung zu suchen und zu verwirklichen.

Die neue Bäderarchitektur, wie die Caracalla-Therme in Baden-Baden, ist ein Signal. So wird das Erlebnis „Thermalwasser" wieder zu einer Sache mit Zukunft. Junge Menschen strömen zu den heißen Quellen. Das Wieder-gesund-werden-Wollen und das Gesund-bleiben-Wollen liegen dicht beieinander, also sind daraus Konsequenzen für die Struktur unserer Heilbäder- und Kurortangebote zu ziehen.

Die neue Kur, ein neuer Umgang mit Thermalwasser, wie er etwa in Japan gepflegt wird, fordert zunächst ein neues Denken. Ein Sich-Öffnen für neue Entwicklungen auf ein Leben, das sich nicht nur äußerlich, sondern auch geistig weitet. Genau so haben wir uns dem sich öffnenden Europa zu stellen, selbstbewußt und nicht unter Aufgabe dessen, was wir für richtig befinden.

2.3 Die Finanzierbarkeit und das Krankenkassenwesen

Gesund sein trotz Erkrankung, krank sein trotz hoher Gesundheit, dies sind persönliche Fragestellungen; ich selbst mit mir in meiner Mit- und Umwelt. Aber keiner von uns lebt allein, sondern immer mit den anderen zusammen, auch von der Leistung der anderen. Welche Erlösung, wenn mir in schwerer Krankheit moderne Hochleistungsmedizin Befreiung von Schmerz verspricht bis hin zur Transplantation neuer Organe. Aber das alles kostet viel Geld, um nicht zu sagen, es verschlingt gewaltige Summen. Als einzelner kann ich dies nie bezahlen. Die intelligente Antwort einer kultivierten Nation sind tragfähige Krankenversicherungssysteme, und in einem freiheitlich rechtsstaatlichen Land müssen sie tragfähig sein für alle Menschen, gleich welchen Standes, welcher sozialen Stellung und welchen Alters. Privatwirtschaftlich organisierte Versicherungen allein reichen hier nicht aus; von staatlicher Autorität, ordnungspolitisch gerecht durchdachte Krankenversicherungssysteme sind in allen Staaten Europas unerläßliche Voraussetzung eines gerechten, der menschlichen Würde entsprechenden Gesundheitswesens.

Deutsche Krankenversicherungen gelten als zuverlässig und leistungsfähig. Aber ihre Zukunftsfähigkeit muß immer wieder neu errungen werden. In diesen Tagen werden Verhandlungen über die Pflegeversicherung aufgenommen.

Deutsche Krankenversicherungssysteme stecken voll strenger Bestimmungen. Wie könnte es in Deutschland anders sein! Von dem Knowhow und dem Vertrauen aus gemeinsamer Arbeit hat die Solidargemeinschaft der Versicherten profitiert. Niemand, am allerletzten die Versicherten selbst, können ein Interesse daran haben, die Regelkreisläufe, die sich da auf nationaler Ebene eingespielt haben, beliebig aufzureißen. Der Deutsche Bäderverband selbst erinnert daran:

> Während im Jahre 1960 noch 20 % des Bruttosozialproduktes in der Bundesrepublik Deutschland für Sozialleistungen insgesamt erbracht wurden, waren es 1980 schon über 30 %. Auf den Kopf der Bevölkerung umgerechnet sind diese Leistungen fast um das 7fache gestiegen, während das Bruttosozialprodukt im gleichen Zeitraum nur um das 4fache gewachsen ist.

Die Wiedervereinigung Deutschlands hat zusätzliche, überdurchschnittliche Finanzierungsmittel erforderlich gemacht, auch im Bereich der Krankenversicherungen, und dies wird noch eine ganze Zeit so bleiben.

In Kreisläufen denken, das heißt erkennen, daß teure Akutmedizin durch Prävention abgefangen, vielleicht zum Teil überflüssig gemacht werden kann. Und es heißt, daß sich durch Rehabilitation die Wirksamkeit medizinischer Eingriffe steigert. Kurortangebote sind also wie eine Brücke, die unterschiedliche Heilungsbereiche miteinander verbindet. Gibt es hier zwischen Ost- und Westeuropa in der Bedeutsamkeit von Prävention und Rehabilitation unterschiedliche Auffassungen? Die Öffnung der nationalstaatlichen Grenzen bei der Leistungserbringung sollte dann aber auch heißen, daß bei der Zahlung von seiten der Krankenkassen und Rentenversicherungsträger eine Angleichung stattfindet. Das heißt, wir fordern in allen Ländern Europas eine angemessene Zurverfügungstellung von Geldern für Prävention und Rehabilitation.

Nicht nur unsere Gäste sollten sich nach einer inneren Ordnung formieren, auch Heilbäder und Kurorte der verschiedenen europäischen Regionen müßten sich neu formieren. Wo ist der gemeinsame Tisch, an dem wir alle miteinander diskutieren und Vereinbarungen treffen? Wird es möglich sein, die Mitte der dreißiger Jahre in Budapest gegründete „Fédération Internationale du Thermalisme et Climatisme" zu jener Institution zu machen? Warum haben sich in den letzten Jahren so viele Verantwortliche von der FITEC zurückgezogen? Was muß geschehen, um hier einen neuen Anfang zu machen? Oder brauchen wir völlig andere Institutionen?

Eines ist sicher: In dem sich öffnenden Europa könnten Kurortangebote für eine moderne Gesundheitspolitik neu ins Spiel gebracht werden. Dazu wären Verständigung und Vereinbarungen zwischen allen, die guten Willens sind, notwendig. Nicht nur in Deutschland, in allen anderen Staaten stehen die Verantwortlichen vor einer Neuabgrenzung der Einnahme- und Ausgabeströme im Gesundheitswesen.

In den zurückliegenden Jahrhunderten hat sich die mitteleuropäische Bäderkultur und Bädertherapie durch grenzübergreifende Befruchtungen entwickelt. Ist es so abwegig, heute in einer Zeit, in der die Welt eng zusammenrückt, Ähnliches unter neuen Herausforderungen zu erwarten?

Deutsche Kollegen berichten von partnerschaftlichen Kontakten mit traditionsreichen Bädern in Süd- und Mitteleuropa und erleben mit Respekt die Leistung der anderen. So weit können wir trotz nationalstaatlicher Grenzen gar nicht voneinander entfernt sein.

Aber der Blick auf den übergeordneten europäischen Einigungsprozeß selbst löst nicht gerade Vertrauen aus. Manch einer denkt im Stillen: Vielleicht wird es am Ende doch nicht so offen, wie manche sich das vorstellen. Dann bleibe ich ja von dem Wettbewerb noch etwas verschont — wie ist so etwas einzuschätzen?

3 Schwer überschaubare Trends der europäischen Öffnungen

Sicher ist, daß die politischen und ökonomischen Bedingungen der europäischen Landschaft die Zukunft der Kurorte entscheidend bestimmen. Und wenn wir in Anlehnung an den Philosophen Poper davon ausgehen, daß die Zukunft in keinem Fall eine Fortschreibung der Vergangenheit und Gegenwart ist, aber mit ihm den Optimismus teilen, daß wir zwischen verschiedenen ethischen Möglichkeiten zu wählen haben, dann kann ich bei der Frage, was Verantwortliche von Kurorten in Deutschland oder anderen europäischen Ländern zu tun haben, nicht darauf verzichten, für einen Moment das Szenarium der Öffnungen anzuschauen.

Für einen großen Teil europäischer Entwicklung war der Abbau der Binnengrenzen systematisch geplant. Überraschend, erdbebenartig verliefen jedoch die tiefgreifenden politischen Erschütterungen, welche die ideologischen und militärischen Grenzziehungen zwischen Ost und West zum Einsturz brachten. Wie die neuen Ordnungen aussehen — niemand sollte versuchen, diesen Prozeß der geistigen Öffnung, des Aufeinanderzugehens zu unterbinden. Ob wir mehrere europäische Gemeinschaftshäuser oder ein größeres europäisches Gesamtgebilde mit starker regionaler und nationaler Differenzierung und Eigenständigkeit am Ende bekommen, bleibt offen. In jedem Fall werden Öffnungen vor sich gehen. Das heißt, daß die Chancen der einen auch zu den Chancen der anderen werden, daß die Nöte der einen auch zu den Problemen der anderen werden. Die Lebenszusammenhänge werden großräumiger, vielfältiger, weniger überschaubar und planbar. Die Veränderungen beschleunigen sich.

Trotz aller Identitätskrisen der europäischen Völker, die jetzt, nachdem die gewaltsame Unterdrückung vieler Menschen zu Ende ist, Selbstbestimmung mit überzogenem Nationalismus verwechseln, werden zum Teil Anfänge neuer Ordnungen sichtbar, die Not der Menschen schreit nach einer Ordnung. Große Armut und schwer erträgliche Unsicherheiten lösen auch im Umkehrschluß in den europäischen Wohlstandsregionen Beunruhigung aus. Abwehrreaktionen sind daher verständlich, aber sie sind keine ausreichende Leitlinie für eine Politik im Sinne von Frieden und Freiheit.

Immer häufiger finden Begegnungen zwischen Menschen in Ost und West, Nord und Süd statt. Gelder fließen als Kredite und verlorene Zuschüsse, bis hin zu Gesundheitseinrichtungen in Ungarn, der Tschechoslowakei, in Polen und den GUS-Staaten. Aber der Glaube daran, daß sie auf diese Weise mit dem Geld auf einen guten Weg kommen, will sich nicht ausbreiten. Die einen spüren, daß Wohlstand nicht als Insel abgeschirmt werden kann, und die anderen werden ihre Not nicht für sich behalten. Es kommt nicht nur zu Berührungen, sondern auch zu Austauschvorgängen zwischen den unterschiedlichen Regionen Europas. Gefällesituationen setzen immer Ströme in Bewegung. Entweder kommt es zu einem bedachten, wirksamen Austausch oder zu Damm- und Rohrbrüchen. An letzterem kann niemandem gelegen sein. Am wenigsten einem so friedfertigen Unternehmen wie den europäischen Heilbädern und Kurorten.

Wie können wir also selbstbewußt mitwirken bei der Gestaltung des europäischen Hauses, seiner Etagen und Räume? Wie sind unsere Gestaltungsanforderungen? Wir können uns nicht auf die Gesundheitspolitik beschränken. Auch Fragen der Verkehrs- und Umweltpolitik gehen uns unmittelbar an.

Kurorte leben von und aus ihrer Region, und sie wirken auf die Strukturen ihrer Region zurück. Im gesellschaftlich-kulturellen Leben eines Kurortes, das zu seinem Wesenselement zählt, ist oft die Geschichte einer ganzen Region wie in einem Brennpunkt zusammengeholt. Heilbäder und Kurorte brauchen also ein Europa, in dem die kommunale Selbstverwaltung in hohem Kurs steht und die Regionen ihre Eigenart, ihre Geschichte und ihre landschaftliche Identität wahren können. Das menschliche Gesicht von Landschaften ist eine der Grundlagen für moderne Kurortpolitik. Darum dürfte ein Europa der Regionen den vitalen Lebensinteressen von Kurorten am ehesten entsprechen. Aber es steht nicht gut um das Europa der Regionen, solange einflußreiche Bürokratien in den nationalstaatlichen Zentren ihre Machtkompetenzen sorgfältig abschirmen vor den Selbstverwaltungsforderungen der Regionen.

Der ökonomisch wirksamste Weg, Vielfalt und Qualität der Angebote in Bewegung zu halten, ist die Freisetzung der Dynamik, die sich aus dem Wettbewerb ergibt. Also sollten europäische Heilbäder und Kurorte für eine Ordnungspolitik eintreten, die den Wettbewerb fördert und egozentrische Monopolstrukturen zugunsten von Gästen und Patienten auflöst.

Die Qualität von Dienstleistungen wird in erster Linie von der Qualität und dem Engagement jener Menschen bestimmt, die diese Dienstleistungen erbringen. In einem so persönlichen Dienstleistungsbereich wie dem, wo es um Gesundheit und persönliche Harmonie geht, gilt dies in doppelter Weise. Aufgeschlossene, gut ausgebildete und für den Dienst am Menschen engagierte Mitarbeiter sind das wichtigste Kapital von Kurortunternehmen und Kurortgemeinden. Die Öffnung europäischer Grenzen gibt Möglichkeiten der Heranbildung und qualifizierten Fortbildung von Mitarbeitern auf den unterschiedlichsten Arbeitsfeldern. Leider werden diese Möglichkeiten in Deutschland bis jetzt nur vereinzelt erkannt. Es ist bekannt, daß jenseits des ehemaligen „Eisernen Vorhangs", wo infolge ökonomischer Engpässe die Apparatemedizin nicht so stark entwickelt werden konnte, andere therapeutische Behandlungsformen und eine besondere Aufmerksamkeit für Prävention und Rehabilitation gepflegt wurden und daß wir gerade auf diesem Feld voneinander lernen können.

Alle Formen der Kur und der gesundheitserhaltenden Maßnahmen sollten gerade in der heutigen hochtechnisierten, programmierten Zeit in der Weite von Natur und Landschaft verankert sein. Die Eigenarten einer Landschaft sind für die persönliche Entscheidung vielleicht noch wichtiger als die Zusammensetzung der Thermalwässer und die Preise von Massagen und krankengymnastischen Behandlungen.

Ein gnadenloser Wettbewerb um die Steigerung des Bruttosozialproduktes, insbesondere der industriellen Produktion, führte in Ost und West gleichermaßen zu einem unvernünftigen, ja zerstörerischen Umgang mit den natürlichen Lebensgrundlagen. Die Sanierung der europäischen Meere könnte zum Prüfstein für ein Europa der Hoffnungen gemacht werden. Gerade in der Umweltpolitik könnten Heilbäder Allianzen mit anderen gesellschaftlichen Gruppen eingehen, europaweit mit allen Kräften sich z. B. dem Waldsterben entgegenstellen.

Wir selbst sollten unsere Kurortentwicklungspläne neu erstellen. Sie abstimmen auf die Grenzen und die Möglichkeiten, die uns die natürlichen Lebensbedingungen, das Kleinklima, die Qualität der Böden, die Regenerationskraft der Flüsse und Bäche abverlangen. Wir sollen den Flüssen und Bächen wieder ihren natürlichen Austauschraum zurückgeben, nicht sie bis an den äußersten Rand bebauen. Die Höhenzüge der Gebirge durch die Höhe der Baumwipfel wieder zu einer Orientierung für menschengerechten Städtebau machen.

Regionale Raumordnungen und Infrastrukturkonzepte über die Gemeindegrenzen hinaus sind da in der Regel gefragt, denn die historischen Zufälligkeiten der Gemarkungsgrenzen stimmen selten mit der Reichweite ökologischer Kreisläufe überein. Die belebenden und lebensnotwendigen Durchlüftungen unserer Siedlungen und die Regeneration unserer Grundwasserschätze bis hin zur Erhaltung der Thermalwasserströme verlangen nicht nur eine sorgfältige, zum Teil längerfristige Beobachtung der Zusammenhänge, sondern auch eine kräftige, an übergeordneten Zielen orientierte politische Willensbildung, bei der in der Regel mehrere Rathäuser zu beteiligen wären.

Die Glaubwürdigkeit unserer kurörtlichen Angebote und ihre tatsächliche Wirkung werden immer mehr davon abhängen, ob wir, die Kurortverantwortlichen, der Schönheit der Landschaft und dem intelligenten, pflegerischen Umgang mit den natürlichen Lebensbedingungen erste Priorität einräumen. Es könnte zum umverwechselbaren Profil europäischer Heilbäder und Kurorte gehören, daß sie mit besonderer Stringenz und Klarheit für Landschaft und Natur eintreten.

Kernelement neuer Kurformen ist, in sich hineinhören, mit sich, seinen körperlichen und geistigen Kräften, immer wieder neu in ein Gleichgewicht finden. Nähe und Erfahrbarkeit von Natur und natürlichen Vorgängen spielen dabei eine nicht hoch genug einzuschätzende Rolle.

Es ist die Frage, ob wir die Chancen, die in den Veränderungen der kommenden Jahre entstehen, deutlich genug erkennen und sie nutzen. Gemeinsam, so meine ich, haben wir die größere Chance. Gemeisam sind wir nämlich stärker.

* * *

Barbara Richter
Das Heilbad als Gesundheits-Clubdorf – Utopie oder Realität?

Gesundheit und allgemeiner Wertewandel

Gesundheit ist ein Zustand vollkommenen körperlichen, psychischen und sozialen Wohlbefindens, nicht nur definiert durch Abwesenheit von Krankheit und Gebrechen. Soziologische Untersuchungen ergaben einen starken Wertewandel. So wird die persönliche Identifikation und Erfüllung nicht mehr vorwiegend in Beruf, Familie, Tradition oder Religion gesucht, sondern bei Werten wie Gesundheit, Fitneß, Leistungsfähigkeit oder Sportlichkeit. Diese Eigenschaften werden als vorrangig erachtet, will man im Beruf erfolgreich und sozial anerkannt sein.

Die drei Gesundheitssegmente

Die drei Gesundheitssegmente im Angebot des Heilbades sind: 1. die stationäre Kur, 2. die ambulante Kur, 3. der Gesundheitsurlaub. Als Spezialist für gesundes Reisen beschäftige ich mich in diesem Beitrag nur mit dem Gesundheitsurlaub im Heilbad.

Der Wertewandel und seine Folgen für das Urlaubsverhalten

Menschen mit aktiver Freizeitgestaltung möchten diesen Lebensstil auch im Urlaub fortsetzen (siehe Reiseanalyse 1989, Studienkreis für Tourismus „Lebensstil und Urlaubsverhalten"). Steigendes Umweltbewußtsein bzw. auch Umweltverschmutzung verstärken von Jahr zu Jahr den Wunsch, Urlaub in intakter Landschaft zu machen (siehe Umfrage B. A. T. 1989; 87 % der Befragten gaben diesen Urlaubswunsch an). Der Wandel von einem rein physiologisch-organischen Gesundheitsverständnis hin zu der ganzheitlichen Betrachtungsweise (Einklang von Körper, Geist und Seele) verstärkt die Eigenverantwortlichkeit und den Wunsch, im Urlaub etwas für die Gesundheit zu tun. Im Vordergrund steht jedoch, daß Gesundheitsprogramme Spaß machen und der „Zeigefinger" sowie der Leistungsdruck wegfallen sollen. Das veränderte Sportverständnis (Leistung, Wettkampf, Rekord, Training, Askese wurden von Begriffen wie Freude an der Bewegung, Ausgleich/Entspannung, Fitneß und Gesundheit abgelöst) ebnete den individuellen Sport- und Fitneßprogrammen verstärkt den Einzug in die Touristikbranche.

Gesundheitsurlaub — Trends und Zahlen

Gesundheitsurlaub ist eine Kombination von Urlaubsvergnügen und individuellen, fachkundig betreuten und wissenschaftlich fundierten Gesundheitsprogrammen. Bevorzugte Inhalte einer Gesundheitsreise sind Sport-, Fitneß- und Bewegungsprogramme sowie Entspannungs-, Schönheits- und Ernährungsangebote. 1989 hatten 28,5 % der Befragten (Reiseanalyse 1989) vor, in den nächsten drei Jahren eine Gesundheits-/Fitneßreise zu buchen. Die Ergebnisse einer Untersuchung von Prof. Dr. Bös, Institut für Sportwissenschaften in Frankfurt, zu „Gesundheits- und Fitneßurlaub" — durchgeführt mit Reisenden am Frankfurter Flughafen an drei Wochentagen — unterstreichen den Trend hin zum sport-/fitneßorientierten Gesundheitsurlaub:

— 46,7 % definierten ihre Haupturlaubsreise als Gesundheits-/Fitneßurlaub.
— 53,4 % definierten ihre Zweit- oder Drittreise als Gesundheits-/Fitneßurlaub und 67,6 % als Sporturlaub.
— Die vier Spitzenreiter der Urlaubsmotive („sehr wichtig" oder „wichtig" zugeordnet) sind: 95 %: „Natur erleben"; 89 %: „Neue Eindrücke gewinnen"; 81 %: „Aktivität"; 66 %: „Etwas für die Gesundheit tun".
— Für 45,6 % der Befragten ist die Möglichkeit, Sport zu treiben, ein wichtiges Kriterium für die Urlaubsplanung, und 41,5 % treiben im Urlaub regelmäßig Sport. Das wichtigste Motiv, im Urlaub Sport zu treiben, ist das Spaßmotiv (84,4 %), gefolgt von dem Wunsch, „Gesundheit und Fitneß zu erhalten" (70,2 %).
— 62 % der Umfrageteilnehmer möchten in ihrem Gesundheitsurlaub ein auf sie individuell abgestimmtes Fitneß- und Trainingsprogramm zur Verbesserung ihrer allgemeinen Fitneß durchführen und sind bereit, dafür einen zusätzlichen Beitrag zu leisten.

„Urlaubserlebnis Gesundheit"

Der Urlaub bietet den idealen Einstieg, sich wieder mehr auf sich selbst sowie darauf zu besinnen, daß Körper, Geist und Seele einer sorgfältigen Pflege bedürfen. In einer gelockerten Urlaubsatmosphäre können neue Wege zur Bewältigung von Alltagsstreß, Bewegungsarmut und falschem Eßverhalten ausprobiert und eingeübt werden. Eingebettet in den Service einer Ferienhotellerie, kann diese Urlaubsform zu einem noch lange in den Alltag hineinwirkenden „Urlaubserlebnis Gesundheit" werden.

Die folgenden Anforderungen sind hierbei zu erfüllen:
— Der gesunde, selbstzahlende Gast steht im Mittelpunkt aller Aktivitäten.
— Die verschiedenen Angebote sollten für den Gast — erkennbar differenziert zur traditionellen Kur — als attraktive Urlaubsmöglichkeit dargestellt werden.

— Angestrebt werden sollte die Ausgewogenheit zwischen aktiven und passiven, wissenschaftlich fundierten Präventivmaßnahmen in fröhlicher Atmosphäre, einem gesunden Ernährungsangebot und einem attraktiven Rahmenprogramm.

— Der Anspruch eines selbstzahlenden Gesundheitsurlaubers ist ungleich höher anzusetzen als der eines ambulanten Kurgastes. Grundbegriffe der gehobenen Dienstleistung müssen konsequent im Hotel — aber auch in der Kurverwaltung und dem Kurzentrum — in allen Bereichen integriert werden.

— Der Erfolg der Fitneß-, Schönheits-, Sport- und Bewegungsprogramme ist sehr stark von der Qualität und dem Engagement der ausführenden Personen abhängig.

— Eine Kochmütze mit gesunder Ernährung — das sollte das Ziel jedes Hauses sein, das Gesundheitsurlaub anbietet.

Das Heilbad als Gesundheits-Clubdorf — Utopie oder Realität?

Grundsätzlich haben Kurorte optimale Voraussetzungen, um den Ansprüchen moderner Gesundheitsferien gerecht zu werden. Sie haben von alters her

— eine gesundheitsorientierte Infrastruktur,

— eine höhere Sensibilität für Umweltbelange und

— einen Standort in landschaftlich bevorzugten Gebieten.

Als Reaktion auf die veränderten Urlaubsbedürfnisse entstehen weltweit unzählige Clubdörfer — aus dem Boden gestampfte Touristengettos. Die Sensibilität und Integration der Bevölkerung bleiben oft unbeachtet. Diese Entwicklungen eröffnen dem Kurort die einmalige Chance, natürlich gewachsene, landschaftlich integrierte Gesundheits-Clubdörfer zu entwickeln. Wenn diese *health-centers* professionell geplant und aufgebaut werden, sehen wir darin den optimalen Ort für den Gesundheitsurlaub des 21. Jahrhunderts.

Zusätzlich zu den oben bei „Urlaubserlebnis Gesundheit" genannten Punkten sollten folgende Anforderungen realisiert werden:

— Erarbeitung einer cluborientierten Ortsphilosophie;

— Der gesamte Ort soll sich mit der gemeinsam erarbeiteten Philosophie identifizieren und diese (vor)leben;

— Integration der verschiedenen Leistungsträger vor Ort in das neuartige Gesundheitskonzept;

— Kontinuierliche inner- und außerbetriebliche PR-Arbeit;

— Umfangreiche Schulungsmaßnahmen des Top- und Mittelmanagements, das ihrerseits alle Mitarbeiter informiert und motiviert, die Inhalte der Gesundheitsphilosophie mitzutragen;

— Einbindung der Bevölkerung in diese Philosophie z. B. mit attraktiven kostengünstigen Programmen, Ideenwettbewerben mit Preisen etc.;

— Das Ärzteteam soll sich an der Planung und Durchführung von Sport-, Fitneß- und
Bewegungsprogrammen aktiv beteiligen;
— Gesundheitsorientierte Animation (Gesundheitsanimateure) soll „Gesundheit zum
Vergnügen" machen;
— Erstellung langfristiger, flexibler Marketingpläne mit Fachleuten.

Wer wird das Wettrennen im europäischen Gesundheitstourismus gewinnen?

Die Voraussetzungen für den erfolgreichen Auf- und Ausbau eines modernen Gesundheitstourismus sind denkbar unterschiedlich.

In **Osteuropa** ist der Gesundheitstourismus noch sehr stark durch die traditionelle Kur
geprägt. Die osteuropäischen Länder bringen in den Wettlauf ein:
— hervorragende und weit entwickelte natürliche Therapieformen,
— einen (noch) erheblich günstigeren Preis,
— eine dem normalen Tourismus angepaßte Preispolitik sowie
— eine höhere Innovationsbereitschaft.
    Die eingeführte Marktwirtschaft hat ein großes kreatives Potential freigesetzt. Sie
birgt jedoch auch Gefahren wie z. B.
— unvermeidbar höhere Betriebskosten — Löhne, Material- und Investitionskosten etc.,
    die zu Preiserhöhungen führen werden, wodurch der Preisvorteil bald nicht mehr
    gegeben sein wird, oder
— kurzfristiges Handeln aufgrund von Finanzierungsschwierigkeiten (Verwaschung des
    Angebotes durch Aufnahme von Bustouristen, Seminargästen etc.).

Deutschland hat sehr gute Chancen, eine führende Marktposition zu erreichen. Es
besteht jedoch das Risiko, daß aufgrund der momentan noch guten Auslastung — vor
allem im Beherbergungsbereich — der Anschluß verpaßt wird. Eine Feldstudie in 20
Kurorten, die von der Reppel + Partner Beratungsgesellschaft mbH und der IKD durchgeführt wurde, hat unsere Erfahrungen bestätigt und ergab, daß
— der Gesundheitsurlaub oft als „Lückenfüller" gesehen wird,
— der kranke Mensch (Patient) überwiegend im Vordergrund steht und
— in vielen Orten nur eine verhaltene Bereitschaft besteht, wirklich neue Wege zu
    gehen.

In einem gemeinsamen Europa wird nur das Heilbad langfristig erfolgreich sein, das
schnell, professionell und engagiert auf den Wertewandel und die veränderten Bedürfnisse der Gäste reagiert. Dies gilt übrigens auch für die Kur, denn auch hier stellt der
Gast zunehmend andere und höhere Ansprüche.

* * *

Alois Modl
Die österreichischen Heilbäder und Kurorte

Der Österreichische Heilbäder- und Kurorteverband ist der freiwillige Zusammenschluß fast aller wesentlichen österreichischen Heilbäder und Kurorte, d. h. Betriebe und Orte. Er umfaßt derzeit ca. 180 Mitglieder verschiedener Größenordnung und Bedeutung, aufgeteilt in die Abteilungen „Heilbäder", „Kurorte", „Kneippkureinrichtungen" und „Versandwässer" (Heil-, Mineral- und Tafelquellwässer). Gemeinsame Abteilungen sind „Wissenschaft" und „Wirtschaft", dazu treten noch die Organisationen der Kurärzte und der Kneippkurärzte.

Die Hauptaufgaben des Verbandes sind:

a. Interessenvertretung für alle Bereiche bis zur Gesetzgebung und Wirtschaftspolitik, gemeinsam mit offiziellen Stellen wie z. B. den Kammern;

b. Information nach innen und außen – ein permanenter Schwerpunkt;

c. Wissenschaft (Forschung, Argumentation bis zur allgemein verständlichen Aussage);

d. Diverse Aktionen, Ausstellungen, Werbung, Publikationen, Organisation, P. R. etc.

Die österreichischen Heilbäder und Kurorte beruhen auf der Basisgesetzgebung des Staates, obwohl ihre Anerkennung Landes- bzw. Bundesländerangelegenheit ist. Es handelt sich dabei primär um das BGBl 272/1958 über „natürliche" Heilvorkommen (Erde, d. h. Peloide, Wasser, Luft mit Klima) und Kurorte. Die Anerkennung erfolgt als Heilvorkommen und getrennt bzw. zusätzlich als Kurort (viele organisatorische Auflagen). Dazu kommen das Krankenanstaltengesetz, Krankenpflegegesetz und in vielen Bereichen Tourismusgesetze (weitgehend für die Aufbringung der Mittel). Die Eigentumsverhältnisse an den natürlichen Heilvorkommen und Anstalten sind sehr verschieden: Privatpersonen, Gesellschaften, Länder, Städte, Vereine etc.

Wir vertreten die Ansicht, daß Kur und Tourismus in Form der Mehrzweckfunktion eine wertvolle Symbiose darstellen und daß sich die Einrichtungen für beide Sparten im Hinblick auf die Programmgestaltung und die Wirtschaftlichkeit sehr gut ergänzen. Eine große Anzahl österreichischer Heilbäder und Kurorte sind zugleich bekannte Tourismuszentren. Wenn die lokale Organisation und Kooperation stimmen, bedeutet dies einen großen Vorteil. Allerdings darf die eigentliche Kur weder in der Aussage noch in der Durchführung „verwässert" werden. Eine derartige Verwässerung stellt eine latente Gefahr dar, weil auf der Angebotsseite oft Verunsicherungen zu erkennen sind.

Prävention ist auch in Österreich eine wesentliche Zielsetzung und Wunschvorstellung, und die Heilbäder und Kurorte sind gerne bereit, auf neue Wünsche und Erwartungen der Gäste einzugehen, diese nicht zu übersehen, aber auch nicht falsch zu interpretieren und die Balneologie und Bioklimatologie nicht zu vernachlässigen.

Der Anteil der Heilbäder und Kurorte am Gesamttourismus beträgt seit Jahren etwa ein Fünftel der Gästenächtigungen. 1991 zählten die Heilbäder und Kurorte 20 Millionen Gästenächtigungen (8 Millionen Inländer und 12 Millionen Ausländer). Der andere Tourismus zählte 109 Millionen Nächtigungen, davon 22 Millionen Inländer und 87 Millionen Ausländer. Mit Rücksicht auf den hohen Tourismusanteil beträgt die Aufenthaltsdauer in den Kurorten 5,8 bis 7,8 Tage. Die echte Kurdauer beträgt zwei bis drei Wochen, wobei es gerade die Sozialversicherungen sind, die auf eine ausreichende Dauer Wert legen, wenn sie die Kosten zur Gänze oder zum Teil übernehmen. Derzeit sind besonders folgende Tendenzen zu erkennen:

a. Eine gewisse Emanzipation der Kuranstalten von den angestammten Plätzen. Der Betrieb rückt in vielen Fällen vor dem Ort in den Vordergrund.

b. Trotz erfreulicher Tendenzen zur Prävention und zur Aufbringung eigener Mittel (Selbstzahler) kommt dem Anteil der Sozialversicherungen nach wie vor große Bedeutung zu, die sich auch auf dem gemeinsamen Markt entsprechend auswirken wird.

Zur Heilbäder- und Kurortepolitik werden in den nächsten Jahren u. a. gehören:

1. Moderne Angebotsgestaltung, mit besonderer Berücksichtigung der Gästeerwartungen, Vorstellungen von der Gesundheit, sozialer Möglichkeiten etc. Dies gilt auch für die Attraktivität und die Übersichtlichkeit (balneologisch, preislich, touristisch) des Angebotes, da die Gäste geschulte Konsumenten geworden sind. Die Konkurrenz stellen weniger der Nachbarort oder das Nachbarland, sondern der Ferntourismus und verschiedene Pseudogesundheitsangebote dar.

2. Die Ansprüche an die Qualität steigen im gesamten Tourismus und damit auch im Bädertourismus.

3. Konkrete Eigenorientierung und Profilierung der Anstalt oder des Ortes. Vielseitigkeit, wo diese möglich ist, aber keine Sprunghaftigkeit.

4. Tourismus und Kur nützen sich gegenseitig.

5. Wissenschaftliche Forschung betreffend den dritten Weg der Medizin neben ambulanter und stationärer medizinischer Behandlung, aber auch entsprechende verständliche Argumentation in einer Zeit besonderen Gesundheitsinteresses und einer Unzahl von medienaktivierten Informationen über gesundes Leben.

6. Einflußnahme auf die gesamte Gesetzgebung national und international (Wirtschafts-, Finanz-, Sozial- und Gesundheitspolitik). In vielen anderen Branchen können wir eine Lobbybildung feststellen, die, mehr oder minder aufeinander abgestimmt, Regelungen in ihren eigenen Ländern und im gemeinsamen europäischen Bereich beeinflussen. So etwas wäre eine wichtige Aufgabe der FITEC.

7. Nicht zu vergessen ist die Notwendigkeit der entsprechenden Ausbildung und Fortbildung — wiederum die Information — der Ärzteschaft, der Behörden und des gesamten mit dem Kurgast beschäftigten Gesundheitspersonals (Sanitätsdienste).

Und als Abschluß:

Die balneologischen Voraussetzungen der europäischen Bäderländer sind im allgemeinen ausgezeichnet.
Die Umwelt- und Zeitkrankheiten nehmen zu. Diese werden in Verbindung mit der Hellhörigkeit und der Aufgeschlossenheit der Öffentlichkeit die Aktualität „natürlicher" Heilvorkommen fördern.

Die zunehmende Unfinanzierbarkeit des bisherigen offiziellen Gesundheitswesens wird neben der akuten Behandlung und der Rehabilitation die Prävention und damit viel Eigenvorsorge notwendig machen. Die Heilbäder und Kurorte bieten dafür finanziell günstige und wirksame, aber auch angenehme Möglichkeiten.

Infolge der gesteigerten Lebenserwartung nimmt die traditionelle Klientel der Heilbäder und Kurorte — dazu gehören die älteren Jahrgänge — zu.

Alles in allem: Die Heilbäder und Kurorte haben eine gerechtfertigt lange Tradition. Sie weisen im Rahmen der Bemühungen um eine fortschrittliche Ganzheitsmedizin und bei Zunahme unnatürlicher, d. h. gesundheitsgefährdender, Umweltschäden und Lebensgewohnheiten eine außerordentliche Aktualität auf.

Siegfried Wenter
Heilbäder in Südtirol
Vergangenheit – Gegenwart – Zukunft

Südtirol — so benennt sich heute jener Teil Tirols, der südlich des Alpenhauptkammes liegt und seit 1918 zu Italien gehört — hat eine bis in das ferne Altertum reichende Bädertradition. Seit dem Mittelalter liegen konkrete Berichte über Heilquellen und Heilbäder und die Entwicklung des Badewesens in Tirol vor. Der hohen Einschätzung der Heilwässer kam, neben der Einstellung der Bevölkerung, die bäderfreundliche Haltung der Tiroler Landesfürsten entgegen. So begünstigten schon die letzte Tiroler Landesfürstin Margarethe Maultasch, die Herzöge Friedrich mit der leeren Tasche sowie Sigismund, Kaiser Maximilian und die Erzherzogin Claudia aus dem Geschlecht der Medici die Tiroler Bäder. Nach ihrem Urteil war in den Tiroler Heilbädern „ein pfleglicher Schatz gleich den Silberbergwerken und Jagdgründen zu erblicken".

Tirol besitzt eine erhebliche Zahl von Heilwässern aus ursprünglichen oder erbohrten Quellen, die ohne Zusatz oder Entzug medizinisch nachweislich Krankheiten heilen bzw. lindern oder vorbeugende Eigenschaften haben und deshalb zu Bade- und Trinkkuren verwendet werden. Quer durch das Land zieht sich die vom Wiener Becken bis in die Westalpen reichende Judikarienlinie, aus der zahlreiche Quellen entspringen. Tirol verfügt — mit unbedeutenden Ausnahmen — über keine Thermalquellen (Akrotothermen); alle Heilquellen und Badewässer sind kalte Quellen oder Akrotopegen. Nach chemischer und physikalischer Eigenschaft gehören die Heilbäder Südtirols gemäß ihren Mineralstoffen zu den alkalischen, erdigen, Eisen-, Eisenvitriol-, Eisenkarbonat-, Schwefel- oder radioaktiven Heilquellen; daneben gibt es Kohlensäurewasser oder Säuerlinge.

Wir wissen, daß es im 17. Jahrhundert in Südtirol rund 150 Heilbäder gab, sog. „Bauernbadln", die nicht von auswärtigen Gästen, sondern von der einheimischen Bevölkerung besucht wurden. Das Baden im Heilwasser war damals offensichtlich Teil der Gesundheitspflege der einheimischen Bevölkerung, wobei die soziale Struktur außerordentlich interessant ist: Es gab „hearische Badeln" für die gehobenen, bürgerlichen Schichten, es gab das „Bauernbadl" für die Bauern, es gab „Gesindebadln" für die Mitarbeiter bzw. Knechte am Hof, und es gab „Lotterbadln" für die ärmsten Bevölkerungsschichten. In einzelnen Fällen wurde diese Einteilung bis in die Neuzeit beibehalten. In Bad Altprags im Pustertal gab es neben dem eigentlichen Hotelbetrieb bis zu seiner Schließung in den sechziger Jahren auch ein eigenes „Bauernbadl", das neben dem Hotel in einem eigenen Gebäude untergebracht war und wo sich die Gäste selbst verpflegen konnten, also ein „Apartment-Tourismus", wie man das heute bezeichnen würde. Die angebotenen Kuren — Baden und Wassertrinken — wurden meistens gemäß ihrer Wirkung bezeichnet: Es gab Lungenwasser und Magenwasser, Augenwasser und Rheumawasser, und besonders beliebt waren auch die Badln, wo Frauenleiden kuriert wurden. Und da mag schon die alte Mär oft gestimmt haben bezüglich der Frauen, die solche Kuren machen, um Kinder zu bekommen: Am Erfolg dieser Kuren soll ein tüchtiger Bademeister mindestens ebenso beteiligt gewesen sein wie das Heilwasser. Überhaupt berichten alte Chroniken, daß das Leben in den damaligen „Bauernbadln" sehr angenehm und lustig gewesen sein soll, es waren richtige Erholungsurlaube mit viel Essen und Trinken und was es sonst noch alles Angenehmes gab.

Die Situation änderte sich allerdings, als einerseits die Menschen mobiler wurden — mit der Eisenbahn konnte man zu weiter entfernten Bädern fahren — und andererseits in Südtirol der moderne Tourismus Fuß faßte. Das Entstehungsjahr des Kurortes Meran wird mit 1836 angegeben. In diesem Jahr verfaßte ein Wiener Arzt eine Broschüre, die gewissermaßen ein Konzept für die touristischen Möglichkeiten der damals recht verträumten Passerstadt enthält, das von den Stadtvätern in staunenswerter Art und Weise sehr bald und sehr geschickt umgesetzt wurde. Diese heute noch vorhandene und neu aufgelegte Broschüre trug den bezeichnenden Titel *Über die Stadt Meran in Tirol, ihre Umgebung und ihr Klima. Nebst Bemerkungen über Milch-, Molke- und Traubenkur und nahe Mineralquellen.* Meran als Kurort ist nicht entstanden, weil es dort berühmte Heilquellen gab, sondern weil die landschaftlichen und klimatischen Verhältnisse optimal waren. Es klingt fast merkwürdig, daß Meran erst 100 Jahre später durch den Ausbau der modernen Kur- und Badeanstalt zu einem eigentlichen Kurort (mit Heilbad) wurde. Zwischen 1850 und 1900 entwickelte sich dann in Südtirol ein hochqualifiziertes Bäderangebot, das durchaus europäisches Niveau hatte.

Dazu einige Beispiele: Das Wildbad Innichen im Pustertal beherbergte in seinem 200-Betten-Hotel die beste Gesellschaft aus ganz Europa zur Kur. Im Ultental zählte das Mitterbad um 1842 bereits über 1.800 Badegäste, unter ihnen Otto von Bismarck, der dort in ein amouröses Intermezzo verstrickt war. Aber auch Thomas Mann kam dorthin zur Kur. Am Brennerpaß zog Südtirols einzige Therme zahlreiche Gäste aus aller Welt, darunter Richard Strauss, Franz Lehar und viele andere, zu einem Kuraufenthalt an, wobei das Wasser gegen Gicht, Rheuma, Magen-, Darm- und Frauenleiden und als Trinkkur gegen Nieren- und Darmstörungen eingesetzt wurde. Selbst Pfarrer Kneipp besuchte Südtirol vor 100 Jahren. Er war in Meran, das ihm allerdings zu mondän war, so daß er eine Kneipp-Anstalt in Brixen mit seinem ehemaligen Assistenten Dr. von Guggenberg aufbaute, die übrigens heute noch voll in Betrieb ist.

Es ist merkwürdig, daß von der ehemals so blühenden Bäder- und Kurszenerie in Südtirol heute nur mehr wenig übriggeblieben ist, obwohl gerade dieses kleine Land mit seinen 25 Millionen Nächtigungen im Jahr einen bedeutenden Rang in der alpinen Tourismuslandschaft einnimmt. Im Jahre 1925 zählte man noch 80 Südtiroler Bäder, heute sind es kaum noch ein Dutzend, wobei eigentlich nur mehr das Kurbad Meran, die Kuranstalt Guggenberg in Brixen sowie die Heubäder in Völs und Jochgrimm eine größere Rolle spielen. Dazu gibt es noch drei relativ stark verbreitete Trinkheilwässer in Südtirol: das „Plosewasser", das in Brixen abgefüllt wird, das „Kaiserwasser" in Innichen sowie das „Tafelwasser St. Vigil — Meraner Tafelwasser", das in Forst bei Meran abgefüllt wird. Die Gründe für den starken Niedergang des Bäderwesens in Südtirol sind vielfältig und bis zum heutigen Tag nie systematisch dargelegt worden.

Dabei dürfte die Änderung der politischen Situation in Südtirol nach 1918, die den Verfall vieler ländlicher Betriebe mit sich brachte, eine Rolle gespielt haben wie auch die zumeist geringe Wasserschüttung der Quellen, die einen rentablen Badebetrieb nicht mehr möglich machen. Für kleinere Badebetriebe war und ist es auch heute noch unmöglich, die sehr strengen und komplizierten Auflagen für die Führung eines medizinischen Bades aufrechtzuerhalten.

Südtirols größtes Heilbad stellt heute Meran dar. Die dort verwendeten Heilquellen liegen auf dem Hochplateau des Vigiljochs in 1500 m Höhe, rund 10 km südwestlich der Stadt Meran. Die Quellen werden durch ein Rohr nach Meran geleitet und geben innerhalb von 24 Stunden eine Gesamtausschüttung von über einer Million radioaktives Wasser. Die aus dem Augengneis des Meraner Beckens entspringenden Quellen weisen eine Radioaktivität von mehr als 200 Mache-Einheiten auf. Das im Jahr 1972 fertiggestellte Kurzentrum verfügt über eine nach modernsten Erkenntnissen erbaute Bäder- und Kuranlage mit Kabinen für radioaktive Bäder, Fangopackungen, Sonderbehandlungen und Inhalationen sowie über ein großes radioaktives Hallenschwimmbad. Das im Zentrum des Kurortes gelegene Heilbad wird durch weitläufige Parkanlagen, durch ein Freischwimmbad sowie durch Kongreßräume mit Restaurant und Nebenanlagen ergänzt. Im Jahr 1991 wurden im Meraner Kurbad 57.330 Kuranwendungen verabreicht, dazu kamen noch rund 44.000 Besucher des Thermalhallenbades. Mehrere Hotels in Meran verfügen über eigene Kurabteilungen im Hause, die z. T. auch mit Radonwasser versorgt werden. Die Hotels mit eigenen Fitneß- und Wellness-Anlagen, die zumeist auch medizinisch betreut werden, nehmen in Meran zu und spielen im touristischen Angebot der Stadt eine immer größere Rolle. Zu den bedeutenden Kuranstalten in Südtirol gehört die bereits erwähnte Kneipp-Kuranstalt „Dr. Guggenberg" in Brixen. Sie geht auf den Einsatz von Pfarrer Kneipp persönlich zurück und wird auch heute noch sehr gerne aufgesucht. Ihr verdankt Brixen das Prädikat eines Kurortes.

In Südtirol von besonderer Bedeutung sind die Heubäder: Völs am Schlern und auf Jochgrimm. Die Tradition dieser Kuren geht in Südtirol auf das Mittelalter zurück. 1828 werden die Völser Heubäder (oder das Heuliegen, wie es die Bevölkerung nennt) erstmals auch in der Literatur erwähnt. Hier liegt die Heilwirkung in der Verwendung von frischem Bergheu, wobei gerade das Heu der Seiser Alm besondere ätherische Öle aufweist. Die Heilwirkung beruht in der bis zu 60 °C ansteigenden, gleichmäßigen feuchten Wärme des Heus, in das der Patient eingepackt wird. Durch die feuchte Hitze, die durch das Gären des Heus entsteht, kommt der Patient zu starker Transpiration und zu einer Anregung des Stoffwechsels, die besonders bei Arthrose, Rheumatismus, Gicht und Ischias hilft. Der ganze Anwendungsvorgang ist heute stark modernisiert, die Kur wird nicht mehr im Heuhaufen, sondern in eigens dafür konstruierten Wannen durchgeführt. Durch sorgfältige Konservierung des Almheus kann die Kur auch außerhalb der hochsommerlichen Zeit (der Heumahd auf der Alm) durchgeführt werden.

In Südtirol sind derzeit starke Bemühungen im Gange, das System des Heubades weiter auszudehnen, denn die Nachfrage ist groß und der Einrichtungsaufwand tragbar. Vielen Berggasthöfen könnte damit eine besondere Attraktion und damit ein Nebenerwerb garantiert werden. Darüber hinaus bemüht sich die Südtiroler Landesregierung in letzter Zeit sehr stark um die Belebung und den Ausbau der alten Heilbäder in Südtirol. Die Kurbad AG in Meran, deren Aktionäre heute der Staat (Rom, als Mehrheitsaktionär), die Landesverwaltung, die Gemeinde Meran und die Kurverwaltung Meran sind, soll in Zukunft insofern eine neue Struktur erhalten, als der Staat seine Mehrheit an die Landesverwaltung abtritt, also vom Staats- zum Landesbad gebracht wird. Durch eine genaue Untersuchung von mehr als einem Dutzend der alten Heilquellen soll darüber hinaus festgestellt werden, für welche sich ein Ausbau lohnen würde. Durch ein neues Landesgesetz soll die gesetzliche Lage bezüglich der Voraussetzungen für die Führung eines Heilbades den neuen Erfordernissen angepaßt werden. Damit könnte auch eine der Hauptursachen für die Stillegung fast aller Heilbäder in Südtirol eliminiert werden. Groß angelegte Tiefbohrungen sollen darüber hinaus vorhandene, unterirdische Thermalquellen nutzbar machen, wie es in Bayern und Österreich mit Erfolg durchgeführt worden ist. Neben einheimischen Geldmitteln dürften hier auch EG-Mittel zum Einsatz kommen.

Schlußendlich sei noch festgehalten, daß es in Südtirol in letzter Zeit sehr viele Hotels gibt, die die verschiedensten medizinisch geleiteten Kuren anbieten: von der Wiedemann-Kur bis zu den Sauerstoffkuren nach Manfred von Ardenne u. v. a. m. All diese Hotels erfreuen sich eines sehr regen Zuspruchs und sind zu einem wichtigen Faktor in Südtirols Fremdenverkehrswirtschaft geworden.

* * *

Emilio Becheri
Trends in Thermal Treatment in Italy

Towards the structuring of the tourist thermal market

The international thermalism market is characterized by a fundamental contrast between English-language countries, which put little stock in traditional thermal treatment and more in health centers, and Latin and Central European countries, which have always been great consumers of thermal treatments. Today, this contrast is being overcome as a result of modern health treatment (sport, fitness, diet, beauty, stress, etc.) that respond to the demands of modern industrial society, which seems to have a somewhat unpleasant taste for creating new illnesses in order to cure them.

The current trend has faraway origins, dating back to the great "bath" resorts, as thermal cities were called, of the precious century. Traditional thermalism originated in response to the therapeutical needs of an elite which claimed a supply of luxury. Then, over the years, the tourist approach began to cut in on the medical one, and marketing business and images prevailed in the formulation of promotional policies in respect of medical advice. In the period after World War II, there was already a passage from *thermalism* to *thermal tourism* — when the treatment became what was often the only opportunity for tourism (assisted mass thermalism, with social and treatment aspects). This phase preceded the evolution toward *health tourism*, also seen as en elite form of tourism.

Allowing for what actually happened historically, the situation and the current prospectives are well synthesized in the following figure, where the first sphere indicates *sun and fun*, the second *cycling and walking*, the third shows *sporting programme and diet*, the fourth *massage, sauna and thermal treatments*, and the fifth *medical treatment*:

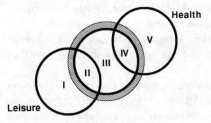

I = Sun and fun
II = Cycling and walking
III = Sporting programme and diet
IV = Massage, sauna, thermal treatments
V = Medical treatment

Fig. 1: Spheres of tourism and spa treatment.

At the international level, spheres II and III are considered to be expanding. This schematization can also prove interesting in that, as a further specification within medical treatments, we distinguish between hospital, spa (thermal) and day clinic.

The points of intersection between II and IV are seen as the moment of intersection of more definite and univocal demands.

Sphere IV in particular (sauna, massage and thermal treatments) can be simultaneously part of both hard and soft treatments.

Market conditions exist at the national level for a further favourable and rapid development of the health tourism demand, seen as the crossroads which establishes itself in the ample space remaining between thermalism and health centers.

The development of thermal business in other countries

An examination of what is happening in other countries in terms of thermal treatments is of particular interest. In Portugal especially, there is an attempt to start a system of open-air healthcare businesses in a way which will complement the traditional thermalism supply. A project dubbed "the new supply" is in progress, which links a plan entitled "distractive animation" to the treatments and includes outdoor strolls, respiratory exercises, relaxation techniques, dieting, etc.

Also to be noted in Portugal is the spread of health clubs over the past few years along the lines of the American and European models, with the use of sophisticated body-building and weightloss equipment. Obesity and anti-aging treatments have developed in particular, under strict medical guidance and based on computer-guided systems.

Going on to the Anglo-Saxon world, in England, which has always had little faith in thermal treatments, many healthcare initiatives have developed over the past ten years and the B. T. A. (British Tourist Authority) currently lists twenty health farms.

Even *newcomer* countries such as Israel are heading towards health tourism, and recently a law was enacted towards this end. Various hard treatments have also been developed, in particular the psoriasis treatment at the Dead Sea. To testify to the strength of thermalism we might remember that during the period of great tension between the USSR and Israel over problems in the Middle East, certain high-ranking Soviet bureaucrats and military men treated their psoriasis precisely in Israel.

Thermal treatments have been utilized by Hungary in one specific programme (UNO Project), which has developed a long tradition dating back to 1972. More than 160 establishments are available.

In France there are several recent experiments, such as that regarding *villages vacances familles*, which gave rise to various initiatives in proximity to thermal resorts, after many years of suspicion and diffidence. Within the sort of village intended here, the advantages are the following: opportunity to diversify forms of lodging (full board, half board and apartment), sports (soft gymnastics, cycling, tennis, minigolf, etc.), availability of babysitting service, entertainment and leisure activities (shows, conventions, piano bars, discotheques, etc.).

Among the various offers available is a stay in a village which offers the possibility of *remise en forme* (getting in shape), along with the *maman-bébé* formula, with a week-long stay suggested for young mothers and their children between three and six months of age. It is of interest that in France, since 1966, some thermal towns have benefited from supplementary funds to compensate for losses: forty out of one hundred thermal resorts offer forms of health tourism, and management is primarily private (about 60%).

Demand for treatments in Italy

The examples given here clearly show the possibilities given within the concept of thermal tourism and some of its consequences. In terms of a quantitative assessment of the phenomenon, considering the official statistics, we are talking about close to 20 million visitor nights equal to about 5% of the total visitor nights in Italy, and corresponding to a public of 3 million units, including non-treatment takers. Far more reduced is the actual number of visitors. According to some sample research done on the holidays of Italians, thermal tourism comes out very low, between 1.5% and 2%, as a result of the greater weight assumed by visitor nights in lodgings not included in the statistics. The absolute value, however, does not change much from the indicated one.

The thermal tourism sector is considered small in relation to other types of tourism, but it has some largely positive characteristics concerning qualitative aspects. In fact, the thermal tourist demand utilizes hotel businesses to a great extent and turns to more solid structures. While 52% of the overall demand in Italy is hotel-oriented (with the remaining figure resorting to other types of accommodation), in the case of thermal tourism the percentage directed towards hotels is 81.4%. Other positive characteristics include the greatly extended stay of spa visitors in regard to the average length of stay of other tourists, as well as a longer season. A thermal tourist has more money to spend than the average tourist, even if the sector of demand is considered to be of little interest.

The weight of health-center-linked tourism is far lower, estimated at about 60,000 persons on the level of real demand, with the possibility of 150,000 more if potential demand is considered. We are still, however, looking at an elitist demand.

The thermalism market

The development strategy is precisely that of a supply integrated in a way which defines a locality as an undertaking capable of uniting itself, as much as possible, with the external environment and of directing itself to more segments which are unified in the tourism complex, also because at the moment of diversification between the concept of traditional thermalism and health tourism, homologation will follow.

One hypothesis might be that of differentiating the various components functioning in different destinations, combining, for example, health center and art for American tourists and traditional thermalism, sea and sports for German tourists.

The effects could be that of jumping from high quality to many external options which are waiting for the occasion to be recognized.

On a substantial level, moreover, it would be necessary to go beyond the many reform proposals of the current thermal arrangement and to initiate the privatization of thermal business, with a more direct involvement of tourist entrepreneurs of various localities.

Four scenarios

The terms "thermalism" and "tourism" begin to diverge at a certain point. In fact, the first has been slowly reduced to solely the health dimension. The obstacles that confront thermalism, which seeks to recover its credibility, are great, including young doctors who place little credence in thermal treatments and the difficulty involved in obtaining reliable information.

A recent study of Montecatini Terme shows some differences between treatment-takers and tourists. The first group has an average age of 58, an average stay of 11 days, and is of a more static nature. The second group has an average age of 42, an average stay of 9.7 days, and uses their cars more frequently. It would perhaps be useful to be able to compare these figures with future research.

Within the survey of typologies of well-being centres in Italy, three general models are singled out: *spa and health*, the structures which have modified the classic treatments by use of beauty and fitness treatments; *form and beauty*, the emerging examples which substitute the term "well-being" for "treatment;" and *natural and soft cures*, proposals defined as alternatives to traditional medicine.

In developing these concepts, some scenarios are singled out:
1. *natural, undifferentiated scenario*;
2. *ville d'eau scenario*, whose nature is to follow thermal tourism with its new and also elitist needs;
3. *health and beauty scenario*, with a new proposal strictly linked to aesthetic treatments, as well as to agreements with cosmetic houses;
4. *natural and soft cure scenario*, presupposing an ecological choice, one in favour not only of "green," but also privileging naturalist culture, which is in little evidence today by medical practices prevailingly focused on pharmacological and specialist remedies.

* * *

Laszlo Csizmadia
Kur- und Thermaltourismus in Ungarn

Das auf 93.000 km² geschrumpfte Ungarn besitzt einen unermeßlichen Thermalwasserschatz. In fast drei Vierteln des Landes findet man Thermalwasser. Ein kleiner Teil dieses Bestandes tritt in natürlichen Warmwasserquellen aus der Erde, der andere wird mit Tiefbohrungen aus 500—2000 m an die Oberfläche gebracht.

In der Geschichte des Fremdenverkehrs waren die natürlichen Warmwasserquellen immer von großer Bedeutung. Das Thermalwasser bildete schon seit der Römerzeit die Basis für Erholungsorte.

Die Grundlage des ungarischen Fremdenverkehrs waren u. a. die Bäder von Buda. Ungarn hat keinen Meeresstrand und keine hohen Berge. Infolge der Kriege hat es, im Vergleich zu anderen europäischen Ländern, wenig historische Städte und Kunstdenkmäler.

Zu den wichtigsten Fremdenverkehrsattraktionen zählt nach dem Balaton und Budapest als drittes das Thermalbaden. Wenn wir die Betonung vor allem auf die unterhaltsame Erholung und Entspannung legen und nicht auf die Therapie — die einen eigenen Platz in der Fremdenverkehrsstruktur hat —, könnte dies in dem internationalen Fremdenverkehrsmarkt für Ungarn ein neues Image schaffen.

Der ungarische Thermalwasserbestand

In den meisten Ländern werden die Wässer, die beim Austritt aus der Erde eine Temperatur von mindestens 20—26 °C haben, als Thermalwasser angesehen. In Ungarn werden nur diejenigen Wässer so bezeichnet, die beim Austritt aus der Erde eine Temperatur von mindestens 35 °C haben. Noch heute sind nicht alle in 500—2000 m Tiefe befindlichen geologischen Details entdeckt, und so sind die Verläufe noch nicht vollkommen bekannt.

Den Zusammenhang zwischen Tiefe und Wassertemperatur nennt man „geometrische Gardien". Dessen Durchschnittswert liegt pro Grad Celsius in Europa zwischen 30 und 45 Meter, in Ungarn jedoch zwischen 15 und 22 Meter. Den Grund dieses auffälligen Unterschiedes konnte man noch nicht eindeutig klären. Man nimmt an, daß die Erdkruste in Ungarn dünner ist als anderswo, da sich lange Zeit im Karpatenbecken ein Meer befand. Wenn die Durchschnittstemperatur an der Oberfläche 11 °C beträgt, liegt die Temperatur in Ungarn bei 1000 Meter Tiefe zwischen 56 und 76 °C, während im übrigen Europa die Durchschnittswerte 33—44 °C betragen. So kann man in Ungarn das Wasser mit einer entsprechenden Temperatur aus einer wesentlich geringeren Tiefe, also weit billiger fördern als anderswo. Die Erklärung für den Reichtum an Thermal-

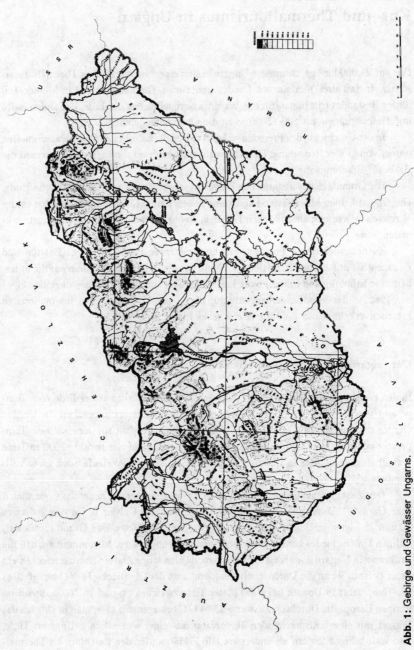

Abb. 1: Gebirge und Gewässer Ungarns.

wasser in Ungarn liegt einerseits in der geothermischen Anomalie, andererseits in der Charakteristik der Erdschichten.

Thermalwasser befindet sich in den Gängen der gespaltenen Gesteine oder in porösen Ablagerungen. Diese zwei Erdschichttypen kommen an mehreren Stellen im Land vor. Die Hauptquelle des Thermalwassers ist jedoch der aus dem Trias stammende, aus Kalkstein und Dolomit bestehende Ost-West-Gebirgszug. Aus dieser Schicht treten am Fuß der Gebirge — wie z. B. in Budapest, Harkány, Eger und Héviz — natürliche Quellen aus der Erde. Den größten Teil des Wassers muß man jedoch mit Bohrungen freilegen, einen kleineren Teil mit Pumpbrunnen. Dieses Wasser stammt von dem durch das Oberflächengestein durchsickernden Niederschlag. Der Wasserertrag ist also, von kleineren Schwankungen der Niederschlagsmengen abgesehen, gleichbleibend. Die aus den Gesteinen der Trias-Zeit gewinnbare Wassermenge beträgt nach Schätzungen jährlich 1,5 Millionen Kubikmeter. Die sog. „Obere Pannon"-Schicht enthält die größte und rentabelste Menge von Thermalwasser. Diese Schicht zieht sich unter der gesamten Großen und Kleinen Ungarischen Tiefebene hin.

In der „Obere Pannon"-Schicht sammelte sich wahrscheinlich mit der Entstehung des Gesteins auch das Wasser. Es ist unvorstellbar, daß dieses „fossile" Wasser von der Oberfläche oder von einer anderen, unter der Erde liegenden Quelle Nachschub bekommen könnte. Das gewinnbare Thermalwasser ist hier in miteinander nicht zusammenhängenden Linsen zu finden. Der ganze Bestand beträgt nach Schätzungen 4000 km³. Die ungarischen Hydrogeologen halten jedoch nur 10 % davon für rentabel nutzbar. Diese Menge reicht für mehr als 200 Jahre, wenn wir den gegenwärtigen Verbrauch als Maß nehmen.

Das gespaltene und poröse Gestein, das Thermalwasser enthält, ist in 90 % des Landes zu finden. In den Gebirgen liegt der Thermalwasserspiegel jedoch so tief, daß sich eine wirtschaftliche Nutzung nicht lohnt. Aber auch so sind 70 % der Fläche Ungarns zur Gewinnung von Thermalwasser geeignet.

Die gebohrten Brunnen sind meist positiv „artesisch", d. h., das Wasser gelangt ohne Pumpen an die Oberfläche. Es gibt hier keine Geisire, wie sie in einigen Gebieten der Welt durch vulkanische Tätigkeit entstehen. Die Zahl der Brunnen, die pro Minute mehr als 200 Liter Thermalwasser ausschütten, liegt gegenwärtig bei über 500. Diese Wassermenge wird gewöhnlich als Minimum für eine rentable Betriebsführung angesehen. Die Brunnen werden nach ihrer Wassertemperatur eingeteilt, wobei sich zahlenmäßig folgendes Bild ergibt:

Temperatur (°C):	35 °	45 °	60 °	70 °	80 °	90 °
Prozent (%):	30 %	27 %	14 %	11 %	8 %	10 %

Tab. 1: Wassertemperatur der Brunnen in %.

Die Aufteilung nach der Temperatur ist besonders bei den Entscheidungen über die optimale Nutzung sehr wichtig.

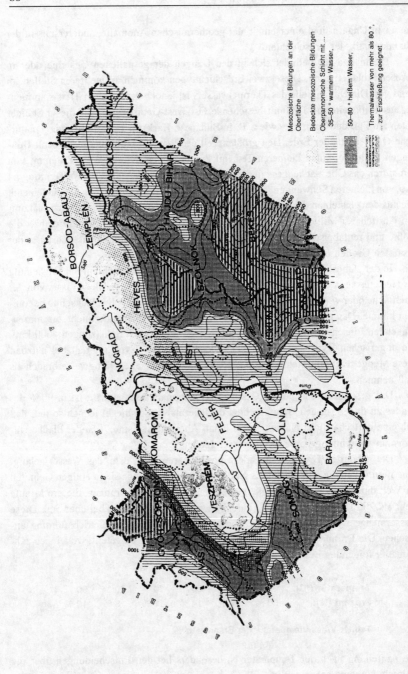

Abb. 2: Thermalwasser-Gegebenheiten in Ungarn.

Die Mineralstoffzusammensetzung der Thermalwasser

Die ungarischen Fachleute unterscheiden zehn Gruppen von Thermalwasser in den folgenden Orten:

1	Einfache Thermalwasser	Eger, Esztergom, Visegrád, Miskolc
2	Saure, Kohlendioxid enthaltende Wasser	Sikonda, Parad, Kékkut, Bük, Moha
3	Alkali / Hydrokarbonat / Wasser	Zalakaros, Gyula, Kaposvar, Sikonda, Mezökövesd
4	Erdig-kalkige / Calcium-Magnesium, Hydrokarbonat enthaltende / Wasser	Balatonfüred, Bük, Cegléd, Esztergom
5	Kochsalz, Clorid-Wasser	Györ, Sárvár, Igal, Hajdúszoboszló
6	Bittere, Sulfat-Wasser	Nagyigmánd, Tiszajenö
7	Eisenhaltige Wasser	Parad, Erdöbénye, Csopak, Moha
8	Schwefelhaltige Wasser	Balf, Harkány, Bogács, Héviz, Lukács-fürdö, Rudas-fürdö
9	Jod-Brom enthaltende Wasser	Mosomagyarovár, Eger, Cserkeszölös, Debrecen, Kecskemét, Karcag
10	Radioaktive Wasser	Héviz, Eger, Gellért-fürdö, Miskolctapolca u.a.

Tab. 2: Zusammensetzung der Thermalwasser.

Allgemein können wir sagen, daß die ungarischen Wasser im Vergleich zu den Thermalwässern der anderen Länder eine abwechslungsreichere Zusammensetzung haben, aber weniger Mineralstoffe enthalten. Sie enthalten kein einziges Element in einer Menge, die für die menschliche Gesundheit schädlich sein könnte.

Die Nutzung des Thermalwassers

Die Thermalwasser können in verschiedenen Formen genützt werden, von denen nur die wichtigsten genannt sind: Baden, Wasserversorgung der Haushalte, Heizung landwirtschaftlicher Betriebe, Heizung von Kommunen, Industrie usw. Von diesen Nutzungsformen waren immer das Baden und die Nutzung zu Erholungs- und Fremdenverkehrszwecken am bedeutendsten.

Die Rolle des Thermalwassers bei der Erholung und im Fremdenverkehr

Archäologische Ausgrabungen und schriftliche Überlieferungen beweisen, daß sich schon vor der sog. „Landnahme" in Ungarn eine bedeutende Badekultur entwickelt hatte. Die römische Stadt Aquincum, nördlich von Budapest gelegen, hatte zwei Bäder: ein Männer- und ein Frauenbad. Die Kaiser Traianus, Hadrianus und Marcus Aurelius schickten ihre Veteranen zur Erholung und zur Heilung nach Pannonien. In der Provinz Pannonia waren elf Bäder im Betrieb, von denen sechs den Bürgern und fünf den Soldaten dienten. Auch die Namen der hier tätigen Ärzte sind erhalten: Caius Julius Fileto und Sextus Pompeius Carpus.

Ein mehr als 2000 Jahre altes Altarfragment der Junia Cyrilla berichtet, daß ein Gast namens Titus um 150 v. Chr. in Aquincum war, wo „quad a longa infirmitate virtute aquarum numinis sui revocaverunt" (wo er also „mit der Kraft der das Wasser schützenden Götter von langer Krankheit geheilt" wurde).

Die Rolle des Heilwassers und des Wassers nach der Landnahme und der Niederlassung der ungarischen Stämme

Anonymus erwähnt in den *Gestibus Hungarorum*, daß die Nähe der warmen Budaer Quellen für Árpád bei der Auswahl des Gebietes der Landnahme bestimmend war.

Zur Zeit der Árpád-Könige und mit dem Weiterleben der Traditionen der ungarischen Stämme blühte eine ziemlich entwickelte Badekultur, obwohl der Geist des Mittelalters dies nicht allzu sehr begünstigte. Jahrhundertelang war das Baden eine umstrittene Frage. Der Heilige Kelemen aus Alexandrien erlaubte z. B. das Baden, aber nur dann, wenn dies aus gesundheitlichen Gründen notwendig war. Aus dem Baden dürfe keinerlei Genuß stammen, weil das eine Sünde sei.

Im 12. Jahrhundert gründeten die Johanniterritter ein Pflegeheim am Fuß des Gellertberges an der Stelle des heutigen Rudasbades. Auch in Felhéviz — in der Gegend des heutigen Lukácsbades und in Császárfürdö (Kaiserbad) — gab es ähnliche, auf Quellwasser gegründete Spitäler. Nach der Legende stand in Alhéviz — am Fuß des Gellertberges — ein von der heiligen Elisabeth, der Tochter von Endre II., gegründetes Pflegeheim, wo sie selbst die Kranken pflegte und badete.

Das Bürgerliche Gesetzbuch von Buda aus dem Jahre 1233 enthielt ein eigenes Kapitel zur Benutzung der Bäder. Unter der Regierung von Zsigmond, dem deutschrömischen Kaiser und ungarischen König, der Buda zur Residenz ernannte, erhielt die Badekultur einen neuen Aufschwung. Das Lieblingsbad des Herschers war das heutige Ráczbad, das er nach seinem Geschmack umbauen ließ. Der Name des Bades war „Thermal Regiae". Aus den Briefen eines Burgunder Boten, der am Hof zu Gast war, wissen wir, daß außerhalb der Burgmauern mehrere Warmbäder zu finden waren.

Matthias Corvin ließ das Ráczbad durch einen bedeckten Gang mit der Burg verbinden. Auch die Reste eines Bades im Visegrader Palast sind zu sehen. Der König bevorzugte — nach den schriftlichen Überlieferungen — auch die Sauna. Die erste Heilwasseranalyse machte der Paracelsus-Schüler Thurnegsen. In Ungarn wurde die erste Badbeschreibung im Jahre 1512 von Vadianus geschrieben, der besonders auf die Temperatur der Quellen achtete. 1536 berichtet Miklos Olan, der Erzbischof von Esztergom, in seinem Werk *Hungaria* über Quellen, die die Kranken mit Ausschlägen und Auszehrungen aufsuchten.

Im 16. und 17. Jahrhundert bürgerte sich unter der Herrschaft der Türken die östliche Badekultur ein. Nach den Vorschriften der Moslem-Religion sind die Badebecken in jedem Fall über (Heil-)Quellen zu erbauen. Nur dieses Wasser ist für die Reinigung des Körpers geeignet. Die heutigen Bäder — in denen sich das Becken in einer Halle mit einer Kuppel befindet — stammen aus der Türkenzeit. Eine solche steht — bzw. stand — in Eger, Esztergom, Rudasbad und Ráczbad.

Auf dem heutigen Gebiet von Buda war der große Baumeister Sokoli Mustafa Pascha 1556 tätig. An der Stelle des heutigen Lukácsbades stand das Barat-Dergeminen-Bad, und das heutige Kaiserbad war ursprünglich das Bad von Veli Beg. Die Wirksamkeit hat der große türkische Schreiber jener Zeit, Mohamed Ben Bajazid, festgehalten. An der Stelle des Gellertbades stand das Türkische Bad „Acsik Ilidzsa". In Eger ist das Bad von Amant Pascha bekannt. Evlia Cselebi besuchte 1660 alle damals von den Türken besetzten ungarischen Gebiete und berichtete anerkennend von den Bädern und der Heilwirkung des Wassers. Aus seinem Werk können wir die zwei Typen der Türkischen Bäder kennenlernen: das gewöhnliche Bad (*haman*) und das Heilbad (*kapkodsa* oder *ilidzsa*), in dem sich Becken befanden.

Im Jahre 1673 bereiste der bekannte Arzt Edward Brown, von der englischen Königlichen Ärztlichen Gesellschaft beauftragt, ganz Ungarn. In seinen Beschreibungen erwähnt er die Budaer Bäder als Europas beste Bäder wegen ihrer Heilkraft und der Hitze des Thermalwassers sowie auch wegen der Schönheit der Gebäude und deren Größen. Die Renaissance und der Humanismus hatten die Badekultur wieder an den entsprechenden Platz gestellt. Der alte Spruch „In balneus salus" („Im Bad liegt die Seligkeit") bekam wieder sein Gewicht.

Nach der Herrschaft der Türken gelangten die ungarischen Heilbäder in den Besitz der Schatzkammer des Habsburger Hofes. 1752 beauftragte Maria Teresia den Arzt Laugier, die Heilwasser des Landes — die sogenannten Gesundheits-Brunnen — zu ergründen und zu beschreiben. Diese Arbeit beaufsichtigte van Swieten. Im Januar 1763 bat man die Komitatsphysiker, einen Bericht über ihre eigenen Untersuchungserfolge zu schreiben. 1768 entstand in Balatonfüred die für die Führung der Bäder verantwortliche Ordnung. Am Ende des 18. Jahrhunderts waren außerhalb von Buda auch andere Badeorte im Betrieb, wie z. B. in Balatonfüred, Balf, Héviz und Harkány.

Auf Antrag des Wiener Professors Cranzt und des Pester Professors Winterl rief 1812 der Staathalterrat die Bäderärzte des Landes auf, die austretenden Wasser zu untersuchen. Diese Arbeit faßte Pál Kitaibel nach 14 Jahren zusammen. Kitaibels Arbeit wurde zum Schluß von János Schuster auf Latein unter dem Titel *Hydrographia Hungarie* herausgegeben. Das Werk wird heute noch als balneologisches Grundwerk angesehen. Kitaibels Arbeit berücksichtigte die geographische Natur, die Charakteristik der Gesteine und die physischen Eigenschaften des Wassers (Farbe, Durchsichtigkeit, Temperatur, spezifisches Gewicht, Geruch, Geschmack und die chemischen Merkmale). Er erkannte die Wichtigkeit der Einheit der geologischen, chemischen und balneologischen Merkmale. Als Ergebnis waren 27 Bäder in Ungarn — z. B. Balatonfüred, Harkány, Parád und sechs in Buda — als erstklassig erkannt.

Die Bäder als gesellschaftliche Zentren

Am Ende des 19. Jahrhunderts standen die Bäder wieder im Vordergrund. Sie wurden zum Treffpunkt der oberen Zehntausend. Zu jener Zeit wurden Herkulesfürdö, Balatonfüred, Parád, Harkány und auch Balf berühmt. Budapest entwickelte sich am Anfang des 19. Jahrhunderts zur Badestadt. 1891 wurde der Balneologische Verein mit dem ungarischen Frauenarzt Vilmos Taffer als Vorsitzenden gegründet. Aus London brachten Sonderzüge Gäste zur Besichtigung der ungarischen Heilbader und zur Kur.

Im Jahre 1907 wurde von Samu Papp und Vilmos Hanko das Werk *Die Mineralwasser und Badeorte des Ungarischen Reiches* herausgegeben, in dem 23 Orte mit Heilwasser und als Heilgebiet außerhalb des Balaton erwähnt werden. 1929 legte die Regierung in einem Badegesetz die Vorschriften zum Badewesen nieder. Nach diesen Anordnungen wurden in Budapest drei große Badezentren geplant: in Városliget, auf der Magareteninsel und am Gellertberg.

Budapest als Badestadt

Im Jahre 1937 wurde zur Anerkennung der ungarischen Badekultur in Budapest der Weltkongreß für Heilbäder veranstaltet. Die Organisatoren gründeten im Interesse der Fortsetzung der Balneologischen Untersuchungen die Internationale Thermal-Vereinigung mit Hauptsitz in Budapest gegründet, die Vorgängerin der heutigen Fédération Internationale du Thermalisme et du Climatisme. In den 30er Jahren waren sechs Thermalhotels in Budapest im Betrieb:

Name des Hotels	Zahl der Zimmer
Palatinus	250
Gellert	233
Margareta	120
Dalia	100
Lukács	80
Rudas	23
Insgesamt	806

Tab. 3: Thermalhotels in Budapest in den 30er Jahren.

Der Balneologische Weltkongreß ernannte Budapest offiziell zum Badeort. Der Gesundheitstourismus erlebte in den 30er Jahren eine 50%ige Steigerung. Das Budapester Heil- und Erholungsort-Komitee unterhielt seit den 30er Jahren eine ständige Vertretung in vielen Ländern und Großstädten. Die zwei Zentren außerhalb von Budapest waren Balatonfüred und Héviz.

Jahr	Gesamt-Gästezahl	Zwei oder mehrere Wochen bleibende Gäste	Gesamt-Über-nachtungen	Übernachtungen der zwei oder mehrere Wochen bleibenden Gäste
1934	22.224	7.425	240.843	132.210
1935	31.571	9.070	322.201	163.694
1936	34.824	10.695	362.525	133.692
1937	36.400	11.431	386.398	207.657
1938	34.597	12.234	286.396	229.828

Tab. 4: Die Gäste in den ausländischen und heimischen Thermalhotels zwischen 1934 und 1938.

Der Zweite Weltkrieg richtete in den Heilbädern des Landes große Schäden an. Dank der Zusammenarbeit der Geologen, Chemiker, Ärzte und der Fremdenverkehrsfachleute wurden die indikatorischen Gebiete eindeutig klar, wo die Anwendung der einzelnen Heilwasser Erfolg hatte bzw. in der Kenntnis der Bedürfnisse die Aufgaben der Zukunft bestimmte. In den 60er Jahren wurden neben der Bestandsbewahrung nicht weniger als 115 neue Thermalbäder eröffnet, hauptsächlich in den Dörfern der Großen Ungarischen Tiefebene.

Ungarns 480 Thermalbäder, davon ca. 60 Heilbäder, können mehr als 350.000 Gäste aufnehmen. Die Brunnen, die diese Bäder versorgen, haben eine Warmwasserausschüttung von 167.000 Litern pro Minute.

Die neuen und äußerst beliebten Erholungszentren werden in Ungarn als „Strandbad" bezeichnet. Diese „Strände" sind meistens am Rand der Stadt zu finden, wo eine größere Fläche zur Verfügung steht. Es gibt dort mehrere Becken; einige davon sind seichte Warmwasserbecken mit Sitzbänken, die anderen sind tiefere und kälteres Wasser enthaltende Schwimmbecken. Rundherum befinden sich die Umkleidekabinen und Toiletten, auch Kioske und z. T. Restaurants und Gaststätten. Stellenweise gibt es einen Friseursalon, ein Schachzimmer und ein Souvenir- und Spielwarengeschäft. An der grünen Fläche um die Becken stehen für die Kinder Schaukeln und Spielzeuge bereit bzw. Ping-Pong-Tische und Volleyballplätze. Gewöhnlich wird der „Strand" durch einen künstlichen See ergänzt. Das Fassungsvermögen der „Strandbäder" liegt zwischen 100 und mehr als 1000 Personen. Mit der Entwicklung schritthaltend, wurde 1972 für die Organisation des Thermaltourismus das Hotel-und-Heilbad-Unternehmen „Danubius" gegründet.

Die Therapie wird vom Gesundheitsministerium bzw. dessen Landeshauptverwaltung für Kurorte und Heilbäderwesen geleitet.

Das Regionalentwicklungs-Planungsprojekt

Die ungarische Regierung erkannte schon 1971 die Wichtigkeit eines umfassenden Planungsprojektes für die Anwendung des Thermalwasserbestandes. Hierzu beantragte sie die Unterstützung der UNO bzw. der Entwicklungsstiftung. So begann das unter dem Code UNDP/HUN/71/511 laufende regionale Entwicklungsprojekt. Die Ausarbeitung wurde unter Mitarbeit bekannter ausländischer Fachleute 1973 begonnen und 1976 beendet. In dem Projekt wurde die Perspektivkonzeption des Fremdenverkehrs, soweit sie auf dem Thermalwasser beruht, festgelegt. Diese strategische Konzeption empfahl die Gründung eines ländlichen Thermal-Fremdenverkehrsnetzes. Von Ungarns 3.200 Siedlungen verfügen 70 %, d. h. 2.240 Siedlungen über Thermalwasservorkommen, und 352 Siedlungen haben sonstige Fremdenverkehrseinrichtungen.

Hiervon wurden 161 Siedlungen als Thermalbadeort bestimmt. Bei den meisten, d. h. in 144 Orten, war ein Thermalbad schon in Betrieb. Die folgende Karte illustriert die Thermalbadeorte der Regionen gemäß dem Entwicklungsplan.

Innerhalb der Regionen beträgt die maximale Entfernung 60—80 km. So können die Einwohner, gleichgültig in welchem Teil sie wohnen bzw. sich aufhalten, im Rahmen eines eintägigen Ausfluges an jeden Ort des Gebietes gelangen. In jeder Region findet man ein bis zwei große Städte, die schon etablierte Fremdenverkehrszentren sind oder bald werden.

Zukünftige Pläne

Eine Thermalquelle dient oft gleichzeitig der Therapie, der Erholung und dem Fremdenverkehr, der meistens die gleichen Dienstleistungen in Anspruch nimmt. Den Wert der meisten heute genutzten Heilwasser beweisen ohne Zweifel die Heilerfolge unter ärztlicher Aufsicht. Dessen ungeachtet ist es noch lange nicht geklärt, wie die Heilung erfolgt. Von Ungarns 156 Thermalbädern hat das Gesundheitsministerium 20 als Heilbäder anerkannt, von denen wiederum neun in Budapest liegen. Auch andere Bäder verfügen über Therapieeinrichtungen, und ihre Anerkennung als Heilbad wird geprüft. Die meiste Heilbadkapazität wird von den ungarischen Patienten beansprucht. Die jetzigen Anlagen liegen weit unter dem Bedarf. Einige Betten werden schon heute nach einem Abkommen der Regierung für ausländische Gäste freigehalten, deren Zahl in Zukunft erhöht werden kann, so daß auch Privatpatienten sie in Anspruch nehmen können. Ungarns Anziehungskraft wird dann stark von dem Niveau der Therapie und von den Ärzten abhängen.

Zwischen der strengen Heilbehandlung und der einfachen Erholung gibt es eine dritte Art des Kuraufenthaltes. Das Ziel ist hierbei die Prophylaxe bzw. Rehabilitation. Dieser Aufenthalt unterscheidet sich von dem normalen Erholungsbaden dadurch, daß hier die Badenden einen ärztlichen Rat erhalten, und von der Heilbehandlung dadurch, daß der ärztliche Rat hier nicht Pflicht ist. Das prophylaktische Baden wird mit Sicherheit größer sein als die Therapie. Neben den drei genannten Arten bietet das Thermalwasser ein viertes Anwendungsgebiet — den Sport. Die Nutzung zu Spielzwecken kann man jedoch leicht mit dem Urlaubsbaden in Einklang bringen.

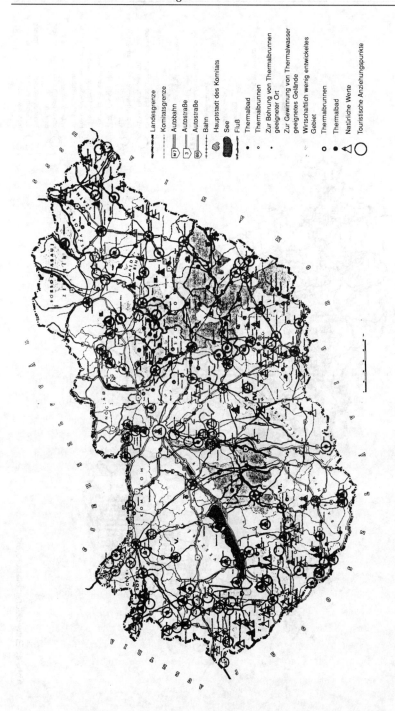

Abb. 3: 352 Orte, die über Voraussetzungen für Thermaltourismus verfügen.

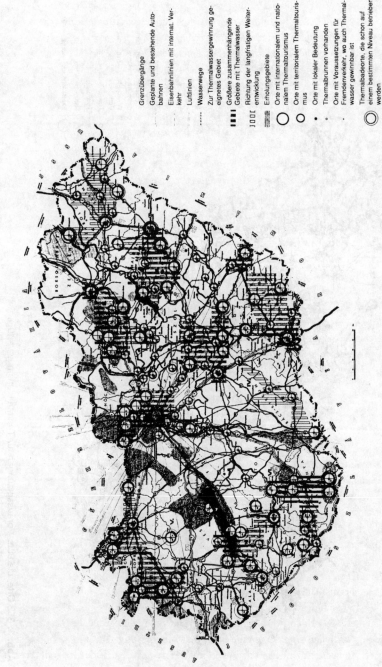

Abb. 4: Entwicklungsplanprojekt.

Die meisten der in dem Thermalwasser badenden Ungarn suchen keine Heilung für eine spezielle Krankheit, sondern möchten sich einfach wohlfühlen und ausspannen. Selbstverständlich schützen sie dabei Ihre Gesundheit: Je mehr man im Thermalwasser entspannt, desto weniger muß man später an einer Therapie teilnehmen. Fachleute meinen, daß die nicht-spezifische Wirkung des Thermalwassers die Anpassungsfähigkeit steigert. Es scheint so, als ob in diesem Verlauf die Temperatur des Wassers die größte Rolle spielt. Es ist jedoch auch möglich, daß diejenigen Recht haben, die die Wichtigkeit des Mineralzusammensatzes nicht vernachlässsigen wollen. Wie dem auch sei — gerade die nicht-spezifische Wirkung des Thermalwassers schafft den objektiven Grund des heimischen und internationalen Fremdenverkehrs. Ungarns Möglichkeit, diese Gegebenheit zu nutzen, ist groß, besonders dadurch, daß im Gegensatz zu einigen europäischen Ländern das Verhalten der Einwohner nicht von den in den letzten Jahren in Mode gewesenen Ansichten, ausdrücklich nur die Heilanwendung des Thermalwassers zu werten, abhängt.

Die kulturelle Atmosphäre dazu könnte nicht besser sein. Immer mehr Menschen suchen angenehme Erholungsmöglichkeiten, und viele sind gewohnt, dies mit dem Wasser zu verbinden. Die Nachfrage nach den Warmwasserbädern wird immer größer.

Der Grund für den Besuch sonniger Meeresstrände ist die angenehme Entspannung. Obwohl viele ausländische Touristen das erste Mal etwas über den Gedanken erstaunen, ihren Urlaub in Thermalbädern zu verbringen, sind sie psychologisch durchaus schon darauf vorbereitet, diese Idee zu akzeptieren. Auch für die Menschen, die etwas Neues suchen, kann Ungarn etwas bieten. Ungarns Heilquellen geben den gesamten Einwohnern die Möglichkeit zum Thermalbaden und schaffen zugleich etwas Neues für die spezifische Anziehungskraft des Fremdenverkehrs.

Probleme und Forderungen

Die Ansicht, daß der Thermaltourismus eine neue Dimension im ungarischen Fremdenverkehr schafft, verstärkt sich. Jedoch nimmt man an, daß dies nur mit den traditionellen Fremdenverkehrsattraktionen zusammen den erwarteten Erfolg bringen wird.

Von den nach Ungarn reisenden Gästen kommen nur sehr wenige, um ein Thermalbad zu besuchen. Aber die meisten suchen bei ihrem Aufenthalt ein Thermalbad auf. Dieselben Motive beeinflussen auch den heimischen Fremdenverkehr. Der Thermaltourismus ist ein organischer Teil des allgemeinen Fremdenverkehrs. Die mit dem Thermalwasser gegebenen Möglichkeiten können nicht ohne andere Angebote und Anlagen genutzt werden. Der beste Ausdruck, um die Atmosphäre der neuen, kleinen ungarischen Thermalbäder zu beschreiben, ist das Wort „heimisch".

Die Anwendung des Thermalwassers bietet vier Möglichkeiten: Heilung, Konditionssteigerung, Urlaub/Entspannung, Sport. Obwohl in den größeren Badeorten alle vier zu verwirklichen sind, kann eine Spezialisierung günstig sein, um Konflikte zwischen den Anwendern zu vermeiden und die maximale Kapazität der Investitionen zu erreichen. Heilanlagen können nur dort aufgebaut werden, wo der Heilwert des Wassers bewiesen ist. Für die Sportanlagen sind die Großstädte am geeignetsten. Ein wichtiges Ziel ist, daß die meisten Bäder im ganzen Jahr in Betrieb sind oder daß sich die 150 Tage der Saison (5 Monate) wenigstens auf 240 Tage (8 Monate) erhöhen. Nur ein Sechstel, d. h. 350.000 der vorhandenen Plätze, ist in der Wintersaison in Betrieb.

Es gibt vier miteinander kombinierbare Funktionen der Badeorte: Gesundheitstourismus, Sozialtourismus, internationaler Fremdenverkehr und Transit-Fremdenverkehr. Der Heilfunktion folgt natürlich die Anwendung der Heilung; die anderen drei Funktionen sind mit jeder Anwendungsmethode zu verbinden. Es ist wichtig, daß die Badeorte für die Transittouristen in der Nähe der Hauptreiserouten liegen, während die für einen längeren Aufenthalt geeigneten Badeorte in einer besonders schönen Gegend liegen müssen. Diese zwei Lagekriterien können fallweise identisch sein. Die Transitfunktion wird großenteils mit der Erholung verbunden, während der Sozialtourismus und der internationale Fremdenverkehr mit der Konditionsfunktion verbunden sind.

Zusammenfassung

Die wichtigste Aufgabe ist, den Thermalwasserschatz in die Dienste des Fremdenverkehrs zu stellen und mithilfe ausländischen Kapitals die Thermal- und Heilbäder mit einer entsprechenden Infrastruktur auszubauen. Diese müssen durch andere örtliche Fremdenverkehrsleistungen ergänzt werden, die die Besucher mithilfe gutausgebildeter Fachleute in Anspruch nehmen können.

Jahr	Ausländische Gäste (Mio.)				Ungarische Auslands-reisende (gesamt)
	gesamt	davon:			
		Touristen	Ausflügler	Durchreisende	
1980	13.996	9.413	1.633	2.720	5.164
1981	14.841	10.450	1.626	2.205	5.547
1982	9.832	6.473	1.155	1.891	3.893
1983	10.463	6.764	1.347	2.015	4.754
1984	13.429	8.731	1.771	2.671	5.380
1985	15.126	9.724	2.104	3.033	5.533
1986	16.646	10.613	2.374	3.333	6.278
1987	18.953	11.826	3.280	3.586	7.197
1988	17.965	10.563	3.622	3.577	10.797
1989	24.919	14.490	5.641	4.788	14.476
1990	37.632	20.510	10.670	6.452	13.596
1991	33.265	21.859	7.075	4.331	14.317

Tab. 5: Internationaler Tourismus in Ungarn (in Millionen).

Von unserer guten Fremdenverkehrslage ausgehend, wird die Zahl der Besucher ständig steigen. Dies ist auch aus den statistischen Daten erkennbar. Man muß kein Hellseher sein, um zu sagen, daß im Jahre 1996 — im Jahr der Weltausstellung und der Elfhundertjahrfeier des ungarischen Staates — die Gästezahl nahezu 50 Millionen erreichen wird.

Ich hoffe, wir können bald sagen, daß Ungarn ein kleines Land mit vielen Thermalbädern im Vereinigten Europa ist, das Millionen europäischer Touristen zur Erholung, Heilung und Entspannung vom alltäglichen Streß erwartet.

István Fluck
Heilbäder in Ungarn und Budapest

Geschichte der Bäderkultur

Auf dem Gebiet des heutigen Ungarn kann die Bäderkultur auf tausendjährige Traditionen zurückblicken. Die Menschen der entwickelten Staaten des Altertums badeten viel und gerne. Die Bäder erfüllten eine Reinigungs-, eine Heil- sowie eine rituelle und gesellschaftliche Funktion. In Rom baute man mächtige Bäder, und mit der Ausdehnung des Römischen Reiches gelangte auch die Bäderkultur überallhin, von der Provinz Britannien bis nach Pannonien, dem heutigen Ungarn. Aquincum, die einstige Hauptstadt der Provinz Pannonien, liegt im nördlichen Teil des heutigen Budapest. Hier finden wir neben den öffentlichen Gebäuden und imposanten Amphitheatern auch die Überreste der Gemeinschaftsbäder und der luxuriös eingerichteten, mit Mosaiken ausgelegten Badezimmer in den Häusern der wohlhabenden Bürger. Alle wurden mit dem Wasser der am Füß der Budaer Berge entspringenden Thermalquellen gespeist.

Mit dem Niedergang des Römischen Reiches verfiel und erlosch allmählich die hochentwickelte Bäderkultur. Nach dem Zustandekommen des ungarischen Staates (1000) erlangten die Bäder wieder eine zunehmende Bedeutung. Im 12. Jahrhundert gründeten die Ritter des Johanniterordens am rechten Donauufer, in Buda, am Fuße des Gellért-Berges, an der Stelle des heutigen Rudas-Bades ein Heilbad-Krankenhaus. Die Budaer Bäder erlebten ihre Glanzzeit unter Matthias Corvinus, dem großen Herrscher der Renaissance (1490). Im 16.–17. Jahrhundert gehörte ein bedeutender Teil Ungarns während 150 Jahren zum Osmanischen Reich. Die Türken erbauten neue Bäder, von denen mehrere — praktisch unverändert — auch heute noch in Betrieb sind. Von der zweiten Hälfte des 18. Jahrhunderts an wurden in gewaltigem Tempo Bäder erbaut, und es entstanden die eine komplexe Behandlung bietenden Kurorte. Der Erste Weltkrieg brachte die bis dahin ununterbrochene Entwicklung zum Stocken, doch sehr bald setzte wieder ein Aufschwung des ungarischen Bäderwesens ein. In dieser Zeit wurde Budapest zum Zentrum des Heilbäderwesens, zur richtigen Bäderstadt. Hier hielt im Jahre 1937 die Fédération Internationale de Stations Balnéaires, Climatiques et Maritimes ihre konstituierende Versammlung ab, die Budapest zu ihrem Sitz wählte. Bei der Versammlung waren außer den individuellen Teilnehmern die Regierungen von 30 Staaten und auch der Völkerbund vertreten.

Professor Heinrich Vogt, Direktor der Reichsanstalt für Badewesen, Breslau, schlug Budapest mit folgenden Worten zum Sitz des Internationalen Verbandes für Badewesen vor:

Keine Stadt vermag mit mehr Recht Anspruch hierauf zu erheben als Budapest, die die Natur mit verschwenderischer Freigiebigkeit mit hervorragend wirksamen

Heilwässern und einzigartigen Naturschönheiten überhäuft hat; außerdem ist Budapest durch die gute medizinische Ausrüstung, die ausgezeichnete Ausstattung der Heilanstalten, das hohe Niveau der wissenschaftlichen Forschung dessen würdig, die Stätte zu sein von welcher die internationalen Angelegenheiten der Heilbäder gelenkt werden [...].

Dieser Kongreß und die Teilnahme daran waren die letzte hervorragende Arbeit des im Jahre 1891 gegründeten Ungarischen Balneologischen Vereins vor Ausbruch des Zweiten Weltkriegs.

Diese Organisation war die Vorgängerin der nach dem zweiten Weltkrieg gegründeten FITEC (Fédération Internationale du Thermalisme et du Climatisme). Die im Lauf des Zweiten Weltkriegs erlittenen Schäden konnten die ungarischen Bäder und Kurorte nur sehr schwer überwinden. Seit vielen Jahren aber empfangen sie wieder zahlreiche ausländische Kurgäste, die Heilung suchen. Neben den individuell eintreffenden Gästen kommen aufgrund von Verträgen, welche mit bedeutenden ausländischen Versicherungsanstalten abgeschlossen wurden, auch organisierte Gruppen zur Behandlung. Auch die hydrogeologischen und balneologischen Forschungen werden mit gesteigerter Intensität fortgesetzt. Die UNO erkannte die in den Thermal- und Heilwässern Ungarns verborgenen Möglichkeiten und errichtete in Budapest ein *thermal project*-Büro, dessen Aufgabe die Mitwirkung an einer weiteren Förderung des ungarischen Heilbädernetzes sowie eine Adaptierung der hier gewonnenen Erfahrungen für die allgemeine Anwendung ist.

Kurorte und Kurort-Anstalten in Ungarn

Das ungarische Recht — aber auch die alltägliche Praxis — machen einen scharfen Unterschied zwischen Kurort und Erholungsort. Die Zahl der Erholungsorte in Ungarn beträgt 110, die Zahl der Kurorte ist wesentlich kleiner. Die Ursache liegt darin, daß nur unter sehr strengen Kriterien eine Siedlung — eventuell nur ein Teil derselben — als Kurort deklariert werden kann. Außer Sicherstellung aller infrastrukturellen, siedlungshygienischen und siedlungsentwickelnden Bedingungen muß die gegebene Siedlung über natürliche Heilvorkommen von hervorragender Bedeutung — Heilwasser oder klimatische Bedingungen — verfügen. Zur Ausnützung der obengenannten Heilfaktoren ist auch die Existenz von Gesundheitseinrichtungen — Kurort-Krankenhaus, Sanatorium, Kurhotel, Heilbad — eine unerläßliche Bedingung.

Infolge der besonderen geologischen Gegebenheiten ist Ungarn sehr reich an Thermalwasserquellen. Zahlreiche davon sind als Heilwasser qualifiziert. Aufgrund dieser Tatsache sind ein entscheidender Teil der ungarischen Kurorte Heilbadkurorte, wo das Wasser als Bade- respektive Trinkkur angewendet wird. In unserem Land haben wir nur wenige hohe Gebirge; diese sind in erster Linie im Norden respektive an der österreichischen Grenze, am Fuße der Alpen zu finden. Eine besondere Gruppe der klimatischen Kurorte bilden die Gebiete um die Heilgrotten. Diese Grotten — mit einer keimfreien Luft und einer praktisch Sommer wie Winter gleichbleibenden Temperatur — ergeben sehr günstige Ergebnisse in der Behandlung der chronischen Erkrankungen der Atmungsorgane.

Unsere Kurorte haben sich im allgemeinen auf die Behandlung von jeweils einer Krankheitsgruppe spezialisiert. Einige der bekanntesten Beispiele: In Héviz behandelt man Patienten mit Erkrankungen der Bewegungsorgane, in Balatonfüred werden kardiale, in Parád gastroenterologische Krankheiten behandelt.

Die Grundlage der an den Kurorten erfolgenden ärztlichen Betreuung ist die komplexe Therapie, das heißt, es werden niemals nur Heilbäder angewendet, sondern — abhängig vom Zustand des Patienten — alle Möglichkeiten der Naturheilkunde wie Massage, Gymnastik, Elektrotherapie, Diät etc. genutzt. Selbstverständlich wenden wir auch medikamentöse Behandlung an, aber nur in dem unbedingt notwendigen Maß.

Die Behandlung der akuten Erkrankungen ist die Aufgabe des Krankenhauses. Sie erfolgt im allgemeinen am Wohnort des Patienten, im Falle spezieller Probleme in einer Fachanstalt:

— Kur-Erholungsheime: Diese Anstalten vom Charakter eines Kurhotels, welche von den Gewerkschaften verwaltet werden, verfügen im allgemeinen über selbständige Kurabteilungen und ein entsprechendes Gesundheitspersonal. Diese Form kann von Ehepaaren gemeinsam in Anspruch genommen werden, es muß aber eine Vergütung entrichtet werden, und sie muß zu Lasten des eigenen Urlaubs in Anspruch genommen werden. Der Kururlaub dauert zwei Wochen. Diese Kururlaubsstätten haben eine bestimmende Rolle in der Prävention. Diejenigen Personen, die diesen Kururlaub regelmäßig jährlich in Anspruch nehmen, verbringen, wie wiederholte Untersuchungen bzw. Erfassungen ergaben, viel weniger Zeit im Krankenstand als diejenigen, welche diese präventive Kurmöglichkeit nicht ausnützen. Dies hat besonders im Fall der physischen Schwerarbeiter eine eindeutig gute Wirkung.

— Kurhotels: Dies sind medizinisch sehr gut eingerichtete Handelsunternehmen im 4- oder 5-Sterne-Bereich. Sie werden von inländischen, hauptsächlich aber von ausländischen Patienten in Anspruch genommen. Ihre Auslastung beträgt im Jahresdurchschnitt über 70 %. Entsprechend dem Auslandsinteresse wächst die Zahl dieser Hotels ständig. Saison-Kurhotels gibt es in Ungarn keine.

Wir müssen im Zusammenhang mit den an den ungarischen Kurorten stattfindenden Arbeiten immer wieder betonen, daß in jeder Form eine komplexe Behandlung stattfindet. Unser Bestreben ist es, unter Beibehaltung des Niveaus der an den Kurorten praktizierten Rehabilitationsarbeit den Kurortcharakter der Siedlungen weiter zu stärken und zu sichern, so daß die Kurorte eine Insel der Gesundheit, der Heilung und der Ruhe in unserer stürmisch rasenden Welt bleiben. Aus diesem Grund hat die Regierung an Orten, wo sich eine Überfüllung gezeigt hat, (an Erholungs- und Kurorten in der Umgebung des Balaton) ein völliges Bauverbot verordnet, so daß keine neuen Erholungsheime und Hotels errichtet werden dürfen.

Budapest

Die Hauptstadt Ungarns liegt an beiden Ufern der Donau. Der Teil am rechten Ufer ist hügelig, jener am linken Ufer ist eben, nur in der Ferne erheben sich sanfte Hügel. Schon seit der Zeit der Kelten und Römer befand sich an dieser Stelle immer eine bedeutende Stadt. Die Zahl der Einwohner beträgt heute über zwei Millionen.

Das Klima von Budapest stellt einen vorteilhaften Übergang vom mehr bewölkten, regenreicheren Klima des oberen Transdanubien zum trockeneren, kontinentalen Klima der ostungarischen Gebiete dar. Der Sommer ist warm, der Winter ist mild und haufig schneefrei.

In Budapest gibt es 34 Thermalbäder, davon sind 14 Heilbäder. Hier geben 128 Thermalquellen 50.000 m³ Thermalwasser pro Tag ab. 7,5−8 Millionen Gäste besuchen die Budapester Bäder pro Jahr. Die wichtigsten Heilbader sind:

▶ Császár-Heilbad

Es befindet sich auf dem rechten Donau-Ufer, neben dem Lukács-Heilbad. Es greift ebenfalls auf eine Vergangenheit von nahezu einem Jahrtausend zurück. Das Thermalbecken wurde zur Zeit der Türkenherrschaft gebaut, während das besonders schöne, klassizistische Hauptgebäude in der ersten Hälfte des vorigen Jahrhunderts errichtet wurde.

▶ Gellért-Heilbad

Vielleicht das herrlichste Heilbad von Budapest. Es wurde im Jahre 1918 − zusammen mit dem Hotel − erbaut wurde, war seinerzeit eine der modernsten Badeanlagen in Europa. Hier befand sich jahrhundertelang das sogenannte Sárosfürdő, das wegen seines hervorragenden Schlamms berühmt war. Im Gebäude arbeitet eine Krankenhausabteilung.

▶ Hotel Thermal und Ramada, Margareteninsel

Es ist eine seltene Gegebenheit, daß sich im Zentrum einer Hauptstadt ein Kurort befindet. Der Naturpark der Insel mit seinen Bädern, Restaurants, Hotels und Sportplätzen ist stark frequentiert. Automobile sind von einem Großteil der Insel verbannt, wodurch man die reine Luft und die erfrischende Umgebung genießen kann. Das Hotel Thermal verfügt über eine eigene Röntgenabteilung, ein EKG-Laboratorium, ein klinisches Laboratorium und eine odontologische Abteilung.

▶ Lukács-Heilbad

Seine Quellen waren bereits in den Zeiten des Römischen Reiches bekannt. Während der Türkenherrschaft stand hier das Bad namens „Barat Degrimene", das im Jahr 1669 niederbrannte. Das heutige Bad wurde im vorigen Jahrhundert erbaut. Im Gebäude des Lukács-Heilbades sind das erste ungarische Tageskrankenhaus für die Behandlung von bewegungsorganischen Krankheiten sowie mehrere Abteilungen des Landesinstituts für

Rheumatologie und Physiotherapie, unter ihnen die für die Unterkunft von ausländischen Patienten dienende Abteilung „B", zu finden.

▸ Rász-Heilbad

Das Bad war bereits unter der Herschaft von König Matthias Corvinus (in der zweiten Hälfte des 15. Jahrhunderts) sehr bekannt. Die Kuppel des heutigen Bades hatten die Türken gebaut. Im 19. Jahrhundert wurde das Gebäude stark erweitert.

▸ Rudas-Heilbad

Die Quellen des heutigen Rudas-Heilbades sind bekannt, seit auf dem Gebiet von Budapest Menschen leben. Der Pascha Sokoli Mustafa ließ das Bad in der zweiten Hälfte des 16. Jahrhunderts erbauen, und das mit einer Kuppel versehene Gebäude der Haupthalle steht, abgesehen von geringen Änderungen, nach wie vor. Hier wurde im vergangenen Jahrhundert auch die erste Schwimmhalle Ungarns erbaut. Das Heilbad hat 15 Quellen und drei gebohrte Brunnen. Sämtliche Quellen entspringen am Fuß des Gellért-Berges. Das eine geringe Radioaktivität besitzende Quellwasser hat einen Kalzium-Magnesium-Wasserstoffkarbonat- bzw. Chlorid-Schwefel- und Fluoridgehalt. Die bekannteste ist die weltberühmte Juventus-Quelle.

▸ Széchenyi-Heilbad

Eines der größten Bäder Europas, das Anfang des Jahrhunderts im malerischen Budapester Stadtwäldchen erbaut wurde. Die völlige Rekonstruktion der Badeanstalt ist für die nächsten Jahre geplant.

✳ ✳ ✳

Günther-Joachim Jaeckel
Kuren im Thermal-Hotel Sárvár in Ungarn

Das Territorium von Ungarn beträgt 93.000 km², und auf 70 % dieser Fläche stößt man bei Tiefbohrungen zwischen 1000 und 2000 m auf Thermalwasser, das je nach Beschaffenheit der wasserführenden Schicht eine unterschiedliche Zusammensetzung hat. Im Zuge der Suche nach Bodenschätzen, insbesondere nach Erdöl, sind so Hunderte von Thermalquellen entstanden. Gegenwärtig werden etwa 600 Quellen für die verschiedensten Zwecke genutzt. Es gibt 60 staatlich anerkannte Heilbrunnen, 22 Mineralquellen werden für medizinische Zwecke verwendet. Allein die Hauptstadt Budapest verfügt über 128 Thermalquellen. Was geschieht nun mit diesen unermeßlichen Wasservorkommen?

- 43 % der Quellen werden als Bäder genutzt,
- 18 % spenden Trinkwasser,
- 29 % liefern Wärmeenergie für die Landwirtschaft, vorläufig nur
- 3 % werden für kommunale Heizungszwecke, und
- 7 % werden für industrielle Zwecke verwendet bzw. sind zur Zeit geschlossene Quellen.

Es gibt auch Anfänge einer stufenweisen und komplexen Ausnutzung der Wärmeenergie wie z. B. im Krankenhaus in Szentes, wo in der ersten Stufe das heiße Wasser die Heizung betreibt, die Restwärme reicht dann noch durchaus für die Warmwasserversorgung, die Heizung des krankenhauseigenen Gewächshauses und für das Schwimmbassin.

An einigen Stellen des Landes sprudeln auch natürliche, ohne menschliches Eingreifen entstandene Thermalquellen, und das schon seit antiker Zeit. Ich erinnere nur an den einzigen Thermalwassersee Europas in Héviz am Balaton. Die Kelten nannten ihre Niederlassung an der Stelle des heutigen Budapest „Ak-Ink", d. h. „Fünf Quellen", und als die Römer kamen und an derselben Stelle ihre Stadt Aquincum bauten, hinterließen sie dort die imposanten Reste einer hochentwickelten Thermal-Badekultur. Mit dem Untergang des Imperium Romanum verfiel auch die antike Badekultur in Pannonien, die kriegerischen Auseinandersetzungen der Völkerwanderung stellten die Menschen vor Probleme des Überlebens. Erst mit der Gründung des Ungarischen Reiches unter Stefan I. wurde die Heilkraft der Thermalquellen neu entdeckt. Im 12. Jahrhundert betrieben die Johanniter in Buda ein Spital mit Heilbädern. Während der 150 Jahre andauernden türkischen Besetzung Ungarns kamen etliche neue Bäder dazu, die teilweise noch im Originalzustand erhalten sind. Das öffentliche Bad wurde wie in antiker Zeit wieder eine Stätte der Begegnung. Das änderte sich schlagartig in der Zeit der großen

Pestepidemien in Europa. Aus Angst vor der Infektion badete man lieber zu Hause, die Bäder verfielen erneut.

Eine wirklich erst rasante Entwicklung nahm die Thermalbadekultur in Ungarn mit der Entstehung des Bürgertums im letzten Jahrhundert, und gleichzeitig entstand, aufbauend auf den Erfahrungen der Ärzte der Antike, die moderne Balneologie. In dieser Zeit begründeten neben Budapest die Heilbäder Balatonfüred, Héviz, Balf und Harkány ihren Ruf. Budapest ist übrigens die einzige Hauptstadt der Welt, die gleichzeitig auch ein anerkanntes Heilbad ist. Nach 1956 kam es dann zur weiteren schrittweisen Erschließung und zum Ausbau der Thermalquellen bis zu der obengenannten Zahl, wobei definitionsgemäß nur diejenige Quelle als Thermalquelle zählt, deren Wasser ständig eine Temperatur von mehr als 35 °C hat. In den Heilbädern konnte jeder Besucher die Bäder und sonstigen Heilanwendungen entsprechend den Einkommensverhältnissen zu staatlich subventionierten Preisen nutzen, eine Entwicklung, die insbesondere die Gäste aus den zahlungskräftigen Ländern Westeuropas und aus Übersee stark begünstigte, da sie quasi auf Kosten der ungarischen Sozialversicherung kuren konnten. Diese Disproportion wird jetzt durch ein neues Preisgefüge abgebaut.

Aus der Erkenntnis der wachsenden Bedeutung des Heiltourismus heraus wurde 1972 das Unternehmen „Danubius Hotels" gegründet, das die natürlichen Gegebenheiten Ungarns (wie Heilwasservorkommen, Landschaft und Klimafaktoren) ausnutzend den Kurgästen westlichen Hotelkomfort und einheimische ärztliche Kunst anbietet. Das Unternehmen, inzwischen Aktiengesellschaft, betreibt neben erstklassigen Hotels (Budapest Hilton), Spielkasinos, Golfplätzen, Gaststätten und Motels insgesamt neun Kurhotels in Budapest, Héviz, Sárvár und Bükfürdö, die höchsten Ansprüchen genügen. Dabei ist der Gewinnanteil der Therapieabteilungen, gemessen an den Gesamteinnahmen der Häuser, erheblich; teilweise beträgt er 29,3 % (Héviz).

Das kleinste Kurhotel dieser Kette, das die höchste Auslastung der Gästezimmer erreicht, mit dem wenigsten Personal betrieben wird (1,15 Angestellte/Zimmer) und mit der breitesten Palette von Fachärzten aufwartet, ist das Thermal-Hotel in Sárvár. Sárvár liegt in Westungarn unweit der österreichischen Grenze, 120 km von Wien und Graz entfernt an der Straße 84 zwischen Wien und dem Plattensee. Es ist eine idyllische Landschaft, reich an Wald und Gewässern. Das Hotel befindet sich inmitten eines botanischen Gartens im Zentrum der Kleinstadt von ca. 16.000 Einwohnern unweit der Burg Nádasdy, in der 1921 Ludwig III., der letzte bayerische König, im Exil verstarb. Als Zentrum der magyarischen Aufklärung und Reformation könnte man es historisch als ungarisches „Wittenberg" einstufen. Hier entstand die erste ungarische Bibelübersetzung durch János Sylvester, hier wirkte der Reformator und stand mit Luther und Melanchthon in Wittenberg in enger Verbindung.

Der Hotelkomplex wurde durch Zsolt Bajnay entworfen, von der österreichischen Firma Rella in hoher Qualität erbaut und 1985 eröffnet. Er hat 136 Zimmer und 272 Betten; einige Zimmer sind behindertengerecht gestaltet. Das Haus ist ein gelungener Hotelbau. Das Restaurant und die Terrasse sind durch eine Ladengalerie und eine Bar mit dem Hotel- und Kurgebäude verbunden, das in zwei glasüberdachten Atriumhallen durch die Lichtfülle imponiert. Die Zimmer sind geschmackvoll eingerichtet und verfügen über Bad, WC, Telefon, Minibar, Farb-TV und Balkon. Der Lift führt in die Therapieabteilung im Erdgeschoß. Hier befinden sich auch das Hallenbad, alle Behandlungsräume, Sauna, Arztsprechzimmer, Fitneßcenter, Maniküre/Pediküre, Friseur. Im ersten Stock lädt eine Cafeteria zum Verweilen ein. Der Garten mit großem Swimmingpool und die Liegewiese sind mit wenigen Schritten zu erreichen und gehen nahtlos in das Arboretum über. Die hohen Bäume der Umgebung schützen die Gäste vor dem Lärm der Stadt.

Mit einer Zimmerauslastung von 85–93 % (1991 waren es 86,2 %) kann man von einem gutgehenden Unternehmen sprechen, das sich durch die Qualität seiner Leistungen einen immer größer werdenden Kreis von Stammgästen erworben hat, obwohl innerhalb der letzten fünf Jahre die Preise verdoppelt wurden. Im Interesse der Bewahrung des Profils unseres Hauses, in dem die individuelle Betreuung des Kurgastes und eine fast familiäre Atmosphäre sehr geschätzt werden, sind wir der Auffassung, daß eine Zimmerauslastung von mehr als 85 % nicht erstrebenswert erscheint.

Mit 16 Reisebüros unterhalten wir Kontingentverträge, dabei sind IBUSZ, FIT-Reisen und neuerdings in steigendem Maße IT-Reisen in der Schweiz die bedeutendsten Partner. Das ungarische Reisebüro IBUSZ realisiert dabei mit 30 % den größten Anteil an Gästeübernachtungen. Mehr als 95 % unserer Gäste kommen aus dem westlichen Ausland. Entsprechend der geographischen Lage kommen

– 56,3 % aus Österreich,
– 27,6 % aus Deutschland,
– 8,8 % aus der Schweiz. Lediglich
– 7,3 % kommen aus dem Inland und den übrigen Ländern.

Im Gegensatz dazu stellen sich in den Kureinrichtungen in Budapest ganz andere Relationen dar. Dort kamen 1990

– 20,4 % aus den USA,
– 18,0 % aus Deutschland und
– 11,1 % der Kurgäste aus den arabischen Ländern.

Insbesondere die Besucher aus Übersee sind dabei zu ca. 45 % ungarischer Herkunft, weitere 10 % haben einen ungarischen Ehepartner. Besonders typisch für die Kurgäste in der Hauptstadt ist es auch, daß Geschäftsreisen mit der Heilbehandlung verbunden werden.

Ganz anders ist es in Sárvár, Héviz und Bük. In diese westungarischen Bäder fährt man in erster Linie zum Zweck der Kur, und die Gäste halten sich durchschnittlich 8,9 Tage in unserem Hause auf. Dies erscheint als Kuraufenthalt recht kurz. Hier fließt aber auch die nicht geringe Zahl an Gästen ein, die zur Jagd, auf der Durchreise bzw. zu den Feiertagen das Hotel aufsuchen.

Worin besteht nun die Anziehungskraft unseres Hauses? Sicher spielt die *Grenznähe* eine sehr entscheidende Rolle. Ich hatte oben die Entfernungen nach Wien und Graz bereits angegeben; bis zum nächsten Grenzübergang nach Österreich sind es 38 km.

Wien kann man bequem in anderthalb Stunden erreichen, daher sind unter den österreichischen Gästen die Wiener, Steiermärker, Burgenländer und Niederösterreicher am meisten vertreten.

Die ländliche und waldreiche *Umgebung*, die *reine Luft* und das hier schon beginnende *milde Klima* des Karpatenbeckens sind weitere begünstigende Faktoren.

Die *Architektur* und die *Dimensionen* des Gebäudes werden von den meisten Gästen als wohltuend empfunden. Unsere Patientenklientel lehnt die Automatismen und die Anonymität des Massenheiltourismus ab und sucht die familiäre Atmosphäre unseres Hauses.

Untrennbar damit verbunden ist die *Stabilität des Personalbestandes*, insbesondere bei den behandelnden Ärzten, Dispatchern, Masseuren und sonstigen Mitarbeitern der Therapieabteilung. Ähnliches gilt für die Rezeption, die Gaststätte und den Zimmerservice. Das Personal spricht ausnahmslos deutsch, es ist noch nicht tourismusübersättigt, da vor der Eröffnung des Hotels 1985 Sárvár lediglich eine Durchreisestation auf dem Weg zum Plattensee war.

Eine besonders große Anziehungskraft stellt sicher auch das für westliche Besucher *günstige Preisniveau* dar. Ein großer Teil unserer Kurgäste könnte sich nach eigenen Angaben zu Hause eine Kur in einem Vier-Sterne-Luxushotel nicht leisten. Dazu kommen die vergleichsweise niedrigen Preise für Dienstleistungen aller Art, zahnärztliche Behandlung, Gaststätten und eine aufblühende Infrastruktur in der Umgebung den Hotels.

Last but not least möchte ich als Arzt natürlich nicht die Anziehungskraft unserer Kurmittel vergessen. Das Kurhotel verfügt über zwei Thermalquellen mit verschiedener Zusammensetzung und Wirkung:

Die eine Quelle befindet sich auf dem Parkplatz vor dem Haus. Es ist eine 1300 m tiefe Bohrung. Das Wasser sprudelt mit einer Temperatur von 46 °C an die Oberfläche und hat eine Förderleistung von ca. 800 l/min. Durch Eigendruck gelangt es bis in eine Höhe von 40 m unter dem Parkplatzniveau. Von dort aus wird es nach oben gepumpt, Sand und Gasbeimengungen werden eliminiert. Dieses Wasser speist das Hallenbad, den Swimmingpool im Garten und die Schmetterlingsbadewanne in der Therapieabteilung. Es handelt sich um ein biologisch mild wirkendes Thermalwasser mit einem Mineralgehalt von 0,45 %, pH 8,0. Bei den Inhaltsstoffen überwiegen Natriumchlorid und Hydrogenkarbonat, daneben enthält es eine Reihe von Spurenelementen, jedoch keinen Schwefel und kein Radon. Es ist glasklar und nahezu geruchlos. Die Wirkung dieses Wassers beruht in erster Linie auf der Wärmeapplikation. Dadurch ist es krampf- und verspannungslösend und stoffwechselanregend. Im Bassinbad werden, durch die Wärme und den Auftrieb begünstigt, wieder Bewegungen möglich, die auf dem Trockenen nicht mehr ausgeführt werden können. Durch die Weitstellung der Gefäße wirkt es außerdem durchblutungsfördernd und blutdrucksenkend.

Die zweite Quelle, in Sárvár-Rábasömjén, hat eine Temperatur von 83 °C, die Bohrung ist 2005 m tief und hat eine Förderkapazität von 200 l/min. Das Wasser ist aufgrund seiner Zusammensetzung und seiner Eigenschaften nicht nur in dem an Thermalwässern so reichen Ungarn, sondern auch im gesamteuropäischen Rahmen einzigartig. Es wurde 1972 staatlich als Heilquelle anerkannt. Es ist eine 4,5%ige Sole, deren wesentliche Bestandteile Natriumchlorid, Hydrogenkarbonat, Metaborsäure, daneben aber auch Jod, Fluor, Brom und Sulfat sowie zahlreiche Spurenelemente in hoher Konzentration sind. Es reagiert ebenfalls alkalisch, und die hohe Halogenkomponente bedingt eine mild desinfizierende Wirkung. Dieser Effekt begründete schon vor 20 Jahren seinen Ruf in der ungarischen Gynäkologie insbesondere bei der Behandlung des vaginalen und cervikalen Fluors, aber auch bei der Balneotherapie von Hautveränderungen im Bereich des weiblichen Genitals. Später wurde dann auch sein günstiger Einfluß auf bestimmte Formen der weiblichen Sterilität, auf die chronischen Entzündungen der Eierstöcke und des Beckenbindegewebes und auf postoperative Narbenbeschwerden erkannt.

	Sárvár-Rábasömjén	Thermal-Hotel
Kalium	—	12
Natrium	16.916	1.340
Ammonium	75,6	14,8
Calcium	122	10
Magnesium	51	0,9
Eisen	—	0,23
Kationen insgesamt	**17.164,60**	**1.377,93**
Chlorid	23.547	501
Bromid	90	0,52
Jodid	22,5	0,70
Fluorid	3,6	0,72
Sulfat	1.310	—
Hydrogenkarbonat	3.540	2.610
Phosphat	0,41	0,10
Anionen insgesamt	**28.513,51**	**3.113,04**
Metaborsäure	250	11
Metakieselsäure	—	43
Gesamtmineralgehalt	**45.928,11**	**4.544,97**
pH	**7,6**	**8,0**

Tab. 1: Analyse der heißen Sole von Sárvár-Rábasömjén und der Thermalquelle des Thermal-Hotels in Sárvár (Angabe der Ionen in mg/l).

In der Folgezeit wurde durch klinische Tests die Anwendungspalette der Sole noch wesentlich erweitert. Auf den Gesamtorganismus wirkt die Sole erfrischend und allgemein konditionierend. An den Atemwegen kommt es zur Schleimlösung, Reizlinderung, Entzündungshemmung. Am Nervensystem entfaltet sie eine sympathikolytische, streßlösende und schlaffördernde Wirkung. Durchblutungsverbesserung und Blutdrucksenkung sind die Effekte am Kreislaufsystem. Am Bewegungssystem kommt es zu einer eindrucksvollen Krampflösung, Schmerzlinderung und Bewegungsverbesserung.

Als man herausgefunden hatte, daß die extrahierten Wirkstoffe, wieder aufgelöst in normalem Leitungswasser, dieselben Wirkungen entfalten wie die Originallösung, wurde an der Quelle in Rábasömjén eine Salzextrahierungsanlage errichtet. Diese entzieht seit 1983 durch Verdampfung der Sole die Mineralien und stellt dem Handel das Salz unter dem Namen „Sárvári Thermálkristály" zur Verfügung. Innerhalb des Landes ist das Produkt zum Verkaufsschlager geworden, und es wird auch mehr und mehr exportiert. Auch unser Hotel verwendet das Produkt gelegentlich, wenn der Nachschub an Originalsole einmal stagniert. Die Sole verwenden wir in Form von Wannenbädern und als 1,5%iges Inhalat.

Das dritte Kurmittel des Hauses ist der Heilschlamm. Da wir in der näheren Umgebung von Sárvár nicht über ein geeignetes Peloidvorkommen verfügen, verwenden wir den Heilschlamm aus dem Schwefel-Radon-Bad Héviz am Plattensee. Es handelt sich dabei um eine Torfmudde, ein organogenes Sediment überwiegend pflanzlichen Ursprungs, das aus der unmittelbaren Umgebung des dortigen Thermalsees stammt und auch mineralische Bestandteile enthält. Der Schlamm ist grauschwarz, faßt sich fein und angenehm an, klebt nicht und ist besonders hydrophil. Aufgrund seiner hohen Wärmekapazität eignet er sich gut für Teil- und Ganzkörperpackungen. In dieser Form wird er auch bei uns angewendet. Im Schlamm wurde ein Gehalt an östrogenwirkenden Substanzen nachgewiesen.

Des weiteren verfügen wir über fast die gesamte Palette der physiko- und physiotherapeutischen Standardbehandlungen, wie Hand- und Unterwassermassagen, Ozonbäder, Traktionsbad, diverse Elektrotherapiemöglichkeiten, Ultraschalltherapie, Vibrator, Solarium, Heilgymnastik und Akupunktur. Neu aufgenommen wurden die Fußreflexzonenmassage und die Thai-Massage. Die Geräteausstattung ist modern und entspricht dem westlichen Standard. Friseursalon, Kosmetiksalon, Maniküre und Pediküre bieten zusätzliche Möglichkeiten der Körper- und Gesundheitspflege. Geplant ist noch die Einrichtung einer Schönheitsfarm mit einem umfangreichen Gesundheitspflegeprogramm sowie die Einführung der Ozon-Sauerstoff-Therapie, da sich diese Methodik bei dem relativ hohen Durchschnittsalter unserer Kurpatienten anbietet.

Die Verordnung von Heildiäten ist im Einzelfall möglich. Die ärztliche Betreuung der Kurgäste erfolgt durch einen Internisten, eine Rheumatologin, einen Badearzt und Gynäkologen sowie durch einen Zahnarzt. Stundenweise beschäftigen wir noch einen Bronchologen, einen Akupunkteur und eine Augenärztin. Weitere fachärztliche Konsiliarien sind bei Bedarf im fünf Minuten entfernten städtischen Hospital zu erreichen. Dort lassen wir ebenfalls die Laboruntersuchungen durchführen, da sich der Betrieb eines eigenen Labors nicht rentiert. Gegenwärtig bieten wir vier verschiedene Kurpakete an:

1. die sogenannte „Kleine Badekur",
2. die Rheumakur,
3. die Bronchialkur,
4. die gynäkologische Kur.

Die „Kleine Badekur" beinhaltet außer den täglichen Thermalbädern der ärztlichen, zahn- und augenärztlichen Untersuchung noch fünf Kuranwendungen pro Woche, die individuell durch den Arzt verordnet werden. Diese Kur kann eine oder mehrere Wochen lang sein und wird durch die Gäste mit den unterschiedlichsten Beschwerden genutzt, allerdings meist in Form einer einwöchigen sogenannten „Schnupperkur", um erst einmal das Haus kennenzulernen. Die Anzahl dieser Kurgäste ist recht hoch, das drückt sich auch in der obengenannten durchschnittlichen Verweildauer von 8,9 Tagen aus. Für die Wirtschaftlichkeit des Hotelbetriebes ist natürlich die maximale Zimmerauslastung entscheidend, jedoch vom medizinischen Standpunkt aus sind wir über die Kurzkuren nicht glücklich, da für den Organismus wenigstens 2–3 Wochen notwendig sind, um einen Therapieeffekt zu erzielen.

Die Rheumakur wird als zwei- oder dreiwöchiges Paket angeboten und enthält neben den fachärztlichen Untersuchungen, wöchentlichen Kontrollen und täglichen Thermalbädern ein erweitertes Kuranwendungsprogramm, das je nach Belastbarkeit des Patienten abgestuft wird. Die Indikationen sind:

– chronisch entzündliche und degenerative Erkrankungen der Bewegungsorgane,
– postoperative Behandlungen nach orthopädischen Eingriffen,
– Rehabilitation der Bewegungsorgane nach Frakturen und bei neurologischen Erkrankungen.

In zwei Drittel der Fälle sehen wir zumindest nach der dreiwöchigen Kur eine deutliche Linderung der Beschwerden, manchmal sogar ein völliges Verschwinden derselben. Die bekannte sympathikolytische Wirkung der Solen beobachten auch wir, neurasthenische Syndrome klingen ab.

Die Bronchialkur wird ebenfalls als zwei- oder dreiwöchiges Paket offeriert. Im Mittelpunkt der Therapie stehen Inhalationen mit 1,5%iger Sole, nur selten geben wir dem Aerosol medikamentöse Zusätze bei. Die Inhalation erfolgt grundsätzlich zweimal täglich 10 Minuten lang und wird individuell mit Atemgymnastik, Vibrator, Massagen und anderen Anwendungen verbunden. Hauptindikationen sind die chronischen Entzündungen der Luftwege, die sich eindeutig günstig beeinflussen lassen. Bei Asthma bronchiale sehen wir seltener Erfolge. Zur Inhalation stehen neben Warmluft- auch Ultraschallzerstäuber zur Verfügung.

Die gynäkologische Kur bieten wir als zwei- oder dreiwöchiges Paket an. Im Mittelpunkt steht auch hier die Soletherapie, die als Sitzbad erfolgt. Sie entfaltet im Splanchnicus-Hypogastricus-Gebiet ihre größte Wirksamkeit. Je nach Krankheitsbild kommen dann noch andere Hydrotherapien, Massagen, Peloidpackungen usw. hinzu.

Der täglich einstündigen Liegekur an frischer Luft ohne jegliche Ablenkung sowie Spaziergänge im Arboretum im Sinne einer Terraintherapie kommt eine große Rolle bei der Verschiebung des vegetativen Tonus von der ergotropen zu der vagotonen Lage zu; sie vervollständigt die komplexe Kurorttherapie. Die regelmäßigen ärztlichen Kontrollen dienen nicht nur der formalen Registrierung des Kurablaufs, sondern auch der psychotherapeutischen Einflußnahme durch den Arzt und der Gesundheitserziehung. Die Hauptindikationen sind:

— chronisch entzündliche Genitalprozesse,
— Adhäsionsbeschwerden nach gynäkologischen Operationen,
— klimakterische Beschwerden,
— neurovegetative Störungen im Bereich des kleinen Beckens,
— einige Formen der tubaren Sterilität.

Gelegentlich ankommende Endometriosefälle verspüren kaum eine Linderung nach der Hydrotherapie. Am deutlichsten reagieren die chronisch entzündlichen und adhäsiven Prozesse auf die Sole. Insgesamt bei 81 % von derartigen hier behandelten Patientinnen verschwanden die subjektiven Beschwerden, obwohl bei 41 % auch nach der Badekur weiterhin tastbare Veränderungen bestanden. Bei einer Gruppe von 81 durch HSG gesicherten Eileiterverschlüssen kam es nach der Solekur zu 27 Schwangerschaften, von denen 18 (22 %) auch ausgetragen wurden.

Die Psoriasis bessert sich unter der Badekur in Sárvár regelmäßig. Die Sole hat eine ausgezeichnete keratolytische Wirkung, die Effloreszenzen blassen deutlich ab.

Als Kontraindikationen für die Kur in Sárvár gelten die allgemein üblichen ärztlichen Regeln für die Entscheidung der Kurfähigkeit. Bei entsprechenden Anfragen verweisen wir daher immer auf die Konsultation des Heimatarztes. Da wir kein Spital, sondern ein Kurhotel betreiben, muß der Kurgast in der Lage sein, sich selbst zu versorgen und die Anwendungen aufsuchen zu können. Eine Ausnahme von dieser Regel kann nur dann akzeptiert werden, wenn eine Begleitperson die Pflege übernimmt. Alle akuten Infekte und Entzündungen sind zu Hause besser aufgehoben, auch Patienten mit offenen Wunden dürfen nicht in das Thermalbassin. Bei unbehandelten bzw. schlecht eingestellten Hypertonien vergeht oft viel Zeit, bis die Neueinstellung des Blutdrucks eine Kurteilnahme erlaubt. Dankbar sind wir, wenn der Kurgast einen kurzen Begleitbrief seines Arztes mit den wesentlichen Diagnosen und Befunden mitbringt.

Aufsehen erregten in Ungarn in letzter Zeit mehrere Studien mit dem Ziel, die empirischen Therapieerfolge mit der Sárvárer Sole zu objektivieren. Zu diesem Zweck wurden an einer gynäkologischen, einer urologischen und einer gastroenterologischen Klinik Doppelblindversuche durchgeführt und die Wirkungen der Sárvárer Sole mit einer gleich konzentrierten und temperierten jodfreien Kochsalzlösung verglichen. Das Therapieergebnis wurde nach Punktsystemen bewertet. Es stellte sich regelmäßig eine signifikant höhere Wirksamkeit der Sárvárer Sole heraus, die Beachtung verdient.

Neu im Angebot des Hotels sind Akupunkturkuren (z. B. zur Raucherentwöhnung) und für nichtkurende Gäste ein „Holiday Package" sowie ein Schönheitspackage, die alle den Aufenthalt in unserem Haus mit Kosmetik, Bewegungsübungen und Gesundheitspflegemöglichkeiten verbinden.

Zunehmend wird durch unsere Gäste die gynäkologische Krebsvorsorge in Anspruch genommen. Wir arbeiten mit einem cytologischen Labor in Györ zusammen, das uns die Zellabstrichbefunde innerhalb von wenigen Tagen auswertet, so daß die Patientinnen bis zur Abreise meist auch das Ergebnis erhalten, andernfalls wird es nachgeschickt.

Am meisten gefragt ist unser Zahnarzt. Die Praxiseinrichtung einschließlich der Röntgenabteilung entspricht dem jetzigen Standard. Er arbeitet mit schweizer Materialien und führt alle prothetisch-konservierenden Behandlungen innerhalb von kürzester Zeit aus. Ebenso schnell arbeitet unser Optiker. Der Schlüssel zum Erfolg ist auch hier wieder das noch bedeutend niedrigere Preisniveau in Ungarn.

Große Bedeutung messen wir auch der Betreuung der Gäste außerhalb der Behandlungszeiten bei, zumal ca. ein Drittel alleinstehende Personen sind. Für sie organisieren wir Ausflüge, Konzertabende, Tanzveranstaltungen, Vorträge, Folkloredarbietungen, Sprachkurse, Weinverkostungen u. a. m., um der Isolation gerade der Alleinstehenden entgegenzuwirken, die gegenseitige Kontaktaufnahme zu fördern, von den individuellen Alltagsproblemen abzulenken und so die Voraussetzungen für eine optimale psychosomatische Rekreation zu schaffen.

Otto Balogh
Developing Spa Tourism in the North-East of Hungary

1 Structural Changes in Hungarian Tourism

In 1990, Hungary was the fifth largest receiving country of international tourism, according to statistics of the World Tourism Organisation. More than 20 million tourists visited Hungary, spending at least one night at commercial accommodation. The 1991 hard currency income from tourism amounted to as much as 2 billion USD, which corresponds to about 20% of the country's yearly export.

Almost 50% of the tourists came from West European countries. Most of them (3.5 million) came from Germany, and about the same number (3 million) arrived from Austria. During the past five years the grouping of tourists by countries was constantly changing. Every year, there was a 10–15% decrease in the number of tourists coming from the ex-communist countries, while the number of those coming from Western Europe increased by the same percentage.

With the change of the political system, tourism has become an extremely significant factor of the Hungarian economy.

The continuous development of Hungarian tourism was supported by the fact that already in 1979 the Hungarian government declared the necessity of developing tourism as a business. The concept of quality tourism emerged, followed by an Austrian credit of 300 million dollars in the nineties. This provided the funds for 7,400 rooms in three- to five-star hotels, realized mainly in Budapest and several spa areas in the west of Hungary. New frontier stations, an airport, congress and shopping centres were added to keep up with the requirements of quality tourism. There was a definite correlation between the expansion of quality facilities and the rise in hard currency income, which was only 150 million dollars in 1980.

However, the development of tourism in the past decade was far from being smooth. Quality facilities were centered in Budapest and some towns in the west of Hungary. Places by Lake Balaton were characterized by mass tourism, the quality improvement of accommodation and facilities started slowly. The northern and eastern regions of the country lacked greater investments in tourism, partly due to the general underdevelopment of the infrastructure.

In spite of the quality hotel capacities built with the financial help of the Austrian credit package, the inner structure of Hungary's tourist facilities is rather ill-proportioned. There are 500,000 private and only 60,000 hotel rooms among the 700,000 accommodation facilities. Whole regions of the country remain without the necessary conditions of receiving quality tourism.

While, as WTO statistics say, Hungary was the fifth in the world among receiving countries, it was only the 25th with respect to income from tourism.

Indeed, research studies in tourism have pointed out that, given the constant and increasing interest for Hungary on the international tourist market, the country will only benefit from the trend if quality facilities are extended. Since Budapest gained the right to organize the next specialized international exhibition in 1996, the acceleration of quality development has become a national task, a challenge for the country's economy, with a tangible deadline to match.

Hungarian tourism entered a new stage in the nineties. The change of the political system brought forward the necessity of creating a new tourist image for the country. At the same time, it meant the end of the old image of "the happiest barrack" giving an insight into the communist way of life, while offering aggreeable security, cheap prices and hospitable people.

Without a new image, the relative advantage gained in the tourist competition with the neighbouring countries will disappear. The surrounding countries have more favourable natural and monumental potentials and have launched state-supported investments in tourism. The creation of a new tourist image, therefore, should be based on real, long-term potentials of the country.

Hungary wants to reinforce the image of a special European country, with a population different in origin from most European nations, yet hospitable and innovative, creating a unique culture. On the other hand, the image wishes to build upon the natural potentials of the country, exploiting the fact that the environment is in a better condition than in most East European countries. The sceneries of the country are especially adequate for active rest, recreation, sporting, while thermal springs can help health conservation, prevention and cure.

The creation of the new image would mean a close, complex cooperation of tourism and the organization, planning and development of environment protection — and especially nature protection.

The new image of Hungary would also necessitate a new development strategy that meets the demand of mass tourism in the long run, yet would let the services be shaped by the market. At the same time it would initiate — with state encouragement — the accelerated improvement of quality tourism, creating a basis to receive more demanding and more solvent guests. The main priorities of establishing quality tourism are the following:

— developing business, conference and incentive tourism;
— developing recreation tourism to improve general condition and fitness, and also spa tourism, both based on medicinal and thermal waters;
— hobby or soft "green tourism," offering a facility for active recreation and sports closely related to nature;

— developing cultural "event tourism," based on Hungarian civilization and folklore, unique in Europe.

We think that the priorities of quality improvement in Hungarian tourism mean the start of an environment protective way of tourism, matching the new travelling trends in Europe. European middle-class people, having toured most of the exotic countries, are turning back to the values of their own continent, wishing for human relationships, unintruded sceneries and places for active recreation, equipped with the highest services. From the tourist point of view, the above strategic concepts require a closer relationship with environmental and nature protection.

The new tourist strategy should conform with the main aims of general regional development in Hungary. Recently, economy went through significant structural change in most regions of Hungary, featured by a decrease in hard industry, a change in agricultural structure and the improvement of the service sector. The northern and eastern areas are especially affected by these changes, producing a high — almost 15% — unemployment. The government turns towards the critical regions with marked attention. Tourism, with its job-creating ability, can be a significant factor in the economic change.

2 Spa Tourism as an Important Factor in Regional Development and Structural Change

Hungary is extremely rich in thermal springs and medicinal waters. Traditions of different spa therapies and cures reach back to Roman times. In the past decades, thermal waters were mainly used for recreational or rehabilitational tourism, which meant an extra treatment beside normal hotel services. As the experiences of newly-built spa hotels in Budapest and in western Hungary prove, there is a real and solvent demand for such extra services. 80% of the guests come from Austria, Germany, Switzerland and Italy. Hotels work up to 90% of their capacity. According to statistics, only spa tourism was able to attract foreign capital to the countryside of Hungary.

Developing spa tourism increasingly means the extension of non-medicinal fitness facilities. Hungary's natural potentials are especially suitable for connecting bathing facilities with various sport activities such as riding, golfing, hunting, angling or hill-walking. Fitnest tourism can develop a younger and more solvent clientele, demanding a wider range of service and programmes.

Both the official policies for regional development and the development targets of tourism focus an the accelerated development of Hungary's northern and eastern regions, including the utilization of spas in these areas. A new project of a spa hotel chain, with convalescence and fitness services, is being outlined. The chain will consist of three- and four-star hotels with 200—250 rooms in Eger, Egerszalók, Bukkszék, Mezőkövesd, Miskolc-Tapolca, Sárospatak, Nyiregyháza, Debrecen, and Hajduszoboszló. Among the above towns, Miskolc, Debrecen and Nyiregyháza are cities numbering 200,000, equipped with a considerable medical, cultural and service background. Eger is a county town of 60,000 inhabitants, one of the main centres of Baroque architecture and the Catholic Church in Hungary. Debrecen is the most important East European heart of the Calvinist Church, while Sárospatak is a several hundred years old centre of Protestant education — Comenius was among its teachers. The above centres are complemented by remarkable tourist areas such as the Hortobágy National Park, the "Hungarian puszta", the world-famous wine region of Tokaj, the artificial lake on the river Tisza, as well as the undisturbed nature reserves and the unique folk architecture of the Upper-Tisza region. To the north of Eger, Szilvásvárad prides on its Lippizan herd — in the second half of the 1980's, the town successfully organized the world championship of carriage driving. These are only a few, randomly chosen tourist attractions of the approximately 80 miles long north-eastern region. Indeed, the slogans of the newly shaped tourist image of the country especially apply for these areas: "Hungary: a hidden treasury of Europe" or "Hungary: a bit of everything."

Some elements of the large-scale project outlined above are under planning. With the financial support of the PHARE programme, a comprehensive research study on the development of Hungarian tourism will explain the details of the project. However, the realization of the concept depends largely on the interest of international working capital. The investment in the proposed hotel projects would mean approximately 3—4 billion ATS, for 2,500—3,000 hotel rooms.

Due to the limited Hungarian capital market, the financing of such large-scale projects can only be realized with the initiative of foreign capital. On the other hand, a collective realization of the large-scale project, followed by the simultaneous sale of the facilities in one quarter of the whole country would mean a privileged advantage for the investor in the whole service sector and in related industrial or agricultural branches. Presence in the north-eastern cities of Hungary could also serve as a basis for establishing an economic contact with the neighbouring Ukraine and other post-Soviet states.

The Hungarian government wants to encourage the catching up of this region by developing transport and telecommunication facilities. In the following years, they plan to continue the construction of the M-3 motorway, which will connect Budapest with the Ukraine, in a concession form. Debrecen and Nyiregyháza will be the target points for the newly launched domestic airline. Crisis managing programmes are under administration in two of the four districts in this region.

These projects might be considered a vision of a small Central European country lacking any links to reality. However, the experiences of the past years have shown that the

Western world is not prepared for the political changes in the eastern countries of Central Europe. It is apparent that the altering countries cannot convert their economies into a new one without creating harsh social and political conflicts that affect the security of the developed countries of Europe as well.

Sooner or later, comprehensive European solutions should be found to encourage the catch-up of states in East Central Europe. Hungary started from a relatively advantageous position, compared to other countries of the region. In 1991, almost 2 billion dollars arrived in the country in the form of working capital, which was 60% of the capital export towards the region. We are aware of the fact that there are no chances of a new Marshall aid or long-term loans without strict conditions. Yet we would like to believe that projects supported by carefully calculated, sound realization studies could attract more interest among international investors. On the basis of previous research, it seems that tourism — together with a subsequent boom in the service sector — could be a means of developing a large region of the country, while adding a new colour to European tourism.

Marie Holubcova and Libuše Krejna
Future Development of Czech Spas

The spas of Czechoslovakia have enjoyed considerable fame for their curative powers. They are also admired for their beauty. Czechs are proud of their spas, and often trust their health to the curative effects of mineral water, peat and mud. Today, the spas are undergoing a change in their administration, treatment services, and economic maintenance. On behalf of Milan Silhan, MD, Viceminister of Health, I am honoured to explain these changes to you. I will present four ideas regarding Czech spas. First I will discuss the spa organization of the past 40 years, then the medical value of the spas. I will discuss the present state of the spas in their transition from state enterprises to private enterprises. And I will present a picture of what the future holds for Czechoslovakia's spas.

After 1948, Czechoslovak spa services were included in the regular health cure system. All spas were state-owned. There were 14 spa organizations in the Czech Republic with a capacity of about 25,000 beds, located in 37 spa towns and communities from the western frontier at Františkovy Lázně to the most eastern part of the Czech Republic in Darkov. There were many small communities with a capacity of about 200 beds each, but there also were well-known or famous spas like Karlovy Vary and Františkovy and Mariánské Lázně in western Bohemia. For example, in 1991, there were more than 6,000 beds in various sanatoria and houses in Karlovy Vary. These beds were fully used and expenses were mainly covered by the state.

Until 1989, 85 per cent of the spa patients were Czech citizens whose spa expenses were paid by the state through trade unions. Five per cent of the spa patients were Czechs who paid for their treatment with personal funds, and 10 per cent were foreigners from all over the world.

Trade unions bought a quota of beds in the spas and distributed these to employees in need of spa treatment. This system was abused as some people used the spas for recreation and entertainment — all paid by the state. On the other hand, many really ill people who did not belong to the trade union's distribution system had very little chances of going to the spas on state expenses and were persuaded to pay for the spa treatment on their own.

This was an abuse because spa treatment plays an important role in the medical care of a number of diseases. It provides the opportunity to achieve long-term curative results by means of methods which are free of unwanted side effects. It can prevent diseases from becoming chronic, can prevent the onset of complications and can provide rehabilitation after acute illnesses, surgery or injuries — all with the aim to shorten sick-leave and to prevent disability.

Spa treatment is characterized by therapeutical methods which utilize the whole range of factors in a complex way. First of all, natural therapeutical resources of its own, and last but not least, the social and cultural milieu of the spa centre.

The list of diseases treated in Czech spas is very wide, similar to those treated in German or Austrian spas. One third of the patients in Czech spas suffer from motor diseases, one fifth of them suffer from diseases of the digestive tract and, in the third place, one eighth of the patients suffer from cardio-vascular diseases.

Czech spas are going to continue to treat the diseases which they have treated for many, many years. In the last two decades, more emphasis has been placed on the rehabilitative character of spa treatment. In special sanatoria in Poděbrady, Frentiškovy Lázně and Teplice nad Bečvou, patients who have suffered an acute heart attack can receive early rehabilitative therapy. Special rehabilitation units have been established for patients who need rehabilitation following the replacement of a hip joint. In Karlovy Vary, Františkovy Lázně and the Moravian spa Luhačovice, there are programmes for patients who have undergone treatment of tumours, that is when clinical indications show that the disease has been stopped. The medical role of spas is to promote health not just generally, but also specifically. Diabetes is a good example. In cases of newly discovered diabetes, patients will receive information on special programmes and about how to rearrange the style of life in order to prevent the development of disease and the onset of complications.

Czech spas treat people of all ages, including children from the age of two. In some spas, children suffering from cerebral palsy can receive special treatment from the age of one. In the Czech Republic alone, 2,000 beds are available for children. Most child patients suffer from respiratory diseases. The foreign children in our spas are often children suffering from cerebral palsy. Unique in the world is the Czech spa treatment of female children with gynecological disorders and complications following abdominal surgery.

In the past, trade unions decided who would go to the spas on state expense and who would have to pay for the treatment on his own. This practice ended in 1991. Today especially elderly and handicapped people have a greater chance to go to spas. The problem is that the state does not have enough money to pay for the spa treatment of all the patients. Some patients still have to pay the costs of the treatment on their own.

Fundamental changes in the system of spa care are being prepared. First of all, at the beginning of 1992, new laws came into effect, which provided health insurance to cover the cost of almost all types of health care. Spa treatment is covered by health insurance from the 1 January 1993. Spa treatment for children until the age of eighteen is also fully covered by health insurance.

In other cases, particularly in the cases of patients with chronic illnesses, health insurance will only cover the cost of medical care. The other expenses of the stay at spas (for instance accommodation and diets) must be paid by the patient or by his private insurance. Nowadays the selection of the spa and the date of treatment for the patient are determined by the Administration for Social Services. In the future, patients who share in the expenses of spa treatment may select the spa and the date of admission. The only limitation is to choose from the spas which are under contract with the health insurance and which are appropriate to the treatment of the patient's disease.

In the past, there were few financial risks for the spa system and its directors. The low level of management responsibility created predictable results, such as high expenses, low efficiency and no motivation to improve the situation. It was the inefficient system of centralized control which, by assuming all control methods, eliminated responsibility and decision-making at the spas.

In 1991, the Ministry of Health started to prepare a new model for the spa system. We sought new ways to use the available resources in an efficient way. It was possible to transform the state-owned enterprises into private proverty. This transformation is accomplished through the creation of limited companies and public limited companies. The new model laid down essential features of spa management and attempted to provide flexibility and motivation to deal with modern forms of economic development. In this way nearly 90 per cent of the beds in the spa sanatoria have been converted to private ownership. Those features of the spa system, which are not essential to medical care, are sold to private owners through auctions—a process which is called "little privatization."

There are two basic types of ownership of the spas facilities. About ten per cent of the spa capacity will remain a state enterprise, ninety per cent will be privatized. Of this private section, about sixty per cent will be in the hands of stockholder-owned companies. Since the 1 May 1992, 19 stockholder-owned spa companies have been established in the Czech Republic. We have a "golden share" implanted by the Ministry of Health into these 19 companies. This implant, which is only about 2 per cent of the company, will last for 5–10 years. The golden share is intended to assist the sanatoria as they transform their practices to privately owned responsibilities. And thus, the golden share is like a special technical assistance to regulate the spas' private development and to saveguard the patients' treatments.

Our spas have enjoyed a fine reputation. With the transformation to market economy principles we anticipate an even finer reputation throughout Europe. Just as our spas improve the health of patients, the transformation will help the health of spas.

✳ ✳ ✳

Leo Novobilsky
Karlovy Varys (Karlsbads) Rolle als Kurort im neuen Europa

Der Name Karlsbad

Karlovy Vary, das einstige Juwel in der Kette der großen Bäder der Welt, besser bekannt unter dem deutschen Namen Karlsbad oder unter Carlsbad in englischer Sprache, ist immer noch ein Begriff unter den europäischen Kurorten und Heilbädern. Nach einer 1990 in den USA durchgeführten Umfrage haben an erster Stelle 40 % der Respondenten auf die Frage „Welchen europäischen Kurort kennen Sie?" Karlsbad genannt. Diese Antwort zeigt, daß Karlsbad ein nicht wegzudenkender Teil der westlichen Geschichte und Kultur ist. Mehr als 40 Jahre Kommunismus haben ohne Zweifel viel Unheil angerichtet und dem Namen der Stadt sehr geschadet. Das frühere Weltbad *par excellence* sucht jetzt wieder in der Konkurrenz und gleichzeitig gemeinsam mit allen anderen Kurorten seinen Weg zurück in das moderne Europa der Zukunft. Der Name, aufgebaut auf Tradition, Heilerfolgen und Kultur, ist dabei das größte Kapital.

Geschichte, Tradition, Indikationen

Um die Gegenwart zu verstehen, muß man auf die Geschichte zurückgreifen. Im Jahre 1358 gegründet, wurden Karlsbad schon 1370 von Kaiser Karl IV. die Stadtrechte verliehen. Um die Gründung der Stadt rankt sich eine romantische Sage, ein flüchtender Hirsch habe den böhmischen König und römischen Kaiser Karl IV. zu den heißen Quellen geführt. Nach neuesten Forschungen ist diese Sage in der Renaissancezeit entstanden, um der Stadt neben den heißen Quellen auch einen Hauch von Romantik zu verleihen. Eine Vermutung führt unausweichlich zu der Annahme, daß die alten Karlsbader damals viel mehr von Marketing verstanden, als wir heute glauben wollen.

Für fast drei Jahrhunderte blieb Karlsbad eine kleine Ansiedlung, heimgesucht von denselben Leiden wie viele andere Städte in Mitteleuropa. Die Pest, kriegerische Auseinandersetzungen, Stadtbrände und Überflutungen markierten die einzelnen Zeitabschnitte.

Der eigentliche Aufschwung und die wirtschaftliche Blüte fanden seit dem Ende des 17. Jahrhunderts statt und dauerten bis zum Anfang des 20. Jahrhunderts. 1910–12 kamen z. B. jährlich mehr als 70.000 Gäste aus der ganzen Welt nach Karlsbad. Dies wurde vor allem durch die Entdeckung des Tourismus und Kurwesens ermöglicht. Reisen führte zu Bildung und zu neuen Erkenntnissen, neue Transportwege und Transportmittel wurden geschaffen. Ein neuer Wirkschaftszweig war da. Als Magnet wirkten alle Naturwunder, besonders in Verbindung mit den neuen medizinischen Anschauungen. Karlsbad avancierte zu einer Weltstadt.

Wer Rang und Name hatte, kam nach Karlsbad: Adelige, Zar Peter I., Maria Theresia, Metternich, Bismarck, aber auch Vertreter der Kultur: Goethe, Schiller, Beethoven, Bach, Liszt, Brahms, Mickiewicz, Paganini, Smetana und Dvořák und viele, viele andere, sogar der gallenleidende Karl Marx.

Das zwanzigste Jahrhundert, von zwei Weltkriegen gekennzeichnet, war, abgesehen von den Anfangsjahren, nicht so glücklich für die Stadt. Nach dem absoluten Höhepunkt der Besucherzahl im Jahre 1922 begann mit der Rezession der 30er Jahre der Niedergang des Ruhms der Stadt. Der Zweite Weltkrieg mit den Beschlüssen von Jalta und Potsdam haben die schwärzesten Kapitel der Stadt geschrieben. Die folgende Vertreibung der Deutschen und die Jahre des Kommunismus haben den Schrecken nur potenziert. Die Wende in der Tschechoslowakei 1989 und die folgende Zeit haben bewiesen, daß Karlsbad die heutige Herausforderung richtig angenommen hat, und stünde der Privatinitiative nicht die langsamere Gesetzgebung im Wege, könnte man von einem kleinen Wunder sprechen. Aber auch so sind die Veränderungen überwältigend.

Tradition des Heilbades

Karlsbad liegt in einem tiefen Tal am Zusammenfluß der Tepl und dem Ohre (Eger) 350 m über dem Meeresspiegel. Die umgebenden Hügel verleihen dem Klima einen Vorgebirgscharakter. Wie ein Kranz umschließt die malerische Natur den Kurort, der schon seit Jahrhunderten zu den schönsten Heilbädern Europas zählt.

Der größte Reichtum der Stadt

Dies sind die 12 heißen Mineralquellen mit Temperaturen von 30–72 °C. Alle Quellen zusammen bringen jede Minute 1500 Liter Mineralwasser an die Erdoberfläche. Die Gesamtmineralisation liegt einheitlich zwischen 6 und 6,5 g/l. Umgerechnet sind dies ca. 14 Tonnen Mineralsalz täglich (ca. 1,5 Eisenbahnwaggons). Der Thermalwasseraustritt wird von starker Gasförderung begleitet. Bei dem Quellengas handelt es sich um sehr reines CO_2. Den Mittelpunkt von Karlsbad bildet die Thermalquelle des Sprudels, dessen heißes, heilkräftiges Wasser auf dem europäischen Festland eine völlig einmalige Naturerscheinung darstellt. Der Sprudel ist die ergiebigste und zugleich heißeste Thermalquelle des Ortes. Bei einer Temperatur von 72 °C wird er in zehn Meter Höhe emporgeschleudert. Die Quellen sprudeln aus einer Tiefe von mehr als 2,5 km, wo sich das Wasser aus dem Schlakenwald und dem Erzgebirge sammelt, erhitzt und mit Mineralien und CO_2 angereichert mit einem Druck von über 100 Atmosphären durch die Gesteinsschichten an die Oberfläche gepreßt wird.

Indikation

Die Heilanzeigen für eine Kurbehandlung in Karlsbad waren schon früh sehr breit gespannt. Wie die Erfahrungen der vergangenen Jahrzehnte und die jüngsten Forschungsergebnisse gezeigt haben, lassen sich durch eine Kur in Karlsbad auch bei chronischen Erkrankungen des Verdauungstrakts und bei einigen Stoffwechselstörungen Erfolge verzeichnen. Langfristige günstige Ergebnisse werden besonders bei Erkrankungen der Gallenwege und bei Leberleiden erzielt. Außerordentlich wirksam ist die Behandlung postoperativer Gallenbeschwerden, nach der der Kranke wieder zu einer normalen Lebensweise zurückkehren kann. Nicht minder erfolgreich ist die Behandlung nach Hepatitis, durch die die Begleiterscheinungen beseitigt und die Regeneration der beschädigten Leberzellen verbessert wird. Eine weitere große Gruppe von Krankheiten, die in Karlsbad erfolgreich behandelt werden, sind Magen- und Darmerkrankungen. Die Kurbehandlung vermag auf lange Zeit einen großen Teil der Schmerzen und Verdauungsstörungen bei Magen- und Zwölffingerdarmgeschwüren, Verdauungsschwäche, Störungen der Darmfunktionen, chronischen Darmentzündungen und weiteren Darmerkrankungen zu beeinflussen oder ganz zu beseitigen.

Bekannt ist Karlsbad auch für seine Behandlung der Zuckerkrankheit, besonders solcher Formen, die mit einem erhöhten Körpergewicht einhergehen. In den letzten Jahren wurde die Heilbehandlung auch auf neu festgestellte und komplizierte Zuckerkrankheiten ausgedehnt, und eine günstige Wirkung auf den Zuckermetabolismus sowie auf begleitende Gefäß- und Nervenstörungen bei Diabetikern festgestellt. Während des Kuraufenthaltes besteht die Möglichkeit, die günstige Wirkung einer Reihe von Kuranwendungen auch für andere chronische Erkrankungen zu nutzen. Durch Trinkkuren wird der Cholesterinspiegel im Blut gesenkt, so daß auch Gefäß- und Herzkrankheiten vorgebeugt werden kann.

Die Kur in Karlsbad

In den letzten fünfzehn bis zwanzig Jahren entstanden neue Kuranstalten, die auf der Grundlage neuer medizinischer Erkenntnisse aufgebaut sind. Sie werden grundsätzlich von Ärzten geleitet, die über eine hohe fachliche Qualifikation und mehrjährige Erfahrungen verfügen. Die Kur setzt sich aus mehreren Komponenten zusammen: der Trinkkur, der Bäderkur, der Diätkost, der Bewegungstherapie und vielen begleitenden Kurbehandlungen und Anwendungen, die einschließlich der Bäderkuren vom Arzt bestimmt werden. Für die genaue Bestimmung des Gesundheitszustandes sowie die richtige Diagnose und Kontrolle der Kurergebnisse steht eine Labor-, Röntgen-, kardiopulmonale und endoskopische Diagnostik zur Verfügung. Außerdem besteht die Möglichkeit der Untersuchung durch spezialisierte Ärzte auf anderen Gebieten.

Trinkkur

Die Hauptkomponente der Komplexkur von Karlsbad bildet die Trinkkur in Verbindung mit einer entsprechenden Tageseinteilung, bei der auch eine wirkungsvolle Diätkost eingesetzt wird. Die Trinkkur übt einen günstigen Einfluß auf eine Reihe von Funktionen des Verdauungstrakts und einige endokrine Funktionen aus. Das Mineralwasser ist ein Natriumhydrogencarbonat-Chlorid-Säuerling. Es enthält in einem Liter sechs Gramm Mineralsalze: Natriumhydrogencarbonat, Natriumsulfat, Natriumchlorid, weiter Kalium-, Magnesium-, Lithium-, Eisen- und Mangansalze zusammen mit 300–1000 mg Kohlensäure. Besondere Wirksamkeit verleihen dem Mineralwasser einige Elemente, die nur in Spuren vorkommen, wie Zink, Kupfer, Aluminium, Rubidium, Cäsium, Silber, Beryllium, Barium, Antimon, Molybdän und Selen sowie geringe Spuren von Radon. In seiner Zusammensetzung ist das Mineralwasser für Karlsbad charakteristisch und kommt sonst nirgendwo auf der Welt vor.

Bäderkur

Die Mineralwasser werden auch für Bäderkuren verwendet. Manchmal werden sie als einfache Mineralbäder verabreicht, häufiger jedoch wird das Sprudelwasser mit verschiedenen Zusätzen versehen, zu denen auch Naturgas gehört, und z. B. in Form von Kohlensäure-, Perl- und Jodbädern appliziert. Weiter dient das Mineralwasser zu Inhalationszwecken, zu Spülungen bei Erkrankungen der Mundhöhle, aber auch zu Darmspülungen und Irrigationen bei Erkrankungen der weiblichen Organe. Ergänzt wird die Bäderkur durch Moor- und Paraffin-Packungen, die Anwendung der modernen Hydrotherapie, Elektrotherapie u. a.

Bewegungstherapie

Einen weiteren bedeutsamen Bestandteil der Komplexbehandlung von Karlsbad bildet die Bewegungstherapie unter der Leitung ausgebildeter Krankengymnasten. Es gibt Konditionstraining sowie speziell zusammengestellte Übungen in den gut ausgestatteten Turnhallen der Kureinrichtungen. Aber auch das Geländetraining ist hier zu nennen, das als bedeutender Faktor der Heilbehandlung hinzukommt und für das in der waldreichen, hügeligen Umgebung der Stadt geradezu ideale Bedingungen bestehen. Hier gibt es rund hundert Kilometer wunderschöner, gut zu begehender Wanderwege, die markiert sind und von den Patienten nach ärztlicher Vorschrift absolviert werden.

Diättherapie

Für die Indikationsrichtung von Karlsbad spielt Diät eine sehr wesentliche Rolle. Nach den neuesten Grundsätzen der Diättherapie werden in allen Kurhäusern die erforderlichen Diätgerichte zubereitet, angefangen bei der Schonkost über die Diabetiker- bis hin zur Abmagerungsdiät.

Kureinrichtungen und Bäder

Karlsbad, mit 60.000 Einwohnern der größte und bedeutendste Kurort der Tschechoslowakei, stellte bis zur Privatisierung rund 6000 Betten für Kurzwecke zur Verfügung. Die Zahl der Patienten war 1990 77.897 und die der Touristen 201.378. Die Zahl der Übernachtungen betrug 2,435 Millionen. Da zwei Drittel der Kurgäste aus den früheren Ostblockländern ausgeblieben sind und die einheimische Nachfrage stark reduziert ist, zusammen mit der Übergabe vor allem kleinerer Häuser an private Hände, schrumpfte die Zahl der reinen Kurhausbetten auf etwa 3000. Der Rest wird sich an die schätzungsweise weiteren 4000 Touristenbetten der Stadt angliedern und sowohl Kurgäste als auch Touristen aufnehmen. Die früheren staatlichen Sanatorien und Kurhäuser werden privatisiert in Form von direktem Verkauf, Aktiengesellschaften, Restitution und bis auf ein Kindersanatorium, das im Besitz des Ministeriums für Gesundheit bleibt. Dies alles hängt sehr eng zusammen mit der Reform des Gesundheitwesens und dem Übergang zu einem ähnlichen Krankenkassensystem wie in anderen EG-Ländern. Daß diese Aufgabe nicht leicht ist, liegt auf der Hand, wenn man alle die Schwierigkeiten hierzulande mit der ewigen Kostenexplosion bedenkt. Die vier entscheidenden hydrotherapeutischen Einrichtungen des Kurortes Karlsbad werden im Rahmen der Privatisierung an die Stadt zurückgegeben, was wieder viele Fragen zur Finanzierung aufwirft. Zwangsläufig wird zur Bewältigung der Modernisierung ausländisches Kapital auf allen Gebieten benötigt.

Kulturelles und gesellschaftliches Leben

Das Kultur- und Gesellschaftsleben ist ein untrennbarer Bestandteil des Kurablaufs. Karlsbad ist der Austragungsort von internationalen Filmfestspielen, Musik- und Gesangsveranstaltungen und Tanzwettbewerben sowie von internationalen Kongressen und Symposien. Ein Sinfonieorchester hat sich erhalten, es gibt mehrere Kinos sowie das Festspielhaus, eine Kunstgalerie und ein Museum. Es werden Vorträge, Konzerte, literarisch-musikalische Abende, Unterhaltungsprogramme, Filmvorführungen und Tanzabende mit geselligen Zusammenkünften veranstaltet. Das größte Kulturzentrum in Karlsbad stellen die Gesellschaftsräume des Sanatoriums Thermal und des Grandhotels Pupp dar. Es gibt die Möglichkeit, sich dem Tennisspiel oder dem Minigolfspiel zu widmen. Außerdem gibt es einen hervorragenden Golfplatz, eine Pferderennbahn sowie eine Kegelbahn, Fußballplätze, ein Eisstadion, ein Leichtathletikstadion und viele andere Möglichkeiten zu sportlicher Betätigung. Außer der kulturellen und sportlichen Betätigung werden den Patienten auch Ausflüge in die interessantesten Orte des Erzgebirges und nach Marienbad und Franzensbad angeboten.

Karlsbads neuer Weg nach Europa

Nach dem Zusammenbruch des kommunistischen Regimes in Mittel- und Osteuropa ist unausweichlich die Frage des weiteren Weges des Kurwesems und damit auch der Kurorte entstanden. Klar wurde, daß man nur bewährte und lebensfähige Konzepte entwickeln kann. Leichter gesagt als getan. Es fehlten Erfahrungen und vor allem Mittel. Inzwischen weiß man, daß der Übergang zu einem Krankenversicherungssystem westlichen Musters erst in einiger Zeit möglich wird. Im Kurwesen ergeben sich daraus die Folgen, daß gespart wird und Kurbehandlungen aus öffentlichen Mitteln nur in wirklich begründeten Fällen gewährleistet werden. Mancher begehrte zweite Urlaub wird so in der Zukunft nicht mehr möglich sein.

Private und wirtschaftliche Interessen haben den Stadtrat von Karlsbad zu neuen Aktivitäten angespornt. Die Stadt hat 1991 ein Amt für Kurwesen und Touristik gegründet. Karlsbad war bei den Ausstellungen „Freizeit" in Nürnberg und der ITB in Berlin vertreten, ein Kurinfo-Zentrum wurde gegründet, und als wichtigsten Schritt kann man die Vergabe eines Entwicklungsplans der Stadt bezeichnen. Die Ausschreibung wurde von der Compagnie Européenne de Développement et d'Investissement, Paris, gewonnen.

Wo sehen wir die Schwerpunkte der künftigen Entwicklung? Die Aufgabe liegt in der Projektierurg der Zukunft. Man soll Fehler anderer nicht wiederholen und die Pläne schon an die voraussehbaren Bedürfnisse der Kurgäste und Besucher des Jahres 2010 und später anpassen. Neueste Erkenntnisse der soziologischen Untersuchungen und die Tendenzen der kommenden Freizeitgesellschaft müssen berücksichtigt werden. Demographische Veränderungen, Zivilisationskrankheiten, Umwelteinflüsse, Freizeitzuwachs, geänderte Lebensgewohnheiten, zukünftige Wertvorstellungen und Motivationsgründe, Wirtschaftsaussichten etc.

Die Schwerpunkte liegen in:
1. der Optimierung des Kurwesens im Verhältnis zu traditioneller Hotellerie und den Tagesbesuchern. Infrastrukturbedürfnisse sind zu befriedigen.
2. Gebietsgewerbeplanung und Denkmalschutz
3. Umweltschutz mit Nachdruck auf
   a. Verkehrsplanung:
      — Luftverkehr
      — Automobilverkehr (Last-, Personen- und Busverkehr)
      — Schienenverkehr

b. Energieversorgung:
   - Abschaffung der Braunkohleheizung
   - Nutzung alternativer Energiequellen
c. Wasserent- und -versorgung, Quellenschutz
d. Müllbeseitigung:
   - Mülltrennung (bis auf Sondermüll), wird schon praktiziert
   - Einführung umweltfreundlicher Verpackungen (keine Plastiktüten)
   - Verzicht auf verpackte Waren
4. Kultur und Sportförderung
5. Finanzierung
6. Last, aber entscheidend nicht least: Vermarktung der Stadt und der westböhmischen Region. Man spricht oft von dem Bäderdreieck Karlsbad – Marienbad – Franzensbad, aber in Wirklichkeit handelt es sich um ein Viereck. Man vergißt oft Joachimsthal mit seinen berühmten Radonwasserbehandlungen.

Wie wird sich der Kurort Karlsbad wirklich entwickeln? Auf diese Frage gibt es keine leichte Antwort. Wir wissen, daß die langjährigen, durch mehrere wissenschaftliche Untersuchungen bewiesenen Heilerfolge Karlsbad das Anrecht auf weitere Unterstützung nicht nur der einheimischen, sondern auch der ausländischen Krankenversicherungskassen geben. An dieser Stelle möchte ich darauf hinweisen, daß zum Beispiel von den heutigen neuen Bundesländern bis zur Wende 2500 Kurgäste jährlich zur Kur in Karlsbad waren. Das ist jetzt leider Vergangenheit. Was ist zu tun?

Wir sind davon überzeugt, daß wir eine kostengünstigere Alternative anbieten und dies in dem Europa der nahen Zukunft eine Rolle spielen wird. Unser Assoziierungsvertrag mit der EG und die baldige Aussicht auf Beitritt bilden die Grundlagen unserer Forderungen. Ich bin davon überzeugt, daß auch andere Heilbäder mit bestätigten Heilerfolgen diesen Weg gehen wollen. Wir haben ergiebige Heilquellen, gutausgebildete deutschsprachige Ärzte und Fachpersonal, die Einrichtungen sind vergleichbar mit anderen entwickelten Ländern. Die europäische Gesetzgebung ist an der Reihe, einen Beitrag zur Kostensenkung zu leisten. Die Gesetzgebung ist unserer Meinung auch zu einer Vereinheitlichung der „Normen und Standards" in der Klassifizierung der Kurorte und Heilbäder verpflichtet.

Es muß doch möglich werden, zu entscheiden, ob es sich um ein Heilbad oder ein Klimabad handelt, und zu entschlüsseln, was ein Luftkurort bedeutet. Europa ist im Vergleich zu England, den USA und der übrigen Welt überproportional mit „Bädern" ausgestattet. Eine der wichtigsten Seiten ist der Umweltzustand jedes Kurortes. Hier würden gesetzliche Vorlagen geradezu wohltuend wirken.

* * *

Hana Güntherova
Jáchymov (St. Joachimsthal) – das erste Radiumbad der Welt

Jáchymov (St. Joachimsthal) ist ein kleiner, reizvoller Ort am Südhang des böhmischen Erzgebirges, dem an Mineralien reichsten Gebiet der Welt, 20 km von Karlovy Vary (Karlsbad) entfernt, und liegt 650 m über dem Meer.

In Jáchymov behandelt man traditionell vor allem
1. **Erkrankungen des Bewegungsapparates:**
   a. **entzündliche** rheumatoide Arthritis und weitere Erkrankungen dieser Gruppe, z. B. psoriatische Arthropatie, die Reiter-Krankheit, Spondylosis ankylosans-Bechterewsche Krankheit mit einer speziell ausgearbeiteten Methodik;
   b. **degenerative Zustände** nach Entzündungskrankheiten der Gliedmaßen, Zustände nach Unfällen des Bewegungsapparates, degenerative Erkrankungen der Rückgratgelenke, Rheumatismus außerhalb der Gelenke, Dupuytren-Kontraktur;
2. **Krankheiten des peripheren Nervensystems:**
   Neuralgien, Neuritiden bei rheumatischen Erkrankungen, Wurzelneuralgie nach Entzündungen und Unfällen;
3. **Erkrankungen der peripheren Gefäße** wie Arteriosklerose der peripheren Gefäße, Vasoneurose, Raynaudsche Krankheit;
4. **metabolische Krankheiten**, hauptsächlich Neuritis bei Zuckerruhr und Anfallformen der uratischen Arthritis;
5. **Geronten** mit spezieller roborierender und tonisierender Behandlung.

Jáchymov, das sich dank seines einmaligen unterirdischen Schatzes, der ausgiebigen radonhaltigen Quellen, wieder zu einem Weltbad entwickelt, hat eine außergewöhnliche, sehr bewegte Vergangenheit und hat einige Male in die Weltgeschichte eingegriffen.

Das erste Mal am Beginn des 16. Jahrhunderts (1516), als St. Joachimsthal dank seiner Silbervorkommen zur zweitgrößten Stadt Böhmens – nach Prag – wurde und hier die berühmten „Joachimsthaler" (im erzgebirgischen Dialekt kurz „Thaler" genannt) geprägt wurden, die schließlich dem amerikanischen Dollar den Namen verliehen. Im Anschluß an die Silberära begann die Epoche der sog. Joachimsthaler Pechblende (Uranerz), aus der man in der zweiten Hälfte des 19. Jahrhunderts wunderschöne, leuchtende Farben herstellte und die zu einem begehrten Exportmittel in die ganze Welt wurden. Mit diesen Farben bemalt man das berühmte böhmische Glas und Porzellan sowie Zifferblätter von Uhren und Meßgeräten.

Das zweite Mal machte St. Joachimsthal Weltgeschichte, als das Ehepaar Marie und Pierre Curie im Jahre 1898 in einer Tonne „Abfallmaterial" der hiesigen Uranfarbenfabrik ein neues Element entdeckte – das sensationelle Radium (griechisch: das Strahlende). Die Strahlung des Radiums war über einmillionmal stärker als die des

Urans. Für diese Entdeckung erhielten die Curies 1903 zusammen mit Henry Bequerel den Nobelpreis für Physik. Hiermit beginnt eigentlich das Atomzeitalter mit all den positiven und negativen Erscheinungen für die Stadt St. Joachimsthal sowie für die gesamte Menschheit — und so wird St. Joachimsthal die Wiege des Atomzeitalters genannt.

Bereits 1905 wurde durch die Wiener Physiker Dr. Heinrich Mache und Dr. Stephan Meyer auch der wissenschaftliche Beweis der Heilkraft der hiesigen Grubenwässer erbracht, obwohl die wohltuenden Wirkungen bei Erkrankungen des Bewegungsapparates den Bergleuten schon seit dem 16. Jahrhundert bekannt waren. So kam es ein Jahr später, 1906, zur Gründung des ersten Radiumbades der Welt, und man begann mit dem Bau der ersten Kureinrichtungen. 1907 errichtete man eine Radiumfabrik, und St. Joachimsthal wurde zum größten Produzenten reinen Radiums auf der Welt. 1912 wurde ein grandioses und luxuriös ausgestattetes Kurhotel — der „Radium Palace" — eröffnet, das zu den besten Sanatorien Europas gehörte und in dem die „oberen Zehntausend" (Ägyptens König Fuad, Präsidenten sowie reiche Geschäftsleute aus Übersee) ihre Kuren zu absolvieren pflegten.

Im Jahre 1938 war es wieder das schicksalhafte Joachimsthaler Uranerz, das Prof. Otto Hahn bei der Spaltung des Atomkerns als Ausgangsmaterial diente. Nach 1945 kam es zu einer ausgedehnten Schürfung von Uranerz in Jáchymov und dessen Umgebung. Diesmal wurde es in die ehemalige UdSSR geliefert und verhalf hiermit der Sowjetunion, überhaupt zu einer Weltmacht zu werden. Dieser Zeitabschnitt war eigentlich der düsterste in der bewegten Geschichte der Stadt, über den erst seit den letzten zwei Jahren gesprochen werden darf. Jáchymov wurde zu einem der schrecklichsten Nachkriegskonzentrationslager, denn hier mußten Hunderte und Hunderte von Kriegsgefangenen, aus anderen Gebieten vertriebene Sudetendeutsche und viele politische Häftlinge ihre Gesundheit und ihr Leben lassen.

1963 wurden alle Urangruben geschlossen — bis auf eine, die älteste Grube: Svornost („Einigkeit"), den ehemaligen Silberschacht, in dem sich die drei radonhaltigen Quellen unseres Bades in einer Tiefe von 500 m befinden. Die Temperatur beträgt 32 °C, und die Aktivität ist im Durchschnitt 10,5 kBq/l und die Ergiebigkeit 400 l/min. Die drei Quellen (Ak. Běhounek, Curie und C-I) werden in einem Grundbassin gefaßt und von hier aus in die einzelnen Kurhäuser geleitet. Die in Form von Wannenbädern verabreichten Radonbäder haben eine Temperatur von 35 °C bis max. 37 °C und eine Aktivität zwischen 5,5 und 7,5 kBq/l, die Frequenz ist sechsmal pro Woche, und die Dauer des Bades beträgt 20 Minuten.

Das Radonwannenbad ist die Joachimsthaler Grundkur und nutzt die nichtspezifische Reizwirkung, hervorgerufen durch Mikrodosen von Alpha-Strahlung und in sehr geringem Maße auch Beta- und Gamma-Strahlung der Tochterzerfallsprodukte von Radon. Die Alpha-Therapie ist eine funktionelle Reiz- und Reaktionstherapie mit ausdrucksvoller, antientzündlicher, analgetischer und tonisierender sowie normalisierender Wirkung. Bei den Patienten kommt es zu einer sehr positiven Beeinflussung von gestörten Funktionen. Infolge der achtzehn während einer dreiwöchigen Joachimsthaler Standardkur verabreichten Radonbäder wird der Körper von einer integrierten Dosis um 155 μSv (15 mrem) bestrahlt. Diese Strahlung entspricht nur 2 % der Dosis, die der Patient bei einer Röntgenaufnahme erhält. Das eigentliche Kurelement ist das rare Edelgas Radon, das Alpha-Teilchen ausstrahlt. In den Blutkreislauf des Patienten gelangt es durch die Haut, wo es in die Kapillarsysteme eintritt, und von dort in den ganzen Blutkreislauf, wo es eine homogene Konzentration erreicht. Die Präsenz des Radons im Organismus ist durch seine biologische Halbwertzeit gegeben, die 15—30 Minuten entspricht. Im weiteren Zeitraum (Minuten, Stunden) kommt es zu metabolischen und anatomischen Veränderungen auf dem Niveau der Zellen, Gewebe und Organe.

Die Radontherapie wird kombiniert mit klassischer physikalischer Therapie, einer speziell ausgearbeiteten Krankengymnastik (individuell oder in Gruppen, im Turnsaal und im Bassin); dazu kommen Reflexmethoden sowie Segmentmassagen, Akupunktur, Akupressur und bei älteren Patienten eine Gerontotherapie.

In speziellen Fällen, in denen die klassische Joachimsthaler Radontherapie mit physikalischer Behandlung, Krankengymnastik und weiteren Reflexmethoden nicht genügend wirksam ist, wird die antientzündliche und analgetische Curietherapie, Brachyradium- und Brachykobalttherapie oder Tiefröntgentherapie angewandt.

Die Radium- und Brachykobalttherapie ist eine radiologische Methode, welche die sehr positiven Wirkungen der Strahlung aus Radium-226- und Cobalt-60-Strahlern nutzt. Diese werden in Form von Applikatoren (sog. Joachimsthaler Schachteln) hautnah in 2 cm Entfernung des Strahlers von der Haut angebracht. Die Grundlage der Curietherapie ist die Gamma-Strahlungsquelle, und zwar in Form von Salzen, die luftdicht in hohlen Metallnadeln untergebracht sind, noch durch ein Platin- oder Silbergehäuse geschützt sind und als Filter der Beta-Strahlung dienen. Die Radioaktivität der einzelnen Applikatoren, die aus einer bis drei Nadeln bestehen, die in einen Kunstharzträger eingelegt werden, beträgt zwischen 140 und max. 320 Röntgen (12,2—43,3 mgekv ^{226}Ra).

Die Tiefröntgentherapie wird mit dem Siemens-Stabilipan-Gerät durchgeführt. Die applizierten antientzündlichen, analgetischen, summarischen, oberflächlichen Dosen bewegen sich von 350—500 Röntgen (3,5—5 Gy) innerhalb einer Bestrahlungsserie. Diese Therapie wird dort angewandt, wo eine größere Fläche bestrahlt werden soll, oder dort, wo es nötig ist, eine wirksame Dosis in tiefer gelegene Gelenke, Muskeln, Sehnen oder andere Gewebe zu befördern.

Die Bedeutung der Brachytherapie (Curietherapie) besteht in der lokalen Nutzung der analgetischen und der sehr gegenentzündlichen Wirkung der Gamma-Strahlung mit Begrenzung der Belastung des gesamten Organismus. Sehr wirkungsvoll ist die Anwendung der Kombination von Alpha- und Gamma-Therapie bei Erkrankungen wie Morbus Bechterew. Die Brachytherapie ist eine traditionelle Therapie, die *nur* in Joachimsthal angewandt wird (seit 1910), und zwar unter strenger Kontrolle von Fachärzten und nach gründlicher Antrittsuntersuchung, Labortest und genauer Prüfung durch einen Radiologen. In Jáchymov / St. Joachimsthal sind Tausende von Patienten in Evidenz mit sehr guten Heileffekten und *ohne* jegliche Nebenwirkungen behandelt worden.

Die Erfolge der Joachimsthaler Alpha-Therapie in Kombination mit weiteren bereits erwähnten Methoden, durch Brachytherapie und in einigen Fällen auch Tiefröntgentherapie ergänzt, hat im Vergleich mit der medikamentösen Behandlung eine bedeutend längere Wirkung. Die Dauer der positiven heilenden Wirkung hängt vom Grad der Erkrankung und der Dauer der Beschwerden vor der Kurbehandlung ab. Bei weniger komplizierten, frischen Erkrankungen beträgt die subjektive Erleichterung einige Jahre, bei Chronikern liegt die positive Wirkung zwischen 8 und 14 Monaten. Ein großer Vorteil der Joachimsthaler Behandlungen besteht auch darin, daß es sich um sog. „kalte" Behandlungen handelt, bei denen die Behandlungstemperaturen 37 °C nicht überschreiten und so auch für alte Patienten mit weiteren Erkrankungen (z. B. Kreislaufstörungen) sehr gut verträglich sind.

Die Joachimsthaler Kuren sind intensiv, der Patient absolviert im Durchschnitt täglich drei bis vier Anwendungen. Es handelt sich um Pauschalpreise, die die Unterkunft je nach Kategorie, Vollpension einschließlich eventueller Diäten sowie alle ärztlichen Leistungen und Kuranwendungen inkl. Kurtaxe beinhalten. In den Kurkliniken Akademik Běhounek, Curie (am 4. 7. 1992 eröffnet) und Radium Palace sind alle Anwendungen außer Brachytherapie direkt im Hause möglich (im Radium Palace jedoch ohne Bassin, da das Jugendstilgebäude vor einer völligen Renovierung steht). Für ein umfangreiches kulturelles Programm sowie verschiedene Sonderfahrten ist ebenfalls gesorgt. Außer dem standardmäßig dreiwöchigen Kurprogramm, das sich preislich zwischen DM 861,— und DM 2.772,— (je nach Kategorie der Unterkunft) bewegt, gibt es gegen Extrabezahlung zusätzlich weitere Spezialkuren, wie z. B. das Geriatrieprogramm, die Osteoporose-Behandlung, die Fitneß-Woche zum Kennenlernen, die 14tägige „Aktive Erholung" mit oder ohne Geriatriekur, vollwertige Weihnachtskuren oder ein 11-tägiges Weihnachtsprogramm „Typische böhmische Weihnachten" sowie unser neuestes Programm „Renaissance und Bewahrung Ihres intimen Lebens", anknüpfend an alte, traditionelle Joachimsthaler Erfahrungen.

Da unser Heilbad ab 1. Mai 1992 eine Aktiengesellschaft ist, hoffen wir auf eine weitere, noch intensivere Entfaltung des Kurwesens in Jáchymov, das mit Karlsbad, Franzensbad und Marienbad das Viereck der weltbekannten traditionellen westböhmischen Kurorte bildet.

∗ ∗ ∗

Marian Gúčik
Stärken und Schwächen des Produktes der slowakischen Heilbäder

Wenn wir über die Stärken und Schwächen der slowakischen Heilbäder sprechen, müssen zunächst einige Begriffe erläutert werden. Diese resümieren aus der Substanz des Kurwesens und seiner Beziehung zum Tourismus sowie aus dem Angebot und der Nachfrage auf dem Markt.

1 Einige Ausgangsbemerkungen

Laut der Definition der World Tourism Organisation (WTO) spricht man von einem Heilbädertourismus vor allem dann, wenn bestimmte Bedingungen erfüllt werden. Es müssen gesundheitliche Institutionen existieren, die die natürlichen gesundheitlichen Quellen des Gebietes nutzen, vor allem solche, die einen thermalen und klimatischen Charakter haben.[1] Der Teilnehmer am Kurtourismus (ein sog. Tourist auf dem Wege zur Gesundheit) ist jede Person, die einen Kurort besucht und deren Aufenthalt Heilzwecken dient. Die Entwicklung des Kurtourismus setzt also die Existenz von natürlichen Heilquellen voraus − Wasser, Gase, Peloide (z. B. Moor, Schlamm) und Klima. Auf dieser Basis entstehen Kurorte. Das Grundanliegen des Kurtourismus ist die Erholung des menschlichen Organismus unter Anwendung therapeutischer Methoden. Den Kurtourismus kann man auch unterteilen in kurativen Kurtourismus, Rehabilitations-Kurtourismus, präventiven Kurtourismus, Kurtourismus als Teil anderer Tourismusarten (z. B. Ferienerholungs-, Sport-, Kulturtourismus u. ä.).[2]

Der Kurort ist eine Art des Erholungsortes. Der Kurort war als Badekurort jahrhundertelang das Zentrum des touristischen Geschehens. Um eine Trennung zwischen Kurorten und Ferienerholungsorten vornehmen zu können, müssen die natürlichen Faktoren der Heilung gemäß den „Mindestbedingungen für die Anerkennung von Bade- und Klimakurorten" der Internationalen Vereinigung für Balneologie und Klimatologie (FITEC) wissenschaftlich anerkannt werden und durch Erfahrung bewährt sein.[3]

Das Produkt des Kurtourismus ist die Kombination der sach- und personenbezogenen Dienstleistungen. Es handelt sich gewöhnlich um die Kombination von ärztlichen Untersuchungen und Kurmethoden, deren Grundbestandteil außer den Kurprozeduren Unterkunft und Verpflegung sind. Die Verpflegung hat den Charakter der Diäternährung. Bestandteile des Kurproduktes sind auch Freizeitdienstleistungen und weitere Komplementärleistungen für Kurgäste. Die Kombination der einzelnen Bestandteile des Kurproduktes hängt von dem Gesundheitszustand des Kurgastes, von der Indikation des Kurortes und von der Form der Teilnahme an der Kurheilung ab.

Das wesentliche Merkmal des Kurproduktes ist seine Komplexität. Das bedeutet, daß sich an seiner Gestaltung mehrere Leistungen beteiligen, die sich gegenseitig bedingen und vervollständigen. Es ist nötig, zu betonen, daß den bestimmenden Anteil an der Gestaltung des Kurproduktes das *primäre Angebot* hat (auch wenn es in der Gegenwart nicht nur um die Anwendung der natürlichen Heilquellen geht, sondern auch um eine medikamentöse Heilung und eine physikalische Therapie) sowie das *sekundäre Angebot*, d. h. die Infrastruktur des Kurortes.

Zur Beurteilung der Stärken und Schwächen des slowakischen Kurtourismus können wir eine Menge von Kriterien wählen.[4] Im Hinblick auf die Zugänglichkeit von Informationen werden wir drei Gruppen von Faktoren unterscheiden. Es geht um

1. das primäre Angebot des Kurtourismus,
2. die Kurleistungen und ihren Markt,
3. die Strategie und den Absatz des Produktes.

Bei der Wahl der Faktoren berücksichtigen wir solche, die der Kurgast unmittelbar feststellen und empfinden kann und die der Mittelpunkt des Kurtourismus sind, ähnlich wie der Tourist im Mittelpunkt des Tourismus steht.[5]

2 Das primäre Angebot des Kurtourismus

Das primäre Angebot des Kurtourismus ist in der Slowakei durch die natürlichen Heilquellen bestimmt und durch die Lebensqualität der Kurorte. Auf dem Gebiet der Slowakei, das sich auf 49.035 km² erstreckt, sind mehr als 1.250 Mineral- und Thermalquellen registriert. Von diesen wird nur ein Teil zu Kurzwecken genutzt. In der Gegenwart existieren in der Slowakei 23 Kurorte, deren Indikation in Tab. 1 aufgelistet ist. Zu den größten Kurorten hinsichtlich der Bettenzahl gehören Piešťany (2.219 Betten), Trenčianské Teplice (1.560 Betten), Bardejov (1.040 Betten), Štrbské Pleso und Nový Smokovec (955 Betten), Sliač (797 Betten) und Dudince (484 Betten). Diese Kurorte haben internationale Bedeutung. Alle anderen Kurorte haben gesamtstaatliche Bedeutung. Die Stärke des slowakischen Kurtourismus besteht in seinem primären Angebot, d. h. im Umfang des Volumens von natürlichen Heilquellen und ihrer organisierten Nutzung zu Heilzwecken.

Die Kurheilung hat einen komplexen Charakter. Nach dem Jahre 1948 wurde sie zum Bestandteil der Gesundheitsvorsorge.[6] Daraus folgt, daß die Kurorte Gesundheitseinrichtungen mit einer Tagesordnung sind, die Krankenhauscharakter hat. Mit der Organisation des Kurwesens sowie der Heilquellennutzung können wir nicht zufrieden sein.[7] Es existieren nicht nur Reserven bei der Nutzung der Naturheilquellen, sondern auch ökonomische Reserven, die wir gerade gegenwärtig beim Übergang zur Marktwirtschaft nutzen müssen.

Außer den staatlich anerkannten Kurorten im Sinne der FITEC-Bedingungen existiert noch eine Reihe von Orten, in denen die Thermal- und Mineralquellen zu Erholungszwecken genutzt werden. Diese Orte wurden zur Basis der Entwicklung des Tourismus vor allem der einheimischen Bevölkerung. Was ihre Ausstattung betrifft, sind vor allem die Bassins und die Sport- und Erholungseinrichtungen bestimmend.

Kurort / Krankheiten	Onkologische Krankheiten	Krankheiten des Kreislaufs	Krankheiten der Verdauungsorgane	Krankheiten der Stoffwech-	Krankheiten der Atemorgane	Nervenkrankheiten	Krankheiten der Bewegungsorgane	Krankheiten der Harnorgane	Psychische Krankheiten	Hautkrankheiten	Frauenkrankheiten	Berufskrankheiten
	1	2	3	4	5	6	7	8	9	10	11	12
Bardejovské Kúpele			xy	x	x			y				x
Bojnice					x	x			x			x
Brusno			x									x
Číž		x					xy					
Dudince		x				x	x					
Horný Smokovec					y							
Korytnica			x	x								
Kováčová						xy	xy					
Kunerád						x	x					
Lúčivná					y							
Lúčky	x										x	
Nimnica			x		x							
Nový Smokovec				x	x				x			x
Piešťany						xy	xy					
Rajecké Teplice						x	x					x
Sklené Teplice						x	x					
Sliač		xy		y			y					
Smrdáky										xy		x
Štós					y							x
Štrbské Pleso					xy							
Trenčianske Teplice						x	x	x				
Turčianske Teplice							x					
Vyšné Ružbachy	x								x		x	x

Tab. 1: Verzeichnis der Indikationen.

x = Indikation für Erwachsene
y = Indikation für Kinder

Die Slowakei verfügt zwar über eine große Zahl von Naturheilquellen, ein ernstes Problem bleibt aber die Qualität der Umwelt der Kurorte. Trotz des natürlichen Schutzes der Naturheilquellen[8] sind viele bedroht. Ein Bestandteil des Schutzes der Naturheilquellen ist der Schutz der Kurorte. Dieser ist durch Kurstatuten gewährleistet, die schon überholt sind. Die Qualität verschlechtert sich vor allem durch die Verheizung von Kohle. Einen störenden Einfluß auf Kurorte haben weiter die Wirtschaftstätigkeit sowie der Straßenverkehr in den Kurorten. Das alles sind Faktoren, die sowohl die Qualität des Kurtourismus als auch die Attraktivität der Kurstädte negativ beeinflussen.

3 Die Kurleistungen und ihr Markt

Im Zusammenhang mit den Kurleistungen müssen wir nicht nur ihre Struktur, sondern auch die Qualität einzelner Leistungen werten — vor allem derjenigen, die die Qualität der einzelnen Dienstleistungen bilden. Dazu gehört auch die Infrastruktur der Kurorte. Vom Standpunkt des Marktes aus müssen wir den Binnen- und Auslandsmarkt speziell bewerten.

Innerhalb der Struktur des Kurproduktes haben die Untersuchungsleistungen für Patienten und ihre Heilung eine bestimmende Stellung. Auf der Basis einer komplexen Untersuchung wird dem Kurgast ein individuelles Kurprogramm verordnet. Die slowakischen Kurorte sind weltweit bekannt, vor allem dank der hohen Qualität der Gesundheitsleistungen. In der Gegenwart ist es nötig, daß sich der Kurtourismus im breiteren Umfang als in der Vergangenheit auf den Kampf gegen primäre Risikofaktoren konzentriert (z. B. Mangel an Bewegung, ungesunde Lebensweise, Streß, negative Einflüsse der Umwelt, Alkoholismus und Rauchen). Im Hinblick auf die erwähnten Gesichtspunkte sollte sich das Angebot intensiver der Vorbeugung widmen, verbunden mit kürzeren Kuraufenthalten mit dem Ziel einer aktiven Erholung.

Der 39. Kongreß der Internationalen Vereinigung Wissenschaftlicher Tourismusexperten (AIEST) 1989 in Budapest befaßte sich mit dem Thema „Von traditionellen Heilkuren zu modernen Formen des Gesundheitstourismus". Auf diesem Kongreß wurde betont, daß die Kurorte außer der Heilung chronischer Krankheiten und der Rehabilitation nach akuten Erkrankungen und Operationen die Vorbeugung gegen Risikofaktoren sowie auch neue Formen des Gesundheitstourismus verbreiten sollten. Aus dieser Sicht wurde in den slowakischen Kurorten nur wenig getan. Im Interesse der Erhaltung des Prestiges im Vergleich zur ausländischen Konkurrenz im Kurtourismus ist es unerläßlich, die bisherige Praxis zu vervollkommnen.

In der Slowakei umfaßt das Kurwesen beiläufig 11.000 Betten verschiedener Qualitätsstufe. Da der Aufenthalt der Kurgäste langfristig ist, soll die Unterkunft nicht nur Bequemlichkeit, sondern auch ein angenehmes Milieu bieten. In dem Kurort Sliač bildeten z. B. die Aufwendungen für Unterkunftsleistungen 22,9 % des Produktwertes im Jahre 1991. Das Niveau erreicht oft nicht den internationalen Standard. Schwächen stellen gewöhnlich nicht Mängel in der Ausstattung dar, sondern in der Organisation der Arbeit. Trotzdem ist die Modernisierung der Unterkunftseinrichtungen unerläßlich, da sie gewöhnlich schon zu veraltet sind.

Bei den Verpflegungsleistungen geht es meist um eine heilende Ernährung, die aktiv den Heilungsprozeß beeinflußt. In den slowakischen Kurorten wird ein diätetisches System der Verpflegung angewandt, das auch eine gesundheitlich-erzieherische Funktion hat. Die Gaststättenverpflegung kommt in den Kurorten nur beschränkt vor. In dem Kurort Sliač bildeten die Verpflegungsaufwendungen 35,9 % des Produktwertes im Jahre 1991.

Eine Schwäche ist das Freizeitangebot, wobei in diesem Zusammenhang große Kurstädte eine Ausnahme bilden. Das Freizeitangebot kann man nicht nur auf die Unterkunftseinrichtungen konzentrieren, sondern man muß es mit der Infrastruktur der Kurstädte verbinden. In Kurhäusern sorgen die Kulturreferenten für die Freizeit der Kurgäste. Auf diese Tätigkeit entfielen aber im Kurort Sliač 1991 nur 0,5 % des Produktwertes. Es ist unerläßlich, die Infrastruktur der Kurorte zielbewußt so auszubauen, daß sie den Kurgästen nicht nur kulturelle, sondern auch sportliche Aktivitäten bieten.

Die Freizeitaktivitäten sollen auf die Forderung der inneren Ruhe und der psychischen Ausgeglichenheit ausgerichtet werden. Sie sollen auflockernd wirken und die Entfaltung von Interessen ermöglichen. Aus all diesen Gründen müssen wir ihnen eine beträchtliche Aufmerksamkeit widmen. Die richtige Proportionalität der einzelnen Leistungen im Rahmen der Gestaltung des Kurproduktes ist eine Voraussetzung für die Forderung nicht nur eines besseren Gesundheitszustandes, der inneren Ruhe und eines emotionalen Erlebnisses, sondern auch für den gewünschten ökonomischen Effekt.

Trotz der Komplexität des Kurverfahrens können wir nicht mit allen Arten der Dienstleistungen zufrieden sein. Die Qualität und Komplexität der Dienstleistungen beeinflußt in ausschlaggebendem Maße die Zufriedenheit des Kurgastes. Von den weiteren Faktoren müssen wir demographische Faktoren (Alter, Geschlecht, Beruf usw.), die Gefährlichkeit der Krankheit, Erfahrungen aufgrund eines vorhergehenden Aufenthaltes im Kurort u. ä. erwähnen. Die Stufe der Zufriedenheit mit dem Aufenthalt im Kurort Sliač in den Jahren 1989—90 zeigt Tabelle 2.

Dienstleistungen	Stufe der Zufriedenheit	Qualitätsstufe
Ärztliche und heilende Leistungen	0,96	1
Unterkunftsleistungen	0,85	2
Verpflegungsleistungen	0,78	2
Freizeitleistungen	0,73	3

Qualitätsstufen:
1: 0,96—1,00; 2: 0,76—0,95; 3: 0,51—0,75; 4: 0,00—0,50

Tab. 2: Zufriedenheit mit dem Aufenthalt in dem Kurort Sliač.

Jährlich kommen etwa 150.000 Patienten zur Kur in die slowakischen Kurorte. Diese verbrachten in den Kurorten 3,700 Mill. Aufenthaltstage. Die durchschnittliche Aufenthaltslänge umfaßt 24–25 Tage.[9] Die Gästestruktur können wir aus Tabelle 3 ersehen.

Deckung der Aufwendungen	Tschechische Republik	Slowakische Republik	ČSFR
aus öffentlichen Mitteln	55,6	28,8	84,4
Selbstzahler	3,4	0,9	4,3
Ausländer	7,2	4,1	11,3

Tab. 3: Gästestruktur der Kurorte.[10]

Aus der Tabelle können wir schlußfolgern, daß einheimische Gäste dominieren und daß der Anteil der ausländischen Kurgäste in der Slowakei nur 4 % beträgt. Die meisten ausländischen Kurgäste konzentrieren sich auf einige Kurorte. Vor allem sind das Piešťany und Trenčianske Teplice. Diese Kurorte befriedigen vor allem, was die Infrastruktur betrifft, die Nachfrage der Gäste. Unsere Nachbarstaaten bedeuten für uns eine starke Konkurrenz. Wir können uns nicht mit dem Anteil der ausländischen Klientel zufriedengeben. Eine Erhöhung der Zahl ausländischer Kurgäste können wir durch die Variabilität des Angebotes der Gesundheitsleistungen sowie durch eine bessere Infrastruktur der Kurorte und durch die höhere Qualität der gebotenen Freizeitleistungen erreichen.

4 Strategie und Absatz des Produktes

Vom Gesichtspunkt der Strategie und des Absatzes des Kurproduktes aus ist die Politik des Kurwesens wichtig und in breiteren Zusammenhängen die Tourismuspolitik. Von großer Bedeutung sind Werbung, Public Relations, Absatzwege, Mitarbeiter des Kurwesens, die Stufe der Privatisierung und nicht zuletzt das Image des slowakischen Kurtourismus.

Die Politik des Kurwesens fußt auf dem heute überholten Gesetz Nr. 20 aus dem Jahre 1966 und weiteren Gesetzen, die eine Novellierung fordern. Der bisherige, ausgesprochen gesundheitliche Charakter der Kurorte ist überholt, und unter den Bedingungen der Marktwirtschaft müssen wir mit einer Umwandlung des ausgesprochen gesundheitlichen Charakters in einen gesundheitlich-kommerziellen rechnen. Das fast antagonistische Verhältnis des Gesundheitsressorts zum Tourismus spiegelt sich in der niedrigen Stufe der Nutzung existierender Naturquellen und in der Verwertung des Kurpotentials in der Form des Gesundheitstourismus wider. Es handelt sich um eine schwache Seite des Kurwesens.

Die Werbung ist die wesentliche Bedingung für die Erhöhung des Verkaufs des Kurproduktes auf ausländischen Märkten. Aus einer Untersuchung im Kurort Piešťany in den Jahren 1990–91 geht hervor, daß die Kurgäste meist (52,2 % der deutschsprachigen Gäste) Informationen von Freunden und Verwandten gewannen, 17,4 % vom Arzt und 17 % aus den Prospekten der Reisebüros. Die Kurgäste selbst betonen die unzureichende Werbung für slowakische Kurorte im Ausland (dies gilt auch im breiteren Umfang für den Tourismus der Slowakei). Die Informationen, die in der Gegenwart geboten werden, sind unzureichend. Das Werbematerial ist meist veraltet, stammt aus der Vergangenheit und ist darum ungeeignet.

Im Interesse der Erhöhung des Verkaufs des Kurproduktes auf dem westlichen Markt ist es notwendig, Voraussetzungen zur Kooperation mit den Tourismusressorts zu schaffen, und dies durch die Bildung öffentlich-rechtlicher Organisationen, die sich im größeren Ausmaße mit der Tourismuswerbung der Slowakei im Ausland befassen. Die Werbung und die Öffentlichkeitsarbeit müssen eine absolute Priorität haben.

Ein weiteres Problem sind die Mitarbeiter im Kurwesen. Vor allem diejenigen, die im Betrieb arbeiten und im direkten Kontakt mit dem Kurgast stehen. Sie wirken auf ausländische Gäste oft unmotiviert. Das Motivationsproblem ist nur durch eine beschleunigte Privatisierung zu lösen. Aus der Untersuchung in dem größten Kurort, Piešťany, (1990—91) folgt, daß ausländische Kurgäste (deutsch- und englischsprachig) in ihrer Muttersprache nur begrenzt mit dem Personal kommunizieren können, was eine große Barriere darstellt. Dies beeinflußt auch die Zufriedenheit mit dem Aufenthalt in den slowakischen Kurorten.

Das Image des slowakischen Kurtourisinus können wir aus der vorhergehenden Wertung ableiten. Das wesentliche Kennzeichen dieses Image des Kurtourismus für den einheimischen Gast ist, daß der Aufenthalt im Kurort einen relativ billigen Urlaub mit kompletter Versorgung darstellt. In Abhängigkeit von der Größe des Kurortes besteht das größte Problem in der aktiven Nutzung der Freizeit. Trotz gesundheitlicher Erfolge des Kuraufenthaltes ist der Anteil der ausländischen Gäste in slowakischen Kurorten gering.

5 Schlußfolgerungen

Die Analyse der Stärken und Schwächen ist die Methode der Systemanalyse, die Basis für die Ausarbeitung der Strategie der gezielten Entwicklung des Kurtourismus. Aus der Analyse geht hervor, daß die Slowakei über ein umfangreiches natürliches Heilpotential verfügt wie auch über reiche Erfahrungen in der ärztlichen Behandlung und über Erfolge in der Kurheilung. Damit sich der slowakische Kurtourismus auch unter den Bedingungen des Wettbewerbs auf dem ausländischen Markt durchsetzen kann, muß er vor allem das Dienstleistungsangebot für den Tourismus sowie auch die Freizeitleistungen und ihre Qualität erweitern. Besonders dringend ist die Erhöhung der sprachlichen Kenntnisse der Mitarbeiter. Ein jeder Kurort sollte im Rahmen des neuen Managementkonzepts seine eigene Marketing-Kurkonzeption haben.[11] Nur so kann die Leistungsfähigkeit des slowakischen Kurwesens im internationalen Wettbewerb gewährleistet werden. Dieses Ziel setzt aber die Umwandlung der Kurbetriebe auf ein unternehmerisches Prinzip voraus, welches ein buntes Angebot von Leistungen hoher Qualität ga-

rantiert und so zur Zufriedenheit der Kurgäste führt. Diese Zufriedenheit hat eine Wie-
derholung des Aufenthaltes zur Folge. Stammgäste erhöhen den Umsatz und gewährleisten eine langfristige Prosperität.

＊

Anmerkungen

1 *Kúpeľný cestovný ruch.* Štúdia IUOTO (WTO). Caracas, október 1973.
2 C. Kaspar / P. Fehrling: *Marketing-Konzeption für Heilbäderkurorte*, Bern/Stuttgart:
  P. Haupt, 1984.
3 C. Kaspar: *Die Fremdenverkehrslehre im Grundriss*, Bern/Stuttgart: P. Haupt, [3]1986.
4 V. E. Amelung: „Analýza silných a slabých stránok regiónu cestovného ruchu − hodnote-
  nie Slovenska z hľadiska cudzinca", in: *Ekonomická revue cestovného ruchu* 2/1992.
5 W. Hunziker / K. Krapf: *Grundriss der allgemeinen Fremdenverkehrslehre*, Zürich 1942.
6 Zákon č. 20/1966 Zb. o zdravie ľudu.
7 G. Sládek: „Potenciál cestovného ruchu na Slovensku a jeho využívanie", in: *Ekonomická
  revue cestovného ruchu*, 2/1992.
8 Zákon č. 20/1966 Zb. o zdravie ľudu.
9 *Štatistická ročenka ČSFR*, Praha/Bratislava: SNTL/Alfa, 1990.
10 Quelle: ÚZIS, Zdravotnícka štatistika ČSFR.
11 M. Gúčik a kol.: „Trh cestovného ruchu Slovenska a jeho mechanizmus", in: *Výskumná
   úloha č. A/VI/46*, Banská Bystrica, FESCR 1991.

＊

Weitere Literatur

BENDA, J.: „Prevence a lázně", in: *Balneologické listy* 8/1990.
BLEILE, G.: „Zukunftsperspektiven der westdeutschen Heilbäder und Kurorte. Zunehmen-
  der internationaler Wettbewerbsdruck", in: *Zeitschrift für Fremdenverkehr* 2/1991.
ČERNÝ, B. V.: „Fremdenverkehr und Heilbäderwesen − parallel, nicht immer gleich",
  in: *Zeitschrift für Fremdenverkehr* 1/1986.
GÚČIK, M.: „Podiel kúpeľníctva na česko-slovenskom cestovnom ruchu", in: *Ekonomická revue cestovného ruchu* 2/1988.
HÜFNER, G.: „Stärken und Schwächen des Heilbäderwesens in der Bundesrepublik
  Deutschland", in: *Jahrbuch für Fremdenverkehr*, Deutsches Wirtschaftswissen-
  schaftliches Institut für Fremdenverkehr an der Universität München, 24./25. Jg.,
  1976/77.

＊ ＊ ＊

Juraj Čelko
Gegenwart und Aussichten der slowakischen Heilbäder

Die Slowakei ist im Hinblick auf die Naturheilquellen eine Großmacht. Die Heilbäder stellen bei uns mehr als 10.000 Betten, beträchtliche medizinische Technik und eine große Anzahl medizinischer Arbeitsplätze. Aus diesem Grund ist es sehr wichtig, daß diese Quellen effektiv genutzt werden. Die Effektivität im Gesundheitswesen wird als Optimierung von medizinischen, wirtschaftlichen und humanen Aspekten zum Ausdruck gebracht. Die angeführten drei Merkmale haben nicht die gleiche Bedeutung. Wenn etwas medizinisch als uneffektiv erscheint, kann es auch human oder wirtschaftlich nicht effektiv sein. Eine Kur, welche die Verschlechterung des Gesundheitszustandes verhindert und die Arbeitsaktivität verlängert, kann keinesfalls zu teuer sein. Im Gegenteil: als teuer erscheint die Kur, die kontraindiziert ist oder bei der der erwartete Kurerfolg nicht erzielt wird, z. B. wegen ungeeigneter klimatischer Bedingungen oder wegen einer zu kurzer Frist.

Die medizinische Orientierung unserer Heilbäder hat eine lange Tradition. Hier arbeiteten wichtige Fachärzte, deren Forschungsarbeiten international anerkannt wurden. Zum Beispiel hat in Piešťany, wo im Jahre 1924 die Europäische Rheumaliga gegründet wurde, Professor Cmunt das Kurwesen auf eine seriöse Basis gestellt. In Trenčianske Teplice arbeitete Prof. Lenoch, der später Präsident der Europäischen Rheumaliga wurde und das Forschungsinstitut für rheumatische Erkrankungen in Prag gründete. Die Behandlung rheumatischer Arthritide mit Gold wurde zum ersten Mal in der Tschechoslowakei in Trenčianske Teplice nach dem Zweiten Weltkrieg bei Prof. Siťaj durchgeführt, der später Direktor des Forschungsinstitutes für rheumatische Erkrankungen in Piešťany wurde.

Von der wichtigen Stellung, die unsere Heilbäder dank ihres hohen medizinischen Niveaus erzielt haben, zeugt auch die Tatsache, daß für die Arzte, die in Heilbädern, in physiatrischen Anstalten und Abteilungen für physikalische Therapie arbeiten, eine eigene Spezialisierung eingeführt wurde: Physiatrie, Balneologie und Rehabilitation. Unsere Heilbäder werden vom Ministerium für Gesundheitswesen geleitet, wodurch eine Garantie des Fachniveaus gegeben ist. Das hohe medizinische Niveau unserer Heilbäder war der Grund, weshalb die ausländischen Kurgäste auch in der Vergangenheit immer zu uns zurückkamen, obwohl sie mit der Infrastruktur der Kurorte nicht zufrieden waren, sich von den persönlichen Zollkontrollen belästigt fühlten und prinzipielle Aversionen gegen den Pflichtumtausch und die Visakosten hatten.

Diese Kurgäste haben vor allem die breiten diagnostischen Möglichkeiten unserer Heilbäder hoch geschätzt. Dazu gehört auch die Möglichkeit der Fachuntersuchungen und der individuellen Betreuung des behandelnden Arztes sowie eine umfangreiche Skala von therapeutischen Maßnahmen. Daraus ergibt sich, daß unsere Heilbäder meistens von den Gästen aufgesucht wurden, die sich krank fühlten und eine Verbesserung ihres Gesundheitszustandes erwarteten. Das medizinische Niveau der slowakischen Heilbäder beweist auch die Tatsache, daß ihre Indikation und die Spezialisierung des Personals aus der Analyse der Naturheilmittel hervorgehen. Bei uns kam es nie dazu, daß ein Heilbad aus kommerziellen Gründen seine Indikation änderte; es wurde immer nur die spezifische Behandlung angeboten.

Das neue System der Krankenversicherung kann nicht eine 100%ige Auslastung der Heilbäder gewährleisten. Deshalb ist die Notwendigkeit aktuell, Bedingungen für eine breitere Ausnützung freier Kapazitäten durch diejenigen Kurgäste zu schaffen, die ihren Kuraufenthalt als Vorbeugung oder Entspannung ansehen. Obwohl wir solche Kurgäste auch zuvor hatten, waren wir oft nicht imstande, diesen Kurgästen alles anzubieten, was ein derartiger Kuraufenthalt verlangte. Die beschränkte Infrastruktur der Kurorte wird allmählich durch die Privatisierung verbessert werden.

Die größten Reserven sind in der Freizeitgestaltung zu sehen, weil die Kurgäste ihre Kuranwendungen vorwiegend vormittags absolvieren. Die Mehrheit der Kurgäste verhält sich passiv. Der bekannte Epidemiologe und Kardiologe Henry Blackburn hat den gegenwärtigen Menschen sehr treffend als „Käfiggeschöpf" charakterisiert. Der moderne Mensch ist in einem System der Käfige verhaftet, das seine physischen und psychischen Äußerungen katastrophal limitiert. Der Hauptkäfig ist seine Wohnung, die nur eine Zelle im ganzen System ähnlicher Käfige in der Stadt darstellt. In den verschiedenen Käfigen wird der *homo cavealis*, der „Käfigmensch", in ein anderes Käfigsystem befördert — seinen Arbeitsplatz. Der Aufenthalt im Verkehrskäfig ist oft unangenehm, erschöpfend und aufregend. Bei der Arbeit ist der Mensch wieder in einem anderen Käfigsystem, wo er in einem temperierten Raum sitzt, ab und zu ein paar Bewegungen oder Schritte macht und manchmal stereotype Bewegungen in Zeitnot wiederholen muß. Dann steht oder läuft er in den Käfigen, in denen er sich seine Lebensbedürfnisse beschafft — moderne Safari in den Selbstbedienungsgeschäften. In der Sehnsucht nach größerer physischer und psychischer Freiheit verbringt der Mensch viele Stunden in einem noch engeren Käfig — im Zimmer vor dem Fernseher.

Die chronischen Erkrankungen bei diesem Käfigleben braucht man nicht zu planen. Die Erkrankungen kommen unbedingt und vorzeitig. Der zitierte Blackburn hält uns sarkastisch vor, daß Ärzte den kranken Menschen noch in einen weiteren unangenehmen Käfig sperren — zusammen mit anderen, ähnlich betroffenen Menschen. Unsere Aufgabe ist nun, alles dafür zu tun, daß uns diese Parallele nicht betrifft und der Mensch in einem Heilbad seinen Käfig verlassen kann. Die gezielte physikalische Therapie muß auch durch die Ökotherapie ergänzt werden. Die Grundlage hierfür bieten die Umgebung und das Milieu des Kurortes mit seinen Kultur-, Gesellschafts- und Sportanstalten.

Die angenehme Atmosphäre des Kurortes, die Möglichkeit zum Entspannen, Sporttreiben und Kulturgenießen können die Psychotension herabsetzen. Der Kuraufenthalt muß so sicherstellen, daß positive Gefühle und Erlebnisse überwiegen. Aktivitäten, die die Kurgäste stören, müssen in genügend großer Entfernung von den Kurgästen plaziert werden. Falls diese Grundsätze nicht eingehalten werden, könnte das

Kurzentrum zum rein touristischen Zentrum werden, was auch einen wirtschaftlichen Niedergang verursachen könnte. Zur Behandlung durch eine angenehme Umgebung gehört eine aktive Freizeitgestaltung, die Freude bringt. Die aktive Freizeitgestaltung können wir nicht verordnen, wir können sie nur stimulieren.

Nur durch die Sicherstellung des ganzen Komplexes von Dienstleistungen auf hohem Niveau kann man erreichen, daß der Kuraufenthalt das ganze Jahr hindurch attraktiv ist, was eine Garantie der wirtschaftlichen Prosperität ist. In dieser Zeit sieht man in Europa eine Renaissance der Nutzung der Naturheilquellen. Ihre Nutzung in den Heilbädern hat den Vorteil, daß die Heilwirkung nicht nur die Erkrankung, sondern den ganzen Menschen betrifft. Dabei gibt es keine Nebenwirkungn wie z. B. bei der medikamentösen Therapie.

Obwohl die europäischen Heilbäder in den einzelnen Ländern eine unterschiedliche Entwicklung aufweisen, bin ich der Meinung, daß mit der Integration der europäischen Länder es auch zu einer Integration im europäischen Kurwesen kommen wird. Das Heilbad Trenčianske Teplice hat Kontakte mit Heilbädern in Österreich, Deutschland und Italien aufgenommen. Dabei haben wir festgestellt, daß wir viele gemeinsame Interessen haben. Wir sind z. B. daran interessiert, auf seriöser, wissenschaftlicher Grundlage die Heilwirkungen der Kuraufenthalte zu objektivieren, damit der Beitrag der Kuren zur Wiedererlangung der Arbeitskraft des Menschen denjenigen klar wird, die die Kuraufenthalte verordnen und die über Zuschüsse entscheiden. Hinsichtlich des Platzes, den sich unsere Heilbäder durch das medizinische Niveau und ihre Tradition errungen haben, haben wir im Vergleich zu anderen Ländern einen Vorteil. Die praktischen Ärzte wie auch die Fachärzte bezweifeln die Auswirkungen der Kur nicht.

Die gegenseitig vorteilhaften Kontakte könnten auch durch den Austausch von Arbeitskräften realisiert werden. Wir können bei der Einführung neuer medizinischer Methoden helfen, andererseits hilft uns jemand, der zu uns kommt und einen Vortrag über „Marketing" hält, wo uns die Erfahrung fehlt.

Von einer wirklichen Integration im europäischen Kurwesen können wir erst dann sprechen, wenn die Unterschiede im Lebensstandard kleiner sind, die in der Zeit des „eisernen Vorhangs" entstanden, und wenn die Bewohner des ehemaligen „Ostblocks" selber einen Kuraufenthalt in einem beliebigen europäischen Heilbad wählen können, wie es jetzt z. T. bei den Bewohnern „Westeuropas" der Fall ist. Bis dahin müssen wir versuchen, die gegenseitig günstigen Beziehungen erfolgreich zu entwickeln.

✳ ✳ ✳

Marek Paszucha
The Spas and Polish Tourism Policy

Dramatic changes introduced at the beginning of 1990 into the Polish economic system did not leave the travel industry unaffected. Despite a high degree of adaptation to new economic rules, the tourism industry, as many other segments of the economy, has shown very clearly many shortcomings resulting directly from years of centrally planned economy. Within a relatively short period of time tourist enterprises (mostly state-owned or cooperatives) had to move from a highly centralized and monopolized environment in which the economy was influenced by politics to a largely deregulated competitive environment with rapidly growing presence of an aggressive private sector (there are already approximately 3,000 private retail travel agencies in Poland and some 200 of them emerging as tour operators). There are virtually no special regulations binding travel agencies in their activities other than those generally valid for the entire economy. Licence requirements are yet to be introduced. Economic decisions are taken primarily according to the law of demand and supply. Needless to say that for many "old" tourist enterprises the process of transformation has proved to be rather painful.

In previous years, tourism receipts were considered insignificant as far as Poland's balance of payment was concerned. This situation has recently changed greatly, both in terms of the total number of visitors and tourism receipts. The number of foreign visitors amounted to 18 million persons in 1990 and to 37 million in the following year. 30% of the visitors were from the unified Germany and another 30% from countries of the former USSR. Other countries which generated a considerable number of travellers were Scandinavia, the USA and France. Overall tourism receipts reached almost 1 billion US dollars in 1991, an increase over 1989 of more than 400%. It sounds like an economic success story.

One may ask: Did all this happen because of the change of the economic and political system in Poland and in the countries to the East and because of the collapse of one ugly wall in the capital of the country to the West? The answer is "Yes," but this is not the whole truth. One has to know that of the 60% visitors coming to Poland from Germany and the former USSR the vast majority came for economic reasons. With virtually all the travel restrictions between Poland and Germany lifted, a trip from Frankfurt on the Oder to Slubice or vice versa is almost as easy as a trip to another part of the city. In addition to official receipts of more than 200 million US dollars, an estimated sum of 400 million US dollars went to the then still existing black market. All in all, the secret of the Polish tourism miracle is simple. Poland has become a country with a normal market economy, normal currency, normal relations with neighbouring countries and normal European travel regulations.

As the state tourism administration, we strongly believe that tourism may and should play an even more important role in the Polish economy. Here are some major factors which, in our opinion, support our assertion:

— As the result of political changes in Germany and the former USSR, Poland's role as transit country has grown significantly;
— Numerous natural resources and cultural heritage in combination with a highly improved image of the country make Poland an attractive destination to developed countries of Europe, America and Asia;
— Interest in political and economic transformation of Central Europe continues to exist in societies of "old democracies" primarily in Europe;
— Liberalization of travel regulations in the "New Europe" will also contribute to increase the number of tourists;
— Increased competition amongst suppliers of tourism services in Poland resulting from deregulation and decentralization of the industry will, beyond any doubt, bring further improvement in the quality of services.

One should also mention that for historical reasons, Poland is likely to be a destination for Polish and non-Polish ethnic groups (such as Germans, Jews, Ukrainians, Lithuanians etc.). In the current Polish tourism plan, the following major goals are laid down:

— regional development and creation of new jobs especially in the service sector of local economies;
— increase in revenues for central and regional budgets, improvement of the balance of payments of the country;
— integration within EEC countries.

The tourism development strategy which works toward these general goals includes among others:

— continual improvement of tourism regulations;
— stimulation of tourism development through economic instruments;
— working toward desirable ownership changes — *i. e.*, privatization not only of state-owned tourist enterprises but also of recreation facilities, hotels and sanatoria owned by other state-owned industries;
— conducting of marketing research and promotion in major foreign markets;
— incorporation of tourism into the development plans of regions and communities; stimulating of expansion of cultural, entertainment and recreational facilities;
— strict licence requirements aimed at improving the standard of services;
— improvement of travel industry training and education.

In seeking to achieve these aims and objectives, we have established a number of important issues which require constant attention:

— stipulating principles of international cooperation regarding the protection of the environment especially in border areas;
— stimulating technological changes in the industry to protect air, water and soil;
— working out the proper balance between tourism requirements and environmental restrictions, promotion of ecological awareness among investors and decision-makers on various levels;
— continual monitoring and evaluation of tourism industry impact on various forms of economic activities;
— facilitating the process of tourism investments.

Coming back to the subject of the role of spas in the tourism policy, I wish to give you certain historical perspectives. Poland has long-standing traditions in spa treatment as a component of the national health service based on the social health care principle. The foundations of our spa system go back to the 19th century. In 1922 a comprehensive Spa Act was passed, a number of spa facilities were built, and a scientific institute engaged in balneology was set up. The Polish Spa Association was established, playing a creative part in spa development.

The postwar period was characterized by the nationalization of a vast number of facilities and the expansion of the social health care basis. Dozens of new facilities were built, mainly owned and managed by large state enterprises and trade unions, and numerous new physiotherapeutic establishments came into being. Many facilities were modernized and adapted to all-year operation. A natural health resources management system was created to protect them against degradation. A new Spa Act, which replaced the one of 1922, was approved by the Parliament in 1966. It introduced the definition of the spa, determined authorities on central and local levels responsible for running spas and assigned organizations (trade unions) and institutions authorized to built new spas.

Currently spas constitute a considerable potential within the domestic health care system. There are 36 of them, situated in various regions of the country — mainly in the Carpathian Mountains (13 spas), the Sudetes Mountains (11 spas), in the lowland region (7 spas) and along the seaside (5 spas). They are of a hybrid type, being climatic spring spas, or climatic mud-bath spas. As Poland has nearly all types of mineral waters (with available resources of about 4,000 cubic metres, of which 45% are salines, 25% oxalates, the remaining waters being sulfide and special waters), peloids as well as thermal waters (18 springs in operation), owing to which the treatment capacity of our spas ranges very wide. An especially noteworthy example is the ancient salt mine at Wieliczka, unique in Europe, where asthma and bronchitis are treated. Apart from that, there are 25 localities in this country recognized as potential spas (they are subject to some of the spa regulations) in addition to over 60 localities characterized by spa values to be used in the future.

At the spas, some 30 million treatment sessions take place every year, the total number of spa patients in sanatoria, hospitals and dispensaries reaching about 800,000 a year. The major diseases treated are rheumatic diseases (39%), followed by respiratory (20%), circulation (18%), digestion (10%), and urogenital (5%,) nervous (4%), metabolic (3%) and dermatological (1%) problems. It is noteworthy that in most spas Medical Academy Clinical Centers are established, thanks to which patients are taken good care of by spa medicine experts.

Statistically, Polish spas seem to be in a satisfactory condition. However, they have already experienced serious problems for some time, not only due to disturbances caused by the economic transformation. Their management has not been free from numerous shortcomings, the most significant ones being:

— antiquated heating systems resulting in various kinds of pollution,
— negligence in water and sewage management and lack of adequate maintenance of spa facilities and installations,
— disorder in urban planning and failure to adapt new facilities to local architecture,
— shortage of the cultural and entertainment infrastructure and poor hotel standards.

On the other hand, the Polish spas are in the possession of certain assets, the most important ones being:

— a low degree of urban development,
— low road traffic intensity,
— abundance and diversity of mineral waters,
— a high level of professionalism of medical care,
— widespread application of therapeutic exercise.

It must be stressed that the Polish Spa Act distinguishes two functions of spas —
i. e., those of treatment and tourism recreation. Thus, the traditional treatment and rehabilitation formula is expanded by health tourism, and the Polish spa areas provide favorable conditions for its development. Considerable experience has been gained in this respect at Ciechocinek, for many years successfully involved in the so-called field therapy of varied difficulty.

When discussing the role and place of spas in general Polish Tourism Policy in the new economic environment, the following basic aspects should be considered:

1. The role of the central government and the local authorities in supporting spas

For many years spas were an integral part of the health care system and as such were free. Given its budgetary limitations, the Ministry of Health recently introduced fees covering a portion of the cost of treatment. This resulted in significantly lower numbers of patients treated. Most health resorts are now authorized to sell spa services to the public at the market rates. Still the capacity of many of them is not fully used. In the future the government will continue to subsidize patients, although to a lesser degree, while leaving the support of spas themselves to their management, local authorities and other bodies. The support by local authorities will depend on their financial standing and the importance of the spa in the local economy.

2. Possibilities of marketing underused capacities in the country and abroad

For many health resort managements this is the question critical for their survival. The discussion is currently taking place on how to sell underused capacity and how to earn enough money not only to cover operating costs but also to make necessary investments. One obvious suggestion would be to sell it to foreign patients. Poland's up-to-date achievements in this field are rather modest in comparison, say with Hungary, Czechoslovakia or Romania. This is because of the, in many cases, inadequate standard of services and unsatisfactory marketing techniques used. Measures aimed at making our spas more attractive to foreign visitors will hopefully become a permanent feature of the implementation of the tourist promotion programme in Poland. At the beginning, they will probably concentrate on several spas most frequently visited by foreigners, which have the best facilities to serve them. These are Ciechocinek, Busko, Kolobrzeg, Krynica and Wieliczka. Certainly enough, this is not to say that the activity of the other spas is not going to be stimulated.

3. Privatization and reprivatization of Polish spas

It is believed that privatization may ensure better access to capital in some spas and introduction of better marketing techniques. However given the complexity and mere size of the problem, one cannot expect this process to be easy and fast.

4. The role of spa associations

The newly established "Polish Spas" Economic Chamber (which serves as representation of Polish Health Resorts towards State, local administrations as well as other bodies), together with the State Spas Enterprise and the "Spas" Foundation, have recently embarked on a number of projects in order to include spas in the modernization process involving health tourism and tourism administration. Related aspects were discussed during the Polish Spa Congress at Ladek Zdrój, where special attention was given to spa marketing, economics and engineering as well as development planning, spa service standards and programmes. The necessity of obtaining foreign expertise in order to modernize the Polish spa system was also stressed. It was a working Congress which enabled its participants to voice views on many issues related to the significance of spas in the domestic health care system and economy including tourism.

In conclusion, I wish to say that with the new economic order in place, the formulation of the policy concerning spas in Poland is a task more complex than ever. Some issues require the involvement of various levels of administration while others are the sole responsibility of spa managers or individual investors. Nevertheless, given the importance of the subject, we all should be persistent and innovative in exploiting the vast opportunities which Poland undoubtedly offers in its spa system.

* * *

Janusz S. Feczko
Spa Tourism in Poland: Qualitative Basis

Spa resources

The tradition of using herbal and water healing in Poland is both wide-spread and long-lasting. The rich mineral water resources of Cieplice were discovered by Prince Bolesław Wysocki when a deer which he was chasing fell into a mineral spring. Over the years, spas grew up experiencing periods of both prosperity and stagnation until they reached their present condition. Today, in these times of environmental pollution, we find ourselves turning back to natural methods of healing.

Currently spa healing[1] in Poland is a part of the general state health service, or rather the system of health care, treatment, and rehabilitation. Spas and sanatoria are mainly connected with the health service. Some typical manifestations of tourism, including commercial tourism, are starting to enter the field of spa healing in the context of the free market economy.

Spa healing services are based on the use of natural healing waters, gases, peloids (peat mud), and the healing properties of climate and topography. The therapeutic mineral waters and natural therapeutic products available in Polish spas are listed in table 1. For example, the largely overlooked therapeutic waters of the "Malinka" spring in Busko-Solec are comparable to those of foreign springs. The present dearth of commercial activities, of information, and of advertising, allows for the discovery of new and genuine attractions in this part of Europe.

Health resort (* = at present inactive)	Waters							Products			
	Hydrogencarbonate waters	Chloride waters	Fluoride waters	Sulphur waters	Acidulous waters	Radioactive waters	Thermal waters	Therapeutic waters	Table waters	Therapeutic sales	Mud preparation
Augustów											
Bolków *											
Busko-Zdrój		•								•	
Ciechocinek		•	•				•			•	•
Cieplice			•						•		
Czarna *											

Health resort (* = at present inactive)	Waters							Products			
	Hydrogencarbonate waters	Chloride waters	Fluoride waters	Sulphur waters	Acidulous waters	Radioactive waters	Thermal waters	Therapeutic waters	Table waters	Therapeutic sales	Mud preparation
Czerniawa-Zdrój	•				•	•					•
Długopole-Zdrój	•				•	•					
Duszniki-Zdrój	• •				• •	•					
Dziwnówek		•									
Dżwirzyno											
Goczałkowice-Zdrój		•									
Horyniec				•							
Inowrocław		•							•		
Iwonicz-Zdrój	•	• •		•			•			•	•
Jastarnia											
Jastrzębie-Zdrój		•					•			•	
Jedlina-Zdrój	•				•						
Jurata											
Kamień Pomorski		•									
Kołobrzeg		•							•		
Komańcza *											
Konstancin			•				•				
Kowary	•			•							
Krynica	•				•				•	•	
Krynica-Morska *											
Kudowa-Zdrój	• •				•	• •	•				
Lądek-Zdrój				•	•		•				
Lipa *											
Łagów *											
Łeba											
Łukęcin											
Magnuszew *											
Międzywodzie											
Międzyzdroje		•									

Health resort (* = at present inactive)	Waters							Products			
	Hydrogencarbonate waters	Chloride waters	Fluoride waters	Sulphur waters	Acidulous waters	Radioactive waters	Thermal waters	Therapeutic waters	Table waters	Therapeutic sales	Mud preparation
Muszyna	•				•						
Nałęczów	•										
Piwniczna	•				•						
Polanica-Zdrój	•				•			•	•		
Polańczyk	•	•									
Połczyn-Zdrój		•									
Przerzeczyn-Zdrój					•		•				
Rabe *											
Rabka		•									
Rogóżno *											
Rymanów-Zdrój	•	•			•			•			
Solec-Zdrój		•		•							
Swoszowice	•			•							
Szczawnica	•	•			•					•	
Szczawno-Zdrój	•				•	•		•			
Świeradów-Zdrój	•				•	•					
Świnoujście		•									
Trzebnica			•				•				
Ustka											
Ustroń		•				•				•	
Wapienne				•							
Wieliczka											
Wieniec-Zdrój		•		•							
Wysowa	•	•	•		•	•				•	
Zaniemyśl *											
Złockie	•				•						
Żegiestów-Zdrój	•				•						

Table 1: Therapeutic mineral waters and natural therapeutic spa products
(Source: *Atlas uzdrowisk polskich*).

158 — Janusz S. Feczko

As a result, we can identify a number of high-quality therapeutic indications in many places (table 2). They allow the treatment mainly of joint and muscle, pulmonary, and urological disorders. However, there are fewer possibilities to treat gynecological, skin, endocrine, and metabolic disorders.

Health resort (* = at present inactive)	Joint and muscle disorders	Pulmonary disorders	Cardio-vascular diseases	Gastro-intestinal disorders	Urologic disorders	Endocrine and metabolism disorders	Skin disorders	Gynaecologic disorders
Augustów	1		1					
Bolków *							1	
Busko-Zdrój	1 3		2					
Ciechocinek	1 3	2	1 4					
Cieplice	1 3		4		2			
Czarna *								
Czerniawa-Zdrój		1 3						
Długopole-Zdrój			2	1				
Duszniki-Zdrój		2		1				2
Dziwnówek		3						
Dżwirzyno	1	3				3		
Goczałkowice-Zdrój	1 3	2	4					
Horyniec	1							
Inowrocław	1		2	2				
Iwonicz-Zdrój	1	2		2				
Jastarnia	2	1	1					
Jastrzębie-Zdrój	1 3		4					
Jedlina-Zdrój		1		2				
Jurata	2	1	1					
Kamień Pomorski	1		2					
Kołobrzeg	2	1 3				2	4	
Komańcza *								
Konstancin	2		2			1		
Kowary	1							
Krynica			2	1	2	2		
Krynica Morska *								
Kudowa-Zdrój			1	3		1		
Lądek-Zdrój	1		2				1	
Lipa *								
Łagów *								
Łeba		1				1		

Health resort (* = at present inactive)	Joint and muscle disorders	Pulmonary disorders	Cardio-vascular diseases	Gastro-intestinal disorders	Urologic disorders	Endocrine and metabolism disorders	Skin disorders	Gynaecologic disorders
Łukęcin		1	1			2		
Magnuszew *								
Międzywodzie	1							
Międzyzdroje		1						
Muszyna		1		2				
Nałęczów			1					
Piwniczna		1						
Polanica-Zdrój			1 3	1				
Polańczyk		1			1			2
Połczyn-Zdrój	1							2
Przerzeczyn-Zdrój	1							
Rabe *								
Rabka	4	3 2	1 4			4		
Rogóżno *								
Rymanów-Zdrój	4	1 3	2 4		4			
Solec-Zdrój	1							
Swoszowice	1							
Szczawnica		1						
Szczawno-Zdrój		1 3		2				
Świeradów-Zdrój	1		2					1
Świnoujście		1	1			2	2	
Trzebnica	3							
Ustka	1	2	1			1		
Ustroń	1	2						
Wapienne	1							
Wieliczka	1	1						
Wieniec-Zdrój	1 3			3				
Wysowa		2		1				
Zaniemyśl *								
Złockie					1	2		
Żegiestów-Zdrój					1	2		

Table 2: Therapeutic indications
(Source: *Atlas uzdrowisk polskich*).

Treatment of adults:
1 = main indications, 2 = additional indications
Treatment of children:
3 = main indications, 4 = additional indications

Basic therapeutic procedures are available for patients (table 3). This table also specifies the estimated legal qualitative status of the spas and their ranking (either international, national, or local).

Health resort (* = at present inactive)	Mineral baths	Pelotheraphy	Drinking cure	Inhalation therapy	Hydrotherapy	Therapeutic exercises	Speleotherapy	Health resorts	Health resorts in development	International	Domestic	Local
Augustów					•	•			•			
Bolków *												
Busko-Zdrój	•	•	•	•	•	•		•			•	
Ciechocinek	•	•	•	•	•	•		•			•	
Cieplice	•	•	•		•	•		•				•
Czarna *												
Czerniawa-Zdrój	•	•	•	•	•			•				•
Długopole-Zdrój	•		•					•			•	
Duszniki-Zdrój	•	•	•	•	•	•		•			•	
Dziwnówek	•			•	•				•			
Dżwirzyno	•			•					•			
Goczałkowice-Zdrój	•	•	•	•	•	•		•			•	
Horyniec	•	•	•	•	•			•			•	
Inowrocław	•	•	•	•	•			•			•	
Iwonicz-Zdrój	•	•	•	•	•	•		•				•
Jastarnia	•	•							•			
Jastrzębie-Zdrój	•	•	•	•	•			•				•
Jedlina-Zdrój	•			•	•			•				•
Jurata	•	•							•			
Kamień Pomorski	•	•		•		•		•			•	
Kołobrzeg	•	•	•	•				•			•	
Komańcza *												
Konstancin					•	•						
Kowary							•		•			
Krynica	•	•	•			•		•			•	
Krynica Morska *												
Kudowa-Zdrój	•		•	•	•	•		•			•	
Lądek-Zdrój	•	•	•	•		•		•				•
Lipa *												
Łagów *												
Łeba (climatic therapy only)									•			

Health resort (* = at present inactive)	Basic therapeutic procedures							Law state		Rank of health		
	Mineral baths	Pelotheraphy	Drinking cure	Inhalation therapy	Hydrotherapy	Therapeutic exercises	Speleotherapy	Health resorts	Health resorts in development	International	Domestic	Local
Łukęcin	•	•		•		•			•			
Magnuszew *												
Międzywodzie	•	•				•			•			
Międzyzdroje	•			•	•			•				•
Muszyna	•	•		•								
Nałęczów	•		•	•	•	•	•	•		•		
Piwniczna	•	•						•				•
Polanica-Zdrój	•	•	•	•	•			•		•		
Polańczyk					•				•			
Połczyn-Zdrój	•	•		•	•	•		•				•
Przerzeczyn-Zdrój	•	•		•		•		•				•
Rabe *												
Rabka	•	•	•	•	•			•				•
Rogóżno *												
Rymanów-Zdrój	•	•	•	•	•			•				•
Solec-Zdrój	•	•						•				•
Swoszowice	•	•			•	•		•				•
Szczawnica	•		•	•	•			•		•		
Szczawno-Zdrój	•		•	•				•				•
Świeradów-Zdrój	•	•	•		•	•		•				•
Świnoujście	•			•	•			•				•
Trzebnica						•			•			
Ustka	•			•	•			•				•
Ustroń	•	•		•	•			•				•
Wapienne	•	•						•				•
Wieliczka							•		•			
Wieniec-Zdrój	•	•			•	•		•				•
Wysowa	•	•		•	•			•				•
Zaniemyśl *												
Złockie	•	•							•			
Żegiestów-Zdrój	•		•	•				•				•

Table 3: Basic therapeutic procedures, low state and rank of spa (Source: *Atlas uzdrowisk polskich*).

Geographical locations of Polish spas are shown in fig. 1 and 2 including existing active spas, active spas under development, and currently inactice spas under development. Fig. 3 and 4 show those potential Polish spas which may be able to attain the status of full spas after necessary investments are made. Generally, spas are to be found in Poland in three areas:

a. Lowlands: northern and central Poland; mild impact of climatic factors; healing of circulatory and respiratory diseases;
b. Baltic Coast: the specific climate of the area soothes and treats diseases of the respiratory tract, the circulatory system, and the skin;
c. Sudetes and Carpathian Mountains: strong stimulative impact; diseases of the cardiovascular and respiratory systems, including allergies, etc.

The spatial planning services have identified six zones of spa, recreational, and tourist potential (5, 6). They are the following marked areas on fig. 1 and 2: 1. the Raba Valley, 2. Rabka — Mszana Dolna — Poręba Wielki, 3. Iwonicz — Rymanów — Rudawka Rymanowska, 4. Otłoczyn — Ciechocinek — Nieszowa, 5. Krościenko — Szczawnica, 6. Mierzeja Wiślana. The present research work can be a basis for further practical work to design investments and the development of these areas, with due respect to the social and economic changes taking place in the country.

In total, hospitals and spas have 46,000 beds, serving over 600,000 patients a year (1990) including 120,000 patients who stayed at spa clinics. Over 26,000,000 treatments were administered (3). 188 hospitals and spa sanatoria are owned by the government. Almost the same number belong to various organizations, trade unions, etc. With the development of economic reforms and the commercialization of services, the patient will have more freedom to choose particular spas and treatments. The government will try to retain only spas and sanatoria for children, which offer similar services. Presently, there is a tendency to introduce the financial and organizational independence of spas. That purpose is fulfilled by the gradual restriction of *gratis* use of spa services and an increase in adequately compensated services. Privatization and re-privatization, together with other economic measures, create new possibilities for the investment of both domestic and foreign capital (4).

The quality of the material infrastructure (buildings, equipment, etc.) is varied and requires modernization. Patients are also offered more and more different ways to spend their free time after treatment. One of the main factors, which is decisive for the quality of spa services, is the personnel: 21,000 spa workers are employed by the Ministry of Health, including 9,000 medical workers and 900 physicians. Other ministries and organizations employ their own personnel. Over 80% of physicians have a clinical speciality, and over 30% have an additional speciality in balneoclimatology and physical therapy.

Patients are referred to spas by physicians. They experience very good care and treatment during their stay in spas. 24-hour medical and nursing care is provided.

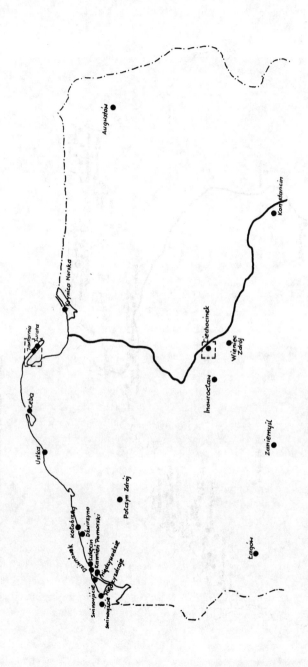

• spas   [ ] zones of spa, recreational, and touristic potential

Fig. 1: Geographical location of Polish spas (the North) —— Source: *Atlas uzdrowisk polskich.*

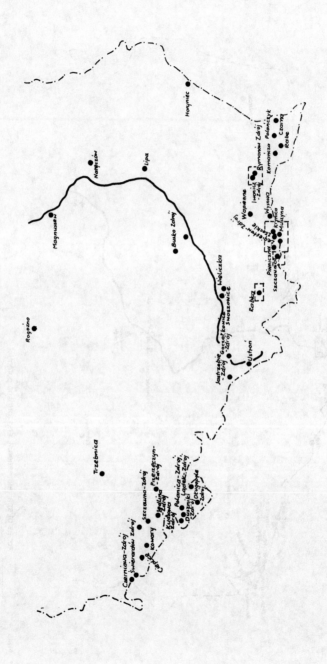

• spas   [ ] zones of spa, recreational, and touristic potential

Fig. 2: Geographical location of Polish spas (the South) — Source: *Atlas uzdrowisk polskich.*

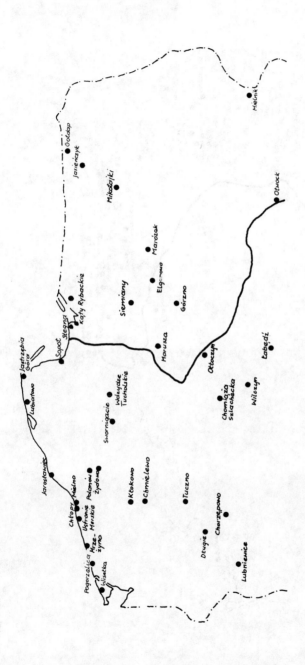

• potential spas

Fig. 3: Geographical location of Polish potential spas (the North) — Source: *Atlas uzdrowisk polskich.*

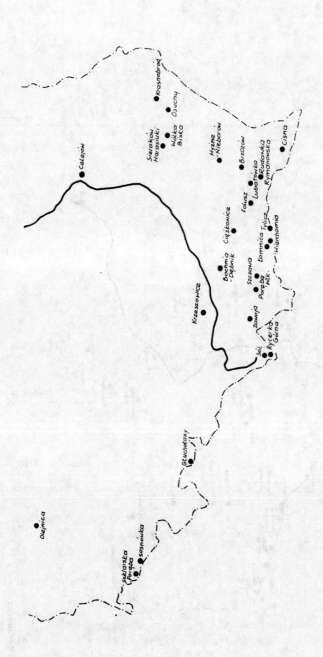

• potential spas

Fig. 4: Geographical location of Polish potential spas (the South) — Source: *Atlas uzdrowisk polskich.*

The Kraków Spa Center

The Kraków spa centre is one of the most interesting and fast-developing centres. In *Wieliczka*, medical treatment is based on the biodynamics of underground salt cavities in the local salt mine. The treatment focuses on respiratory tract diseases (atopic, infectious, and mixed bronchial asthma, chronic bronchial infections, allergies, etc.). What is more, the salt mine is an international tourist attraction, placed on the United Nations World Heritage list.

The *Bochnia* salt mine is being developed for a similar purpose (200 beds in the mine galleries). In *Swoszowice*, mineral water, including sulphur and mud, is used for the treatment of rheumatological, traumatological, stomatological, gynecological, and skin disorders, as well as diseases of the alimentary tract, the metabolic system, the respiratory tract, and the nervous system. The centre has very rare springs of sulphide water, and high-quality healing muds. Hypotherapy is also applied here. Similar disorders are treated with sulphur and salt water at the *Mateczny* natural healing clinic. The centre also has valuable resources of "Krakowianka" mineral water, which contains magnesium, calcium, selenium, and other elements which combat the diseases of contemporary civilization. The *Krzeszowice* centre (sulphide water) offers similar treatment alternatives. The main attractions are provided by the city of *Kraków*, home of the Jagiellonian University, and itself the most precious monument of national culture, with rich traditions. The city has an impressive architectural urban layout and, in 1978, was placed on the United Nations World Heritage list. The further development of the Kraków center depends on economic and social reforms, investments, etc. Kraków therefore is more than just a spa center.

Market research

In order to learn about the preferences of Polish spa patients, a list of the characteristics of the spa products and services has been drawn up (2). The list is based on preliminary market research and expert opinions. The following characteristics have been identified: 1. information about a spa, 2. access — *i.e.*, "transportation," 3. reception of patients, 4. effectiveness of healing treatment, etc., 5. treatment facilities, 6. hotel standards, 7. quality of food, 8. restaurant facilities, 9. medical personnel (professionalism, competence), 10. medical personnel (readiness to serve, kindness), 11. hotel and reception personnel (professionalism, competence), 12. hotel and reception personnel (readiness to serve, kindness), 13. restaurant personnel (professionalism, competence), 14. restaurant personnel (readiness to serve, kindness), 15. patients' feeling of importance, 16. attractiveness of the surroundings of the spa.

319 patients were interviewed at the end of their stay in the Wieliczka spa. Patients used the following scale of evaluation: 0 = none or unsatisfactory, 3 = fair, 4 = good, 5 = excellent. Fig. 5 shows results for particular characteristics of each product or service, along with the percentage values of grades 3, 4, and 5 (no grades of 0 were given).

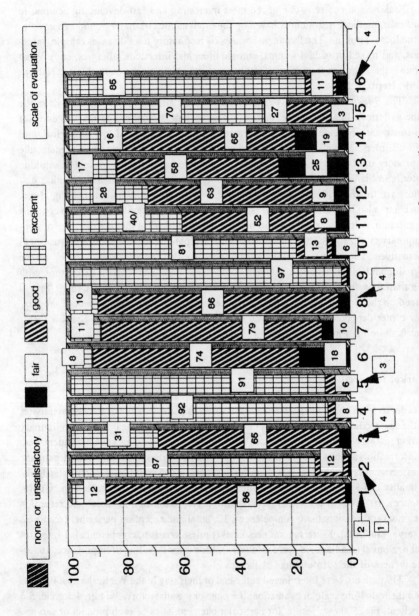

Fig. 5: The results of market research—preferences of Polish spa patients in Wieliczka. — Source: author's own research.

The research results indicate varied evaluations of products and services by patients. Low grades were given for hotel reception and restaurant personnel (60% and 83% respectively receiving 5s and 4s for professionalism and competence), while high grades were given to the effectiveness of medical treatment (92% receiving 5s), professionalism and competence of medical personnel (97% receiving 5s) and the attractiveness of the surrounding area (85% receiving 5s).

*

Notes

1 This report is only a preliminary presentation of the subject of Polish spas.

*

Bibliography

Atlas uzdrowisk polskich, PPWK, Warszawa 1990.

FECZKO, J.: "Jakość produktów: kształcenie, testowanie," in: *Handel Wewnętrzny*, 1, 1989.

Lecznictwo uzdrowiskowe, Min. Zdrowia i Opieki Społecznej, Warszawa 1992.

WOJCIECHOWSKI, A.: "Kąpiel błotna," in: *Przegl. Tygodniowy*, 13, 1992.

WYSOCKA, E.: *Rola pasm uzdrowiskowych-wypoczynkowo-turystycznych w rozwoju profilaktyki zdrowotnej*, Inst. Turystyki, Warszawa 1989.

———: "Wybrane modele struktur funkcjonalno-przestrzennych uzdrowisk w Polsce," in: *Probl. Uzdrowiskowe*, 4/64, 1972.

* * *

Gerard Straburzyński und Zdzisław Suwała
Polnische Kurortmedizin und Möglichkeiten des Gesundheitstourimus

Unter den Bedrohungen des Lebens und der Gesundheit des Menschen in der technischen Zivilisation treten umweltbedingte Erkrankungen immer mehr in den Vordergrund. Man muß hierbei den nicht zu großen Kontakt des Menschen mit der Natur und die Störung des biologischen Gleichgewichts zwischen dem Organismus und der Umwelt infolge rhythmischer biologischer Störungen berücksichtigen — Konsequenz der modernen Lebensweise und der Arbeitsanforderungen der Industrie. Industrie, Urbanisierung, die Entwicklung der Verkehrsmittel und schließlich die zunehmende Anwendung von scheinbar unschädlichen chemischen Mitteln — all das, was typisch für die technische Zivilisation ist — führen in die Umwelt des Menschen neue Gefahren ein, die in früheren Perioden der menschlichen Entwicklung unbekannt waren. Als Folge der Störung zwischen somatischen und psychischen Adaptionsmöglichkeiten des menschlichen Organismus und der Einwirkung der Umwelt treten Erkrankungen auf, deren Ursachen ökologischen Charakter haben.

Bei der Bekämpfung umweltbedingter Krankheiten spielt eine komplexe Physiotherapie, die in Kurorten durchgeführt und zur sog. ökologischen Medizin gezählt wird, die größte Rolle. Sie ist die einzige natürliche Art der Vorbeugung gegen eine Reihe von Erkrankungen und von deren Behandlung. Sie erzwingt eine aktive Teilnahme der Homeostasemechanismen bei der Ordnung und Stärkung gestörter physiologischer Funktionen. Die Physiotherapie betrachtet man heute allgemein als eine stimulierende Behandlungsmethode, deren Ziel ein höherer Adaptionsgrad zu verschiedenen Formen physischer Energie ist. Die komplexe Physiotherapie wurde zu einer Domäne der Kurortmedizin, die zu denjenigen Gebieten der Medizin gehört, welche sich in den letzten Jahren besonders entwickelten. Sie hat eine lange Evolution hinter sich: von der empirisch begründeten Naturheilkunde zu einer Disziplin klinischer Medizin, die wissenschaftlich begründet und von Fachärzten praktiziert wird.

Die Erkenntnis der ökologischen Ursachen vieler Krankheiten vergrößerte die Bedeutung der Kurbehandlung im Hinblick auf Vorbeugung, Therapie und Rehabilitation. Der Beweis hierfür ist in vielen Ländern die Einbeziehung der Kurbehandlung in das System des allgemeinen Gesundheitsdienstes.

Der Begriff des Kurortes ist seit frühesten Zeiten mit den therapeutischen Eigenschaften natürlicher Heilmittel verbunden, deren Quelle die natürliche Umwelt ist. Ihre Wirksamkeit und Attraktivität verdankt die Kurbehandlung den Heilwässern, Mooren und dem Klima sowie der Landschaft. Ein Heilfaktor ist zweifellos auch das Kurregime. Es lindert pathogene Faktoren des Lebens in der technischen Zivilisation wie übermäßige Eile, vergrößertes Lebenstempo und auch die Überlastung des Nervensystems durch psychische Anstrengungen.

Die Kurbehandlung wird gewöhnlich in klimatisch, landschaftlich und materiell besseren Umständen durchgeführt als am Wohnort des Kranken. Der Kuraufenthalt erinnert mehr an einen Erholungs- als an einen Krankenhausaufenthalt, obwohl der Organismus einer physiotherapeutischen Behandlung unterzogen wird. Das gerade unterscheidet die Kurmedizin von anderen Disziplinen der klinischen Medizin, welche sie ergänzt, und gibt ihr die große Überlegenheit in der Behandlung, der Rehabilitation und der Prophylaxe. Voraussetzung für die erfolgreiche Nutzung des natürlichen Milieus für medizinische Zwecke sind: überdurchschnittliche landschaftliche Werte und günstige lokale bioklimatische Eigenschaften. Für die Bekämpfung der Krankheit und die Regeneration der Gesundheit ist nicht nur die biologische Wirkung der Heilwässer, Heilmoore und des Klimas wichtig, sondern auch die psychische Entspannung im Kontakt mit der Schönheit der Natur.

Der wirkliche Fortschritt in der Kurmedizin der letzten Jahre besteht in Hildebrandts Darstellung der adaptiven Wirkung der physikalischen Behandlungen, die während der Kurbehandlung angewandt werden. Hildebrandt zählt die Kurbehandlung zu der Gruppe natürlicher Heilungsmethoden, welche anregend auf die eigenen physiologischen Mechanismen der Organismusgenesung einwirken. Im Ergebnis wird das Gleichgewicht des vegetativen Systems wiederhergestellt, steigen die regulativen und defensiven Fähigkeiten des Organismus und normalisiert sich die Funktion und Trophik der Gewebe. Das Ziel der Kurbehandlung sind also die Ergänzung und gleichzeitige Stärkung anderer Behandlungsmethoden durch eine Anregung potentieller Reserven, das Training der Regulationsmechanismen in dem noch gesunden Teil des Organismus sowie die Regulierung grundsätzlicher vegetativer Funktionen. Die Folge ist die Besserung oder Wiedergewinnung der Leistungsfähigkeit. Man muß unterstreichen, daß die traditionelle Therapie mit Arzneimitteln in vielen Fällen nicht der Vorbeugung oder Heilung ökologischer Krankheiten entspricht, weil durch Arzneimittel nicht die Leistungsfähigkeit des ganzen Organismus erhalten werden kann. Unter dem Einfluß der komplexen physiotherapeutischen Behandlung im Kurort werden die physiologischen Mechanismen gestärkt, die dem Organismus eine Adaptierung bzw. Bekämpfung der Belastungen durch schädliche Lebens- und Arbeitsbedingungen erlauben. Darauf beruhen auch die heute nicht mehr bezweifelten Vorteile der Physiotherapie im Vergleich zur Pharmakotherapie bei der Vorbeugung und Heilung umweltbedingter Erkrankungen. Dies läßt sich sowohl soziologisch als auch ökonomisch belegen. Die in mehreren Forschungszentren dokumentierten Untersuchungsergebnisse lassen keinen Zweifel, daß die zur Steigerung der Gesundheit beitragende Kurbehandlung der Nationalwirtschaft eines jeden Staates, welcher über Kurorte verfügt, meßbare Vorteile bringt.

Die Kurtherapie hat in Polen eine reiche und jahrhundertelange Tradition. Die ersten schriftlichen Berichte über die Behandlung mit Heilwässern stammen aus dem 11. Jahrhundert. Im 16. Jahrhundert gab es in Polen eine Reihe von Kurorten, die sowohl Trinkkuren als auch Bäderkuren anwendeten. Die Entwicklung der Kurorte wurde nach der Teilung Polens am Ende des 18. Jahrhunderts stark beeinträchtigt. Aber trotz der Politik der Unterwerfer, die die Entwicklung der Kurorte auf polnischem Boden nicht begünstigte, wurden dank der Bemühungen polnischer Balneologen im 19. Jahrhundert einzelne Kurorte langsam ausgebaut, und es entstanden sogar einige neue. Es entstanden auch mehrere wertvolle wissenschaftliche Werke im Bereich der Balneologie, darunter Lehrbücher, und es wurden sogar die ersten beiden balneologischen Lehrstühle an polnischen Universitäten in den von Rußland und Österreich annektierten Gebieten gegründet. Hinzuzufügen ist, daß zu dieser Zeit die polnischen Balneologen als erste in Mitteleuropa Moorbehandlungen in die Kurorte einführten. In der zweiten Hälfte des 19. Jahrhunderts entstanden auf polnischem Boden auch klimatische Kurorte, welche die Behandlungsmöglichkeiten für eine Reihe von Krankheiten wesentlich erhöhten. Die in polnischen Kurorten durchgeführten Kuren erfreuten sich bereits gegen Ende des 19. Jahrhunderts eines neuzeitlichen Charakters der Komplexbehandlung. Die Entwicklung der Kurorte, die nach der Wiedererlangung der Unabhängigkeit Polens im Jahre 1918 erfolgte, wurde nach dem Zweiten Weltkrieg beschleunigt, als im Jahre 1945 das Kurheilwesen in das allgemeine, kostenlose System des Gesundheitsschutzes eingegliedert wurde. Damit wurde die Kurtherapie in Polen ein integraler Teil des allgemeinen Gesundheitsschutzsystems mit der Aufgabe einer Ergänzung und Vervollständigung des Heilungsprozesses sowie der Rehabilitation und Prophylaxe. Dies bedeutete, daß jeder Arzt unabhängig davon, in welchem Glied des Gesundheitsdienstes er beschäftigt ist, die Kurbehandlung im individuellen Behandlungsplan des Kranken berücksichtigen konnte. Die Kur dauert 25 Tage, und jeder Kranke, der sich vom medizinischen Standpunkt aus für eine qualifiziert, kann sie einmal im Jahr nutzen.

Obwohl nur ein Teil der Kuranstalten dem Gesundheits- und Volkswohlfahrtsministerium unterstellt ist und die übrigen im Besitz von verschiedenen Institutionen (hauptsächlich Gewerkschaften und Betrieben) sind bzw. waren, so ist durch ein vom Sejm gesetzlich vorgesehenes Organisationssystem das gesamte Kurwesen dem Gesundheitsministerium untergeordnet. Dies garantiert ein einheitliches Niveau des Heilverfahrens in Anlehnung an den medizinischen Fortschritt sowie einen Wirkungskreis im Rahmen des einheitlichen Systems des Gesundheitsschutzes. Die Aufsicht über alle Heilanstalten des Kurortes führt dessen Chefarzt, der dem Gesundheitsminister untersteht. Die Qualifizierung der Kranken zur Kurbehandlung stützt sich auf die Indikationen und Gegenindikationen zur Kurbehandlung von Erwachsenen, Kindern und Jugendlichen, die vom Institut für Kurmedizin bearbeitet wurden und stets aktualisiert werden. Jeder Kurort besitzt ein bestätigtes Statut, das die wichtigsten Aspekte regelt, um optimale Bedingungen für die Durchführung und Entwicklung des Kurwesens zu schaffen. Bevor eine Ortschaft in die Liste der Kurorte aufgenommen wird, muß sie vom Ministerialrat als Kurort anerkannt werden. Diese Anerkennung erfolgt, nachdem vom Gesundheitsministerium durch Vermittlung des Institutes für Kurmedizin die therapeutischen Eigenschaften der natürlichen Kurmittel (Wasser, Peloide, Klima und Landschaft) festgestellt wurden.

Im Vergleich zu anderen Ländern zeichnet sich das polnische Kurwesen durch bestimmte Organisationseigenheiten aus. Da die Notwendigkeit einer ständigen Verbindung der drei grundsätzlichen medizinischen Wirkungsformen Prophylaxe, Therapie und Rehabilitation anerkannt wurde, hat man die Kuranstalten in drei Gruppen eingeteilt, wobei in jeder einzelnen das Schwergewicht auf einer der drei medizinischen Wirkungsformen liegt. Die Kuranstalten werden also in Präventorien, Sanatorien und Kurkrankenhäuser eingeteilt. Die auf der Basis von Urlaubs-Erholungszentren in Kurorten wirkenden Präventorien bieten eine weitgehende Prophylaxe durch physiotherapeutische Methoden vor allem für Menschen, die an stark gesundheitsschädlichen Arbeitsplätzen beschäftigt sind. In Sanatorien werden dagegen im Rahmen des Urlaubs langwierige Krankheiten behandelt, die zu dieser Zeit keine Zuspitzungen aufweisen. Zur Behandlung in Sanatorien werden die Patienten von Ärzten der Elementareinheiten des Gesundheitsschutzes (Bezirks- und Betriebsambulatorien) eingestuft. Die Kurkrankenhäuser wiederum sind zur Behandlung von Kranken vorgesehen, die durch balneologische Ärztekommissionen der Wojewodschaft unmittelbar nach einer Behandlung in Spezialabteilungen oder in Spezialambulatorien der Krankenhäuser eingewiesen werden. Die Behandlung in Kurkrankenhäusern erfolgt im Rahmen der zeitweiligen Arbeitsunfähigkeit und zielt vor allem auf die Verkürzung der Rekonvaleszenz sowie auf die Vorbereitung des Kranken zum aktiven Leben in jener Umwelt, in der er vor der Erkrankung gelebt hat. Die Kurkrankenhausbehandlung hat also einen ausgesprochenen Rehabilitationscharakter. Während Sanatorien nicht voll profiliert sind, führen Kurkrankenhäuser ihre Behandlungsweise nur im Bereich einer einzigen klinischen Spezialisierung aus. So verzeichnet man in polnischen Kurorten kardiologische, pulmonologische, gastroenterologische, orthopädische, rheumatologische, gynäkologische und andere Kurkrankenhäuser. Im Programm der Kurrehabilitation sind die Kurkrankenhäuser natürliche Rehabilitationszentren, in welchen sich die Rehabilitation in psychosozialen, dem normalen Leben angenäherten Verhältnissen durch diesem Ziel entsprechende Methoden der Physiotherapie, vor allem der Balneo-Hydro-Bewegungstherapie, abspielt. In den polnischen Kurorten erfolgt heute die Rehabilitation im Bereich einer jeden klinischen Disziplin. Am besten ist sie jedoch bei zwei Krankheitsgruppen entwickelt: bei Disfunktionen der Bewegungsorgane, die Folgen von Krankheiten sowohl der Bewegungsorgane als auch des Nervensystems sind, sowie bei inneren Krankheiten mit Herz- und Lungenleiden an der Spitze.

Gegenwärtig kommen in die 37 Kurorte und in die 25 Ortschaften, auf welche einige Vorschriften des Kurortgesetzes ausgedehnt worden sind, jährlich 800.000 Kranke, davon 105.000 in die Kurkrankenhäuser. 300.000 Personen von 1 Million Erholungsgästen und 1 Million Touristen, die alljährlich unsere Kurorte besuchen, werden ambulant behandelt.

Um die natürlichen lokalen Heilmittel optimal zu nutzen, werden in jedem polnischen Kurort besonders zwei oder maximal drei Gruppen von Krankheiten behandelt. Allgemein hat man acht medizinische Hauptrichtungen angenommen:

— Rheumatologische und Krankheiten der Bewegungsorgane,
— Krankheiten des Kreislaufsystems,
— Krankheiten des Atmungssystems,

— Krankheiten des Verdauungssystems,
— Krankheiten des Systems der inneren Sekretion und des Metabolismus,
— Urologische Krankheiten,
— Hautkrankheiten,
— Gynäkologische Krankheiten.

Polen zählt zu den Ländern, die von der Natur reich mit Naturheilvorkommen beschenkt wurden. Die Kurorte sind in den schönsten Gebirgs- und Vorgebirgsgegenden der Karpaten und Sudeten, in den Niederungen am Mittellauf der Weichsel und längs der Ostseeküste gelegen. Sie besitzen ausgezeichnete Klimaheilbedingungen, reiche Vorkommen an Mineralwässern, Heilgasen und Moorvorkommen, die oft mit ihren Vorzügen nicht hinter den in vielen berühmten Kurorten der Welt angewandten Heilmitteln zurückstehen. Polen ist reich an Heilwassern verschiedener Zusammensetzung und Mineralisation. Darunter sind auch Thermalwässer, deren höchste Temperatur nicht viel über 40 °C liegt. Die allgemeine Zahl an Quellfassungen bzw. Heilwasserquellen in polnischen Kurorten liegt weit über 2000. Die Region der Karpaten und des Vorgebirges besitzt Solen mit Calcium-, Jodid- und Bromidwasser. Dort treten auch Sulphidwässer und Säuerlinge-Hydrogenkarbonat-Natrium, Calcium bzw. Magnesiumwässer sowie Natriumchloridwässer in verschiedenen Kombinationen auf. Im mittleren Tieflandgebiet des Landes, das sich von der Ostsee hinzieht, finden sich vorwiegend Natriumchloridwässer. Im Gebiet der Sudeten entlang der südwestlichen Grenze zwischen Polen, der Tschechoslowakei und Deutschland treten schwach mineralisierte radioaktive und Sulphidwässer, ferner auch Säuerlinge, auf. Reich ist auch das Vorkommen an Heilmooren-Humoliten, die als einziges Peloid in den polnischen Kurorten angewandt werden. Außer sog. klassischen Moorbehandlungen wird auch Moorpaste angewandt, die durch Homogenisation des Moores erhalten wird und einen hohen Zersetzungsgrad besitzt. Seit den 60er Jahren werden in Polen bei Fällen mit Gegenindikationen für Wärmeanwendungen Packungen oder Umschläge mit einer solchen Moorpaste mit einer Temperatur von 37 °C angewandt. Auf diese Weise wird die biologische Wirkung der chemischen Moorbestandteile unter Ausschluß der unerwünschten hohen Temperatur bei der klassischen Moorbehandlung genutzt. Die Ergebnisse zahlreicher Untersuchungen zeugen von einer günstigen Wirkung der Moorpaste beim Heilungs- und Rehabilitationsprozeß, vor allem bei Krankheiten der Bewegungsorgane.

Spezifisch für die polnische Kurtherapie ist die Subterraneotherapie (Speleotherapie), d. h. die Behandlung im Mikroklima der ausgebeuteten Kammern des Salzbergwerks in Wieliczka und im Mikroklima ähnlicher Kammern des Uranbergwerks in Kowary. Im ersten Fall wird das Natriumchlorid-Aerosol genutzt, im zweiten das Radon der Luft.

Aufmerksamkeit verdient auch die medizinische Nutzung des Klimas in der Umgebung des größten europäischen Gradierwerks im Kurort Ciechocinek. Entlang der drei Wände des Gradierwerkes mit einer Länge von 724 m, 366 m und 652 m, die ein offenes Viereck bilden, führen Spazierwege. An die offene Seite dieses Vierecks schließt ein Schwimmbecken mit thermaler Sole an. 5%ige Jodid-Bromid-Sole wird auf eine Höhe von 16 m gepumpt und fließt frei durch Schlehenäste herunter, wobei sie verdampft und auf 27–28 % verdichtet wird. Vom Frühjahr bis zum Herbst wird die Gradierwerkzone als natürliches Inhalatorium genutzt. Der NaCl-Gehalt der Luft in dieser Zone beträgt je nach Wetterlage 0,24–9,83 mg/m³.

Der Durchschnitt der Aerosolteilchen in 10 Meter Entfernung von den Gradierwerken beträgt 4 μ. Einzelne Aerasolteilchen wurden noch 500 Meter von den Gradierwerken entfernt festgestellt. Der Jodgehalt der Luft bei 15 Meter Entfernung von den Gradierwerken beträgt von 0,083–3,74 μg/m³. Der Gehalt an Kalziumionen beträgt 0,32–3,9 mg/m³.

In der polnischen Kurtherapie wird der Grundsatz einer komplexen, viel- und verschiedenenartigen Behandlung nach einem individuell für jeden Kranken erarbeiteten Plan beachtet. Dabei wird eine Reihenfolge genau dosierter kinesitherapeutischer und balneotherapeutischer Elemente oder anderer physiotherapeutischer Behandlungen bei gleichzeitiger Nutzung klimatischer, landschaftlicher und kultureller Faktoren berücksichtigt.

In den polnischen Kurorten arbeiten Ärzte, die außer der Spezialisierung in einer der klinischen Grunddisziplinen auch die Qualifikation eines Spezialisten zweiten Grades auf dem Gebiet der Kurmedizin und Physiotherapie besitzen. Die drei Jahre dauernde Spezialisierung für Kurmedizin und Physiotherapie kann nach der zwei bis drei Jahre dauernden Spezialisierung ersten Grades für klinische Disziplinen wie innere Krankheiten, Neurologie, Laringologie, Pädiatrie usw. erfolgen. Hierbei muß man vom Institut für Kurmedizin geleitete Diplomlehrgänge besuchen und eine Abschlußprufung vor der staatlichen Kommission ablegen. Alle in den Kurorten beschäftigten Ärzte sind verplichtet, an verschiedenen Diplomkursen teilzunehmen, die von medizinischen Lehranstalten und Forschungsinstituten des Ministeriums für Gesundheit und Sozialfürsorge organisiert werden.

Wissenschaftliche Untersuchungen im Bereich der Kurmedizin und Physiotherapie werden hauptsächlich vom Wissenschaftlichen Forschungsinstitut für Kurmedizin, mit Sitz in Poznań, geleitet, das im Jahre 1952 vom Ministerium für Gesundheit und Sozialfürsorge gegründet wurde. Die Tatsache, daß das Institut außer den Ärzten auch über Spezialisten jener Wissenszweige verfügt, die zur Aufbereitung der natürlichen Heilmittel und deren technischen Ausführung unentbehrlich sind, ermöglicht eine Verifizierung der bisherigen balneotherapeutischen Methoden und die Erarbeitung von neuen Methoden. Vor allem aber ermöglicht sie eine volle Rationalisierung der Indikationen für die Anwendung von Heilwasser und Moor. Sie ermöglicht ferner die Durchführung von Untersuchungen im Bereich des Umweltschutzes für die Kurorte, besonders zum Schutz der Heilwasserquellen, der Moorlager sowie des Klimas.

Ein Großteil der in dem Institut durchgeführten Untersuchungen wurde im Ausland, vor allem in Deutschland und in Frankreich veröffentlicht.

Das Institut für Kurmedizin inspiriert und koordiniert von Amts wegen die Funktion von 75 Forschungs-Konsultationszentren, die wissenschaftliche Untersuchungen in den Kurorten durchführen. Sie werden von Professoren aus medizinischen Akademien und Instituten des Gesundheitsministeriums geleitet und beziehen sich auf sämtliche klinische Disziplinen. Es ist dies eine in der Welt einmalige Zusammenarbeit von medizinischen Hochschulen mit der Kurmedizin.

Ferner muß gesagt werden, daß in Polen die Polnische Gesellschaft für Balneologie, Bioklimatologie und physikalische Medizin tätig ist. Ihr gehören Wissenschaftler und Ärzte an, die wissenschaftliche Tagungen organisieren und gemeinsam mit dem Institut für Kurmedizin die Zeitschrift *Polnische Balneologie* herausgeben.

Wahre Perlen unter den polnischen Kurorten sind Szczawnica, Krynica und Ciechocinek. Der Kurort Szczawnica liegt im malerischen Dunajectal in der Nähe des Naturparks Pieniny. Der Kurort ist auf allen Seiten von mit Nadel- und Lärchenwäldern bedeckten Berghängen umgeben, die vor Wind schützen und eine reine Luft garantieren. Der neuzeitliche Charakter der Sanatorien harmonisiert gut mit der Schönheit der umliegenden Natur. Dank der vorzüglichen Eigenschaften bezüglich Klima und Luft hat der Kurort Szczawnica große Erfolge bei der Behandlung von Krankheiten des Atemweges, vor allem Bronchialasthma. Hier befinden sich Heilwasserquellen zur Inhalation und für Nasen- und Halsdurchspülungen. Zur Attraktion des Aufenthaltes in Szczawnica gehören Wanderungen zu den Pieniny-Gipfeln und die Wildflußfahrt über den Dunajec-Durchbruch. Im Sommer können die Kurgäste den Strand am Dunajecufer und im Winter die herrlichen Skigebiete genießen.

Einer der größten und modernsten polnischen Kurorte ist Krynica, im Kryniczanktal gelegen, umgeben vom malerischen, waldigen Beskiden-Höhenzug. Dank der herrlichen Natur, dem milden Klima sowie den äußerst wertvollen Heileigenschaften der seit Mitte des 18. Jahrhunderts bekannten und genutzten Mineralwässer wird Krynica als „Perle der polnischen Kurorte" bezeichnet. Das Klima dieses Kurorts ist ein Reizklima, ein Höhenklima mit verhaltnismäßig strengen Wintern und kühlen Sommern. Hier befindet sich eine der größten und modernsten europäischen Heilwassertrinkhallen mit Konzertsaal. Die Fläche der Trinkhalle inmitten des Alpinariums beträgt 4.540 m². Es gibt einen herrlichen Park mit einer Anhöhe, die mit einer Seilbahn zu erreichen ist. Auf der Anhöhe ist ein Café und Restaurant mit Tanz sowie ein Gelände für Liegekur, Spaziergänge und Wintersport. Krynica ist gleichzeitig ein Wintersportzentrum mit Rodelbahn, Skipisten und Hockeystadion. Im Sommer stehen den Kurgästen offene Schwimmbäder, Tennis- und Sportplätze zur Verfügung. Für die Kurgäste werden Ausflüge in die Umgebung organisiert. Besonders gute Heileffekte werden hier bei Krankheiten des Verdauungs- und Harnsystems, bei Diabetes, Krankheiten des Kreislaufsystems (besonders Verschlußkrankheiten) und Frauenleiden erzielt.

Der Kurort Ciechocinek ist der größte polnische Moor-Salzwasser-Kurort. Er liegt in Zentralpolen im Weichseltal. Ein Park und Blumenanlagen verleihen Ciechocinek den Charakter eines Gartenkurorts. Das Klima ist mild. Der Sommer ist dank der hohen Zahl an windlosen Tagen und der starken Sonneneinwirkung ungewöhnlich warm. Einen großen Einfluß auf das Klima üben die Gradierwerke aus. Deshalb erreicht die Luft in Ciechocinek Merkmale der Meeresluft mit ihren Heileigenschaften. Die zu den weltweit größten zählenden Gradierwerke bilden im anliegenden Park Bedingungen eines natürlichen Inhalatoriums, in dessen Umkreis sich ein offenes, mit Salzwasser gespeistes Schwimmbecken und ein Sandstrand befinden. Auch ein Sportstadion steht zur Verfügung. Ciechocinek besitzt ein ausgezeichnetes Moor, vorzügliche Heilwasser, Salz, Jodid-, Bromid- und Sulfidwässer und Chlornatrium-Trinkwässer. Hier werden Krankheiten der Bewegungsorgane (darunter rheumatische), Krankheiten des Atmungssystems und des Kreislaufsystems behandelt. Vom Kurort Ciechocinek aus kann man herrliche Wanderungen in das Weichseltal oder weitere Ausflüge nach Toruń, der schönen Kopernikus-Stadt sowie zum Goplosee unternehmen, wo sich interessante archäologische Ausgrabungen befinden.

Gegenwärtig gehört ungefähr die Hälfte der Sanatorien dem Ministerium für Gesundheitswesen, und der Rest ist Eigentum verschiedener Gewerkschaften und Institutionen. Der Privatisierungsprozeß hat in den polnischen Kurorten begonnen. Er wird im Laufe der nötigen Reformprozesse im staatlichen System des allgemeinen Gesundheitsdienstes in Schwung kommen. Durch die finanziellen Schwierigkeiten des Staates werden diese beschleunigt, denn die Regierung ist nicht mehr in der Lage, die medizinische Versorgung der Gesellschaft kostenlos weiterzuführen. Die organisatorischen Änderungen im Gesundheitsdienst sind vorerst noch gering. Während die Behandlung in den Kurkliniken noch kostenlos ist, wurde unlängst eine teilweise Bezahlung für Quartier und Verpflegung in den Sanatorien eingeführt, wobei gleichzeitig die Zahl der gratis durchgeführten Anwendungsarten eingeschränkt wurde. Jeder, der eine Kurbehandlung benötigt, kann immer noch einmal im Jahr eine Überweisung in einen Kurort erhalten. Gleichzeitig hat der Staat aber die Finanzierung einer Reihe von Sanatorien eingestellt und somit die Zahl der Betten, die für eine kostenlose Kurbehandlung bereitstehen, verringert. Dies zwingt ihre Besitzer dazu, auf eigene Faust Kurgäste zu suchen, die bereit sind, für die Behandlung zu zahlen, oder Kapitalgeber zu finden, die in eine Gesellschaft einsteigen wollen (oder eine gründen möchten), sowie den beliebig langen Aufenthalt für ausländische Kurgäste attraktiver zu gestalten. Auf diese Weise entstanden in polnischen Kurorten die ersten polnisch-ausländischen Gesellschaften, die mit ausländischen Touristenagenturen zusammenarbeiten und Touristenaufenthalte sowie Kurbehandlungen für Ausländer organisieren. Die eingetretenen Veränderungen haben bewirkt, daß (obwohl in den polnischen Kurorten immer noch das 24-Tage-Modell für eine Behandlung im Sanatorium oder in der Kurklinik dominiert) in jedem Kurort ein kurzer oder mehrtägiger Aufenthalt mit gleichzeitiger intensiver Behandlung ebenfalls möglich ist. In jedem polnischen Kurort arbeiten dem Ministerium für Gesundheitswesen untergeordnete Naturheilanstalten, die therapeutische Anwendungen auch an Personen abgeben, die nicht im Sanatorium oder in der Kurklinik untergebracht sind. So kann man z. B. in einem Ferienzentrum oder einem Hotel wohnen und sich mit allen kurörtlichen Heilstoffen behandeln lassen. Von dieser ambulanten Kurbehandlung macht jährlich eine große Zahl von Touristen Gebrauch.

In dem Kurortunternehmen kann man stets die entsprechende Anzahl von Plätzen in den besten Sanatorien buchen. So kann also ein jeder, der während eines kurzen oder längeren Urlaubs ein Stück Polen sehen und sich gleichzeitig einer Kurtherapie zur Festigung seiner Gesundheit oder zur Bekämpfung einer Krankheit unterziehen möchte, gerne zu uns kommen. Er wird in jedem Kurort herzlichst aufgenommen. Hier wäre zu erwähnen, daß die Kosten für den Aufenthalt und die Behandlung in den polnischen Kurorten nicht hoch sind. Den polnischen Kurorten liegt sehr daran, am internationalen Gesundheitstourismus teilzunehmen. Die damit verbundenen Aspekte werden bei jedem Fortbildungskursus für die in den Kurorten beschäftigen Ärzte besprochen, und zwar auf Initiative der Polnischen Gesellschaft für Balneologie, Bioklimatologie und Physikalmedizin. Wir sind nämlich der Meinung, daß diese Ärzte die Grundsätze der Tourismusorganisation kennen müssen. Der Gesundheitstourismus ist eine erstklassige Form, das Kennenlernen anderer Länder und Menschen und ihrer Kultur mit der Befriedigung der eigenen Gesundheitsansprüche durch eine Behandlung in Kurorten zu verbinden, die ja meistens in den schönsten Gegenden eines jeden Landes gelegen sind. Die Entwicklung des Gesundheitstourismus durch besseres gegenseitiges Kennenlernen und Verstehen der Menschen aus verschiedenen Ländern wird dem Entstehen eines vereinten Europa sehr von Nutzen sein. Diesem Europa gehören wir ja sowohl geographisch als auch kulturell und seelisch an.

Marianna Daszkowska
Kurtourismus in Polen – ökonomische und juristische Aspekte

1 Einführung

Eine der vielen Formen des Gesundheitstourismus ist die Kurtouristik. In den Kurorten treten drei Arten von Dienstleistungen auf:
— Rehabilitation und Heilung,
— Prophylaxe,
— Tourismus.

Das Hauptziel von Heilung und Rehabilitation ist die Wiedergewinnung der Gesundheit und das Aufhalten des Krankheitsprozesses. Die Prophylaxe umfaßt die folgenden Aspekte:
— Vorbeugung einer Krankheitsentstehung,
— Entgegenwirkung einer Verschlechterung des Gesundheitszustandes infolge eines Auftretens der ursprünglichen Krankheitssymptome,
— Stabilisierung der erreichten Heilergebnisse und Verhinderung von Krankheitsrückfällen.

Diese beiden Leistungsarten in den Kurorten unterscheiden sich wesentlich von der Gesundheitstouristik, in der
— das Motiv nicht die Durchführung einer Kur ist,
— die Benutzung von Heileinrichtungen nicht das Hauptziel, sondern eine zusätzliche Attraktion der aktiven Erholung ist, die freiwillig, ggf. nach ärztlicher Beratung, gewählt wird,
— der Arzt ggf. vor der Abfahrt sowohl den Ort, den Zeitraum als auch die gesamten Aufenthaltsgrundlagen bestimmt, doch deren Befolgung dem Touristen und nicht der Aufsicht des Kurarztes überläßt.

2 Die natürlichen Vorzüge der Kurorte

In Polen kann man drei bioklimatisch unterschiedliche Landschaften unterscheiden:
— Niederungen, die für den nördlichen und mittleren Teil des Landes typisch sind und drei Viertel der Gesamtfläche umfassen,
— die Berge im Gebiet der Karpaten und Sudeten,
— die Ostseeküste.

Das Tieflandklima wurde als am wenigsten reizend anerkannt. Einen milderen Ablauf der klimatischen Reize bietet das tiefländisch-forstliche Klima, das die Heilung der Kreislauf- und Atmungswegskrankheiten begünstigt.

Das Gebirgsklima, das durch eine Luftdruckminderung gekennzeichnet ist, beeinflußt das Kreislaufsystem und die Atmungswege; es fördert die Heilung der allergischen Krankheiten und der Hautkrankheiten sowie auch die Kräftigung jener Personen, die schädlichen Einflüssen am Arbeitsplatz ausgesetzt sind.

Das Meeresklima zeichnet sich durch eine Vielzahl von Reizfaktoren und -eigenschaften aus wie z. B. Luftabkühlung, starke und häufige Luftbewegungen und große Intensität der Sonnenbestrahlung. Das Seeaerosol ermöglicht eine natürliche Inhalation.

Das folgende Verzeichnis führt einige polnische Kurorte unter Berücksichtigung der Landschaft und der Höhenlage über dem Meeresspiegel auf:

Niederung 0—200 m ü. d. M.	Vorgebirge (200—300 m ü. d. M.)	Mittelgebirge (300—500 m ü. d. M.)	Gebirge (500—800 m ü. d. M.)
− Kołobrzeg	220 − Trzebnica	245 − Cieplice Śl.	540 − Czerniawa
− Wieniec Kuj.	240 − Przerzeczyn	400 − Długopole	540 − Jedlina
− Połczyn	240 − Horyniec	400 − Piwniczna	540 − Rabka
35 − Ciechocinek	250 − Swoszowice	400 − Polanica	590 − Krynica
90 − Inowrocław	265 − Goczałkowice	400 − Iwonicz	600 − Duszniki
180 − Busko	270 − Krzeszowice	400 − Ustroń Śl.	600 − Świeradów
200 − Nałęczów	300 − Jastrzębie	400 − Kudowa	
	300 − Solec	400 − Rymanów	
		415 − Szczawno	
		450 − Lądek	
		500 − Szczawnica	
		500 − Żegiestów	

Tab. 1: Die Höhenlage der Kurorte.[1]

Die Klimareize verändern sich je nach der Jahreszeit. Je unterschiedlicher das Klima zwischen dem Ort des vorübergehenden Aufenthaltes und dem der ständigen Ansässigkeit ist, desto größer sind die Reize für den Organismus. Die Organisation durch das balneoklimatische Institut in mehreren Kurorten von biometeorologischen Versuchsstationen, in denen deren Angestellte mit den Kurortärzten zusammenarbeiten, ist eine nutzbringende und verbreitungswürdige Initiative.

Auf jedem Gebiet besteht ein örtlich spezifisches Mikroklima, das nicht nur von den natürlichen Bedingungen, sondern auch von der lokalen Tätigkeit des Menschen abhängig ist. Als Beispiel des schädlichen Wirkens kann hier der Bau von Industriewerken sein, die in der Nähe der großen Städte und der Naturschutzgebiete entstanden sind, sei es die Umgebung von Kraków und Gdańsk oder das Gebiet Oberschlesiens.

Es sind ebenfalls Beispiele für die Erschaffung eines Mikroklimas vorhanden, das mit dem des mittelmeerländischen vergleichbar ist. Die vor über hundert Jahren im

Zentrum des Orts Ciechocinek errichteten Gradierwerke hatten am Anfang die Salzgewinung zum Ziel. Nach Jahren erwies es sich, daß um diese Gradierwerke ein ungewöhnliches Mikroklima entstanden ist, das den Bronchialkatarrh sowie die Hypertonie erfolgreich heilt. In den letzten zwanzig Jahren hat es sich ergeben, daß das Mikroklima mancher Gruben für Heilzwecke genutzt werden kann. In Polen gibt es zwei unterirdische Sanatorien. In Wieliczka werden Kranke für einige Stunden in die ausgebeutete Salzgrube gebracht. Man heilt hier verschiedene Arten von Sensibilisierungskrankheiten, vor allem jedoch Bronchialasthma, Bronchialkatarrh, Staublunge, Lungenblähung sowie Stoffwechsel- und manche Herzkrankheiten. In der Gegend von Kowary befinden sich drei Stollen, die nach beendeter Urangewinnung als Heilstätten für Erkrankungen wie Bluthochdruck, verschiedene Arten von Sklerose und manche Krankheiten der Atemwege, des Stoffwechsels und der inneren Sekretion dienen.

Die Nutzung des vom Menschen geschaffenen Mikroklimas ist eine Errungenschaft der letzten Jahrzehnte. Doch von der Möglichkeit einer klimatischen Heilung wußte man schon jahrhundertelang.[2] So heilte man z. B. in Davos in der Schweiz die Lungentuberkulose, ohne die Ursachen dieser Krankheit zu kennen. Der Warschauer Arzt Tytus Chałubiński entdeckte die Heileigenschaften des Tatra-Klimas, und Dr. Alfred Sokołowski aus Włodawa heilte in den Sudeten die Lungentuberkulose.

Zu den natürlichen Heilfaktoren werden, neben Klima und Landschaft, auch die Heilstoffe angerechnet. Es gehören hierzu:[3] das Heilwasser, die Heilgase, das Meerwasser und die Peloide.

3 Geographische Lage der Kurorte und deren Charakteristik

Die Verteilung der in den einzelnen Regionen unseres Landes vorhandenen Kurorte ist ungleichmäßig. Die meisten liegen im Gebirgs- und Vorgebirgsraum. Von den insgesamt 36 anerkannten Kurorten befinden sich rund 25 in diesen Gebieten.[4] An der Spitze stehen hier die Wojewodschaften Nowy Sącz und Wałbrzych. Im Seeküstenstreifen besitzen wir nur drei Kurorte, und in den übrigen Gebieten befinden sich weitere acht Kurorte, die auf fünf Wojewodschaften verteilt sind.

Im Jahre 1990 betrug die durchschnittliche Zahl der während des ganzen Jahres belegten Betten 46.243, was in Umrechnung auf 10.000 Bewohner ein Ergebnis von 12,1 Betten gibt.[5] Die Zahl der Kurgäste zeigt eine fallende Tendenz. Sie betrug 793.000 im Jahre 1980 und im Jahre 1990 nur noch 659.000 Personen.[6]

Die Zahl der ausländischen Kurgäste in Polen bleibt dagegen seit Jahren ungefähr auf dem gleichen Niveau. Nach den Angaben der Oberaufsichtsstelle des Kurwesens haben im Jahre 1986 vom Kur-Gesundheitswesen 480 ausländische Kurgäste (darin von der sanatorischen Heilung 320 und von ambulatorischen Heilungsdiensten 160 Personen) Gebrauch gemacht.

Herkunftsland der Kurgäste	Zahl der Kurgäste
Vereinigte Staaten von Amerika	214
Bundesrepublik Deutschland	37
Großbritannien	29
Israel	23
Österreich	15
Andere Länder	19
Insgesamt	337

Tab. 2: Ausländische Kurgäste, eingewiesen durch des Staatliche Reisebüro „Orbis", in den polnischen Kurorten im Jahre 1989.[7]

Im folgenden wird beispielhaft eine kurze Charakteristik des Kurortes Sopot vorgestellt.[8] Die Erholungsvorzüge der Ortschaft Sopot bemerkten die Danziger Ratsherrn
schon im 16. Jahrundert, indem sie Bauernparzellen für ihre vorstädtischen Residenzen
kauften. Das 19. Jahrhundert brachte die aus England und Frankreich stammende Mee-
resbadmode und damit auch Kenntnisse über den wohltuenden Einfluß des Seebades
auf den menschlichen Organismus. Von weittragender Bedeutung in der Geschichte
Sopots war die Ankunft des napoleonischen Arztes Jean George Haffner. Er schlug im
Jahre 1808 vor, daß hier ein Kurbad entstehen solle. Jedoch erst im Jahre 1822 wurden
— nach vielen Versuchen — die Voraussetzungen für das Bad geschaffen. An der Stelle
des heutigen Moleneingangs (gegenwärtig die längste an der Ostsee — 512 m lang) wurde im Jahre 1823 die Badeanstalt errichtet. Später baute man das Kurhaus, trassierte die
Spazierwege und begann, das Leben der erst kleinen Fischersiedlung zu entwickeln.
Sopot erhielt seine Stadtrechte im Jahre 1901.

Jetzt zählt die auf drei Terrassen lokalisierte Stadtfläche 1700 ha, wovon 975 ha
auf Parkanlagen und Wälder fallen. In dem urbanisierten Teil bilden weitere 140 ha
Grünflächen, was Sopot in die Reihe der Städte mit den meisten Grünflächen pro Einwohner in Polen stellt. Die Mehrheit der — die Sopoter Strände umspülenden — Meeres-
strömungen kommt von der Redłowoer Landzunge her und führt aus den Danziger Hä-
fen keine Verunreinigungen heran. Die ins Meer einmündenden elf Sopoter Bäche und
Ströme besitzen die Sauberkeitsklasse I mit II (Angaben von 1984). Das Stadtgebiet
befindet sich vollständig unter dem unmittelbaren Einfluß der Ostsee. Es zeichnet sich
durch beträchtliche Sonneneinstrahlung (durchschnittlich sechs Stunden täglich im Jahr)
aus. Die Durchschnittstemperatur der Luft beträgt 7,8 °C (im Juli +35 °C, im Februar
-20 °C). Die summarischen Jahresniederschläge betragen 500—600 mm (durchschnittlich
545 mm). Wesentliche Faktoren sind der Jod- und der Meersalzgehalt der Luft. Während in Europa der Jodgehalt in der Reichweite des Seeklimas 0,4 mg/m³ beträgt, beträgt er am Molenkopf 2,3 mg/m³. Der Gehalt von Chlornatron (NaCl) beziffert sich
auf 46 mg/m³ im Sommer und 52 mg/m³ im Winter.

Auf dem Gebiet des Drei-Städte-Parks (Gdańsk — Sopot — Gdynia) ist das Sanatorium „Leśnik" („Förster") lokalisiert, welches als ein Angebotsbeispiel auf dem Markt
der Kurtourismusdienste gelten soll. Das Sanatorium liegt 103 m über dem Meeresspie-

gel in Ober-Sopot. In einem dreistöckigen Gebäude, das mit einem Personenaufzug ausgestattet ist, befinden sich: 12 Einzelzimmer, 21 Zimmer für 2 Personen, 36 Dreipersonenzimmer. In jedem Zimmer ist ein Bad (Dusche, WC, Waschbecken) vorhanden. Auf dem Gebiet des Sanatoriums befinden sich weiterhin: Speisesaal, Kaffeehaus, Badebecken, Tennisplatz, Sportplatz, ein bewachter Parkplatz und Satelliten-Fernsehen. Im Sanatorium werden hauptsächlich Krankheiten des Kreislauf- und Atmungssystems sowie auch Rheumabeschwerden behandelt. Im Sanatorium werden zahlreiche Anwendungen ausgeführt (vgl. Tab. 4).

Verpflegung mit Übernachtung	Kurgast mit Einweisung (in Zloty)	Kurgast ohne Einweisung (darin Ausländer)	
		in Zloty	in DM
Einzelzimmer	380.000	3.600.000	438,30
Zweipersonenzimmer	280.000	3.300.000	401,80
Dreipersonenzimmer	210.000	3.000.000	365,20

Tab. 3: Preise für einen dreiwöchigen Aufenthalt im Sanatorium „Leśnik", Sopot, im Jahre 1992 pro Person (angegeben in Zloty und DM).[9]

Anwendung	Preis	
	Zloty	DM
1 Vibrationsbad	12.000	1,46
2 Paraffinumschläge	18.300	2,23
3 Einzelinhalation mit Hydrocortison	12.000	1,46
4 Einzelinhalation mit physiologischem Salz	11.700	1,42
5 Einzelinhalation mit Ölen	11.000	1,34
6 Interdynamik	13.000	1,58
7 Diadynamik	12.300	1,50
8 Ultraschall	13.200	1,61
9 Sollux-Bestrahlung	8.400	1,02
10 Einzelgymnastik	20.000	2,43
11 Gemeinschaftsgymnastik	6.000	0,73
12 Unterwassermassage	30.000	3,65
13 Wirbelbad	20.000	2,43
14 Mantelbrause	16.600	2,02
15 Teilmassage	20.000	2,43
16 Hydrocortison-Jontophorese	16.200	1,97
17 Lignin-Cain-Jontophorese	15.100	1,84

Tab. 4: Die Preise für Anwendungen im Sanatorium „Leśnik" in Sopot im Jahre 1992 (Angaben in Zloty und DM).[10]

4 Rechtliche Aspekte der Kurtätigkeit

Grundlegende Bedeutung für die Kurorte haben zwei Rechtsakte:
— das Gesetz vom 17. Juni 1966 über die Kurorte und das Kurheilwesen (Gesetzblatt Nr. 23, Position 150),
— das Gesetz vom 8. März 1990 über die territoriale Selbstverwaltung (Gesetzblatt Nr. 16, Position 95).
Das erste Gesetz ist veraltet und entspricht nicht mehr den Umwandlungen im gesellschaftlich-wirtschaftlichen Leben Polens. Immer öfter wird betont, daß in den Marktwirtschaftsverhältnissen viele Elemente des Vorkriegsgesetzes vom 23. März 1922 (Gesetzblatt Nr. 31, Pos. 251) über Kurorte genutzt werden sollten. Eine komplizierte Verkettung der Kompetenzen in den Kurorten verlangt eine Koordination sowie generelle rechtliche Lösungen, die
— die Unverletzlichkeit der natürlichen Verhältnisse,
— die Möglichkeit zur Gestaltung der gesamten Umwelt in bezug auf die Anforderungen des Kurwesens,
— eine Tätigkeitsverordnung der am Kurwesen beteiligten Organisationseinheiten,
— die Bildung der für eine richtige Kurwirtschaft unentbehrlichen Finanzmittel
sicherstellen würden.

Die Entstehung der lokalen Selbstverwaltungen schafft für die Kurorte eine neue Situation. An dieser Stelle ist es notwendig, in Erinnerung zu bringen, daß ein Kurort ein umfangreiches Gelände einnimmt, welches nicht immer innerhalb des Gebiets einer Gemeinde liegt, da das Kurortgelände (mit Sanatorien, Kurhotels, Kuranstalten, Wassertrinkhallen, Naturheilanstalten, Badebecken, Wäldern, Parkanlagen, Stränden und Heilwasserquellen) durch die Grenze des Kurortschutzes bestimmt ist. Gegenwärtig kommt zwischen den lokalen Selbstverwaltungen und dem staatlichen Kurortunternehmen ein gewisser Interessenwiderspruch zum Vorschein. Seit Jahren wurden die Kurorte von Direktoren verwaltet, die vom Gesundheitsministerium nominiert und direkt abhängig waren. Die Ortsbehörden hatten keinen Einfluß auf das Vorgehen und die auf dem Gebiet der Kurorte getroffenen Entscheidungen. Von ihnen verlangte man nur begleitende Dienstleistungen. Neue Selbstverwaltungsbehörden entschlossen sich dazu, das bisherige Monopol zu brechen. Bekanntlich sind in vielen Ländern die Kurorte ein gutes *business*, das der Gemeinde Wohlstand und — was zu betonen ist — umweltfreundliche Lebensbedingungen bringt. Ein Kurort gibt vielen Bewohnern Arbeit und zahlt bedeutende Steuern, jedoch entfallen bisher auf die Gemeindekassen jährlich nur 32 Mio. Zloty, während der Zentralhaushalt 200 Milionen Zloty monatlich einkassiert.[11] Prof. Jerzy Regulski, der Regierungsbevollmächtigte für die Angelegenheiten der territorialen Selbstverwaltung, stellte auf dem ersten gesamtpolnischen Landtag der Kurstädte und -gemeinden fest, daß das neue Gesetz vorteilhafte Bedingungen schafft, denen zufolge die Selbstverwaltungen bei sich selbst bestimmen, aber auch für getroffene Entscheidungen die volle Verantwortung tragen sollen. Demnach sollten die Ortsbehörden selbst beschließen, welche Wirtschaftsobjekte (darunter Sanatorien) ein kommunales, welche ein privates und welche auf anderen Prinzipien funktionierendes Vermögen bilden sollen. An dieser Stelle muß hinzugefügt werden, daß zu den größten Problemen die fortschreitende Degradierung der Kurorte, die Bedrohung ihrer Existenz und der empfindliche Mangel an Finanzmitteln gehören. Deshalb besteht die dringende Notwendigkeit, einen Verband polnischer Kurorte zu schaffen, der nach dem Vorbild des in der Vorkriegszeit tätigen und in Galizien im Jahre 1910 als Landesverband der Bäder und Kurorte gegründeten Vereins wirken würde. Dieser Verband würde eine beratende und konsultative Rolle übernehmen, wobei seine Aufgaben in der Verbandsordnung bestimmt wären. Der Verband sollte Rechtsfähigkeit besitzen und die Möglichkeit haben, eine Wirtschaftstätigkeit zu führen (was aufgrund des Vereinsgesetzes erlaubt ist). Die vorgeschlagene Verbandsgliederung könnte, nach Meinung von Professor A. Madejski, an den Verband der Deutschen Kurorte angenähert sein, welcher nicht nur die Tätigkeit der Kurorte koordiniert, sondern auch Vorlagen für die Wasserwirtschaft und den Umweltschutz[12] erarbeitet, die er dann der Regierung vorstellt.

5 Ökonomische Aspekte der Kurtätigkeit

Die Veränderung des politisch-wirtschaftlichen Systems führt zu einer neuen ökonomischen Situation, die sich auch auf die Kurorte auswirkt. Dies findet seinen Ausdruck in der auf Marktverhältnisse umgestellten therapeutisch-touristischen Tätigkeit und im allmählichen Verzicht auf die übermäßige Fürsorge des Staates. Das Zustandekommen von Konkurrenz in den Kurorten zwingt zur Führung der kurörtlichen Objekte nach den Regeln der Ökonomie und unter steter Beobachtung der Konkurrenz. Dies ist eine ganz neue Erscheinung. Die Existenz verschiedener Objekte, die von verschiedenen Eigentümern (Staat, Kommunalbesitzer, Genossenschafts- und Privateigentümer) geführt werden, ruft eine Differenzierung der Preise hervor.[13] Dies führt zu der Notwendigkeit der Kategorisierung der Sanatorien und Kurorte.

Die Bezahlung der Heilkuren in Hinsicht auf Personen, die von der Versicherung Gebrauch machen, kann auf einem Durchfluß des Versicherungsgeldes vom Versicherungsfonds über den Staatshaushalt beruhen. Aber auch wenn die Vermittlung des Haushaltes ausgeschlossen wird, besteht noch die Möglichkeit, daß die Bezahlung der Kur entweder nach wirklichem Kostenaufwand durch die Versicherung oder aber an Ort und Stelle durch den Kurgast erfolgt, dem die Versicherungsanstalt dann das Geld zurückerstattet.

Die letzterwähnte Art würde den Zufluß von Geld in die Kurortkassen beschleunigen und die Kurorte zu Bemühungen um die Kurgäste antreiben. Es schafft auch die Möglichkeit einer Tätigkeit von verschiedenen Versicherungsanstalten, die miteinander konkurrieren, was für eine Herabsetzung der Gesamtbehandlungskosten förderlich wäre.

Das Problem besteht hauptsächlich darin, wie hohe Geldbeträge vom Gesundheitsbetreuungsfonds angehäuft werden und welcher Teil davon für die Kurheilung vorgesehen werden kann. Hinsichtlich dieses Bereichs fehlen leider objektive Angaben. Man muß bemerken, daß in Polen schon gegenwärtig für den Gesundheitsschutz und die pensionsberechtige Fürsorge nahezu die Hälfte der globalen Verdienste aller im Produktionsalter stehenden Leute bestimmt wird und daß das nicht ausreicht.

1991 führte man das Gesetz (Gesetzblatt Nr. 64 V. 1991) über eine Teilrückzahlung der Kurbehandlungskosten durch die Kurgäste ein. Die Kosten des täglichen Aufenthalts pro Kurgast im Sanatorium schwanken jetzt zwischen 70.000 und 150.000 Zloty, was ungefähr 20 DM beträgt. Die eingeführte Rückzahlung macht nur einen geringen Teil der Aufenthaltskosten aus. Deshalb muß über Reserve- und Ersparnisquellen nachgedacht werden. Diese Angelegenheit wird in Kürze eine der wichtigsten in jedem Kurort werden. In der ersten Stufe können gewisse Ersparnisse infolge einer Reduzierung des Verwaltungspersonals und einer Beseitigung aller Verluste an Wasser, Energie usw. erreicht werden.

Ökonomische Gewinne können durch eine bessere Flächennutzung erreicht werden, indem in den Naturheilanstalten zusätzliche Dienstleistungen organisiert und entgeltliche Dienste, z. B. Aerosol-Augenspülungen, spezielle kosmetische Behandlungen usw. geleistet werden.

Eine kostengünstige Unternehmungsart ist für die Kurortwirte die Fremdendienstleistung. Vor dem Krieg war die Zahl der ausländischen Kurgäste zweimal größer als heute. Wie es scheint, wäre eine Ursache der merkbaren Abnahme der ausländischen Kurgästezahl die sichtbare Teilnahmslosigkeit seitens des staatlichen Kurortunternehmens an der Aufnahme von ausländischen Gästen.

Zu den potentiellen Gästen unserer Kurorte gehören Auslandspolen aus der ganzen Welt (vor allem die polnische Kolonie in Nordamerika, die auf etwa 6,5 Mio. Personen geschätzt wird). Einen potentiellen Markt für unsere kurörtliche Expansion bilden auch Deutschland, Kanada, Israel, die skandinavischen und die arabischen Länder. Bei ausländischen Kurgästen am beliebtesten sind gegenwärtig die Kurorte Ciechocinek und Krynica. Aus Berechnungen[14] geht hervor, daß es aktuell möglich ist, den Auslandskurgästen folgende Plätze zur Verfügung zu stellen:

— 1000 Plätze in den Sanatorien staatlicher Kurortunternehmen,
— 1000 Plätze in den Branchen-Sanatorien,
— 1000 Plätze in Privatquartieren für Kurgäste, die eine ambulante Behandlung in Anspruch nehmen.

Bedeutende Reserven treten in den durch die Gewerkschaften gebauten Sanatorien auf. Die staatlichen Unternehmen haben aus Mangel an Geldmitteln keine neuen Sanatorien errichtet und sich auf die Modernisierung mancher Naturheilanstalten beschränkt. Die Anreise von Ausländern in die polnischen Kurorte erfordert einen hohen Standard bei den Übernachtungs- und Dienstleistungseinrichtungen. Gegenwärtig führt man Gespräche mit Vertretern des französisch-belgisch-spanischen Kapitals über den Bau eines Fünfsterneobjekts mit 450 Plätzen und einer modernen Behandlungsanlage in Ciechocinek. Dieselben Vertreter planen die Errichtung ähnlicher Objekte in Iwonicz und Konstancin. Eine Chance für unsere Kurorte sind:[15]

1. die Möglichkeit einer wirksamen Heilung vieler Beschwerden;
2. die fachgerechte medizinische Betreuung;
3. der einmalige Charakter mancher Kurorte (z. B. Wieliczka und Krynica – u. a. wegen der anderswo nicht vorkommenden Wässer Suber I, II und III);
4. das große Potential des Kurwesens. Schon im Jahre 1986 wurde geschätzt, daß das Kurheilwesen 1,5 Mio. Personen umfassen sollte; unterdessen waren es nur ungefähr 800.000 Gäste;
5. beträchtliche Reserven an natürlichen Beständen (die Gesamtbestände an Heilwässern betragen jährlich 11 Mio. m³, wogegen deren Ausnutzung nur 30 % ausmacht);
6. die Anstalten des Naturheilwesens werden auf dem Gebiet von 36 statutmäßigen Kurorten und 25 Ortschaften geführt, auf die gewisse Vorschriften des Kurortgesetzes ausgedehnt wurden. Schon in den siebziger Jahren hat man nahezu 70 Ortschaften ausgewählt, die potentiell Kurorte sein können.

Daraus geht hervor, daß Polen ein großes Potential an Kurorten und auch im Bereich der Gesundheitstouristik hat. Dazu sind jedoch große Investitionen notwendig. In einer Situation, in der sich die polnische Wirtschaft in einer tiefen Krise befindet, (das Nationaleinkommen ist in den letzten zwei Jahren um 20 % gesunken, und die Zahl der Arbeitslosen beträgt schon über 2,2 Mio. Personen, das sind 11 % aller Berufstätigen) vermindert sich der Aufwand für Investitionen erheblich. Ein vieljähriger Abstieg des Investitionsaufwandes in der polnischen Wirtschaft bewirkt, daß der Zustand der vorhandenen Liegenschaften, was ebenfalls die Kurorte anbetrifft, einer wesentlichen Verschlechterung unterliegt.

Das Engagement des ausländischen Kapitals in Polen ist leider nicht groß und beträgt ungefähr 700 Mio. Dollar. Wenn vom Budget des Gesundheitsschutzes keine Finanzmittel mehr herausgewirtschaftet werden können und die ausländischen Investoren weiterhin zurückhaltend sind, müssen andere Rettungswege für das enorme Potential der polnischen Kurorte gesucht werden. Das Fortbestehen des bisherigen Systems, dessen grundlegende Elemente auf Konkurrenzlosigkeit beruhten, ferner das monopolistische Staatseigentum und das gesetzliche Zuwendungsgebot bedeuten – und zwar nicht nur im Falle der Kurorte – eine langsame Abdrift in Richtung auf eine Katastrophe. Aus diesen Gründen wird der Anschluß der Basis der kurörtlichen Tätigkeit an die Demonopolisierung, Deregulierung und Privatisierung zu einer Anweisung des ökonomischen Pragmatismus. Die Ortsbehörden, die die Distribution der Finanzströme optimieren, müssen die Sicherstellung entsprechender Angebote von Kurdiensten auf sich nehmen, was jedoch nicht bedeutet, daß die Selbstverwaltungen diese Dienste selbst erzeugen sollen. Sie können sie von den Wirtschaftsunternehmungen, wie z. B. vom Privatsektor, kaufen. Infolgedessen könnten die Lokalbehörden sich von der Funk-

tion eines Herstellers befreien und auf die Entwicklungspolitik des Kurortes konzentrieren. Zu einer Lösung des Problems könnten gehören:

— die Pacht,
— die Konzession,
— die Aktiengesellschaft (im Falle größerer Objekte),
— Genossenschaften,
— andere Formen.

6 Schlußfolgerungen

1. Die polnischen Kurorte besitzen natürliche Bedingungen zur Entwicklung des
   Heilwesens und des Gesundheitstourismus.
2. Von anderen Ländern unterscheiden sich unsere Kurorte durch landschaftliche und
   historisch-kulturelle Vielfalt sowie durch traditionelle Beziehungen zu vielen Völ-
   kern.
3. Zu den Vorteilen unserer Kurorte gehören die Transitlage auf dem Kontinent und
   eine besondere Stellung auf der politischen Karte der Welt.
4. Polen besitzt ein großes Kurwesenpotential (36 anerkannte Kurorte sowie 25 Ortschaften, auf die gewisse Vorschriften des Kurortgesetzes ausgedehnt wurden, und
   70 Ortschaften, die potentiell Kurorte sein können).
5. Es bestehen große Reserven an nichtgenutzem kurörtlichem Potential und an natürlichen Ressourcen.
6. Die Zahl der Kurgäste (darin auch die der Ausländer), die ständig fällt, betrug
   659.000 Personen im Jahre 1990, was im Verhältnis zur Kapazität von 1,5 Mio.
   weniger als 50 % bedeutet.
7. Der Investitionsaufwand verringert sich in der gesamten Wirtschaft ebenso wie in
   der Gesundheitsfürsorge und im Tourismus.
8. Das Gesetz vom 8. März 1990 über die territoriale Selbstverwaltung stimuliert die
   Entwicklung der Kurorte.
9. Eine Änderung bzw. Novellierung muß das Gesetz über Kurorte und Kurheilwesen
   vom 17. Juni 1960 erfahren.
10. Es besteht die Notwendigkeit, eine Kurkommission zu gründen, der die Gemeinde-
    behörden einen Teil ihrer Entscheidungsberechtigung überlassen.
11. Es sollte dringend ein unabhängiger Verband polnischer Kurorte gegründet werden,
    der als beratende und konsultative Körperschaft den Kurorten und ihrem Manage-
    ment dient.
12. Es ist ein Gebot des ökonomischen Pragmatismus, die Kurorte in die Marktwirt-
    schaft und in die Demonopolisierungs- und Privatisierungsprozesse einzugliedern.
13. Die Ortsbehörden müssen sich von den Funktionen der Leistungserzeuger befreien
    und auf die Entwicklungspolitik der Kurorte konzentrieren.

14. Das Kurwesen und der Kurtourismus verlangen eine komplexe Lösung vieler Probleme im Bereich des Gesundheitsschutzes, der Sozialpolitik, der Ökonomie, des Rechts und der Ökologie.

*

Anmerkungen

1 Quelle: *Kleine Enzyklopädie der Gesundheit*, Warszawa: PWN, 1963, S. 350.
2 Die ersten chronistischen Vermerke über die polnischen Kurorte stammen aus der Wende des 11. und 12. Jahrhunderts. Sie beziehen sich auf die Heileigenschaften der Quellen in Inowłódź (am Fluß Piliza gelegen) sowie auch auf die schlesischen Cieplice, Solice (gegenwärtig Szczawno) und Lądek. Der Autor des ersten Werkes über den Kurort Cieplice war der Hofarzt des polnischen Königs Stefan Batory (1533–1586), Wojciech Oczko, der als „Vater der polnischen Balneologie" bekannt ist.
3 J. Wolski: *Erholung und Touristik in den Kurorten*, Poznań: AWF, 1978, S. 40 f.
4 Ebda., S. 460.
5 Das statistische Jahrbuch des Hauptamtes für Statistik 1991, Warszawa 1991, S. 459.
6 Ebda., S. 460.
7 Quelle: J. Wolski: „Neue Chancen für eine bedeutende Steigerung der Zahl der ausländischen Kurgäste in den polnischen Kurorten", in: *Bulletin des Instituts für Touristik*, Warszawa 1990, S. 24.
8 Bearbeitet aufgrund W. Cubała / W. Krupa: „Sopot wieder ein Kurort", in: *Die Kurort-Probleme*, 3–4/1988.
9 Quelle: Die Daten wurden vom Direktor des Sanatoriums „Leśnik" in Sopot, Herrn Dr. Waldemar Krupa, erteilt. – Die DM-Preise wurden nach der Währungskurstabelle der Nationalbank Polens, Nr. 65/1992 vom 1.4.1992, berechnet. Der Tagesdurchschnittskurs betrug 8.214 Zloty pro DM. – Der vollbezahlte Aufenthalt eines Kurgastes pro Person und Tag betrug im Durchschnitt 150.000 Zloty, das sind 18,26 DM. Im Juli und August beträgt das Entgelt für Kurgäste *mit* Einweisung das Doppelte; für Personen *ohne* Einweisung ist die Bezahlung (abhängig von der Zimmerkategorie) 200.000–400.000 Zloty, d. h. im Durchschnitt 36,52 DM, höher.
10 Zu Quelle und Währungskurs gilt das bereits für die vorige Tabelle (Anm. 9) Gesagte.
11 G. Mikołajczyk: „Das Herumzerren des Kurortes", in: *Technische Übersicht*, 40/1990.
12 A. Madejski: „Die Kurort-Lobby", in: *Technische Übersicht*, 31/1990.
13 Vgl. Tab. 3 und 4.
14 J. Wolski: „Neue Chancen ...", a. a. O., S. 30.
15 Nachstehende Zahlenangaben stammen aus dem Artikel von M. Kucharski: „Die Entwicklung der Kurorte erhalten", in: *Die Kurort-Probleme*, Mai–Juni 1990, S. 23–26.

*

Literaturverzeichnis

CUBALA, W. / W. KRUPA: „Sopot erneut ein Kurort", in: *Die Kurort-Probleme*, 3—4/
    1988.
Das statistische Jahrbuch des Hauptamtes für Statistik, Warszawa 1991.
Der Sachverhalt des Staates um die Jahreswende 1991/1992. Der volle Text des von
    der Regierung des Premierministers Jan Olszewski angenommenen Dokuments
    Rzeczpospolita, Nr. 37, 13. Februar 1992.
Die kleine Gesundheitsenzyklopädie, Warszawa: PWN, 1963.
KUCHARSKI, M.: „Die Entwicklung der Kurorte erhalten", in: *Die Kurort-Probleme*, 56/
    1990.
MADEJSKI, A.: „Die Kurort-Lobby", in: *Technische Übersicht*, 31/1990.
MIKOLAJCZYK, G.: „Das Herumzerren des Kurortes", in: *Technische Übersicht*, 40/
    1990.
WOLSKI, J.: *Erholung und Tourismus in den Kurorten*, Poznań: AWF, 1978.
——: „Neue Chancen für bedeutende Steigerung der Zahl der ausländischen Kurgäste
    in den polnischen Kurorten", in: *Bulletin des Instituts für Tourismus*, Warszawa
    1990.

Irena Ledwoń-Jędrzejczyk
Zukunftschancen der polnischen Kurorte
Die Kurorte als Reiseziel für ausländische Besucher

1 Problemstellung und Zielsetzung

In diesem Beitrag wird dargestellt, welchen Bedingungen Heilbäder und Kurorte in der Republik Polen unterliegen, welches ihre speziellen Probleme sind, wie stark sie von der Wirtschaftskrise beeinflußt wurden und welche Lösungsmöglichkeiten sich bieten, um Krisensituationen zu vermeiden. Dazu müssen die Auswirkungen der Kostendämpfungsmaßnahmen besonders berücksichtigt werden. Insbesondere ist es wichtig, ob die Kurorte ihren Kurortcharakter bisher entsprechend den internationalen Anforderungen erhalten konnten. Im Anschluß daran werden generelle Entwicklungslinien und die Wettbewerbsfähigkeit der polnischen Kurorte auf dem europäischen Markt aufgezeigt. Ferner wird untersucht, inwieweit es Polen schon gelungen ist, die für einen reibungslosen Zufluß von ausländischen Direktinvestitionen notwendigen gesetzlichen Rahmenbedingungen zu schaffen, und wie die ausländischen Investoren bisher reagiert haben. Danach folgt eine Bewertung der noch bestehenden Investitionshemmnisse, und es werden Vorschläge gemacht, wie sich die Kapitalzuflüsse für polnische Kurorte verbessern lassen.

2 Die wirtschaftspolitische Lage Polens zeigt Wirkungen im Kurwesen und Gesundheitstourismus

Die wirtschaftliche Situation Polens ist sehr angespannt. Nach Angaben der CUP-Informationsdienste hat sich der scharfe Produktionseinbruch des Vorjahres fortgesetzt.

Das reale Bruttoinlandsprodukt sinkt abermals um etwa 8,5 % (1990: -12,0 %). Zwar wuchs die private Industrieproduktion um 5,3 %. Sie kann jedoch den Einbruch der staatlichen Produktion bisher noch nicht annähernd ausgleichen. Neben der schwachen Inlandsnachfrage haben die drastisch reduzierten Lieferungen in die ehemalige Sowjetunion die Rezession verschärft. Die Bruttoinvestitionen schrumpften um 13,0 %. Die Arbeitslosenzahl erhöhte sich von Anfang Januar bis Ende Dezember 1991 von 1,124 Millionen auf 1,970 Millionen.

In dieser Situation erarbeitete die polnische Regierung ein Programm, das die großen steuerlichen Ungleichgewichte korrigieren sowie — mit besonderem Akzent auf eine Begrenzung der staatlichen Einflußnahme — die Grundlagen für eine stärker mittelfristig ausgerichtete Umstrukturierung der Wirtschaft legen sollte. Zu den Schwerpunkten dieses Programms zählen: eine restriktive Haushaltspolitik, Privatisierung staatlicher Unternehmen, eine Reform des Rentensystems, ein neues Investitionsförderungssystem.

Die restriktive Geldpolitik führte zu einer Abnahme des privaten Verbrauchs und zu einem jähen Rückgang der Nachfrage. Die extreme Abhängigkeit der Nachfrage nach Kuren von wirtschaftspolitischen Einflüssen wird durch die Kurortkrise belegt.

Wegen der hohen Haushaltsdefizite sind Maßnahmen sowohl auf der Einnahmen- als auch auf der Ausgabenseite unabdingbar. Auf der Ausgabenseite muß größerer Nachdruck auf Bemühungen zur Einschränkung der öffentlichen Ausgaben gelenkt werden. Die jüngsten Maßnahmen zur Kostendämpfung im Gesundheitswesen und zur Einschränkung der Kurbehandlungen[1] haben in den polnischen Kurorten teilweise massive Einschnitte im Kurverkehr zur Folge.

Polnische Kurorte sind wie viele andere Kurorte in sehr starkem Maße von der Sozialgesetzgebung abhängig, denn die Sozialkurgäste stellen einen erheblichen Anteil an den Gäste- und Übernachtungszahlen. Die Gesetzesänderungen aus den Jahren 1991 und 1992 schlagen sich deutlich in den Übernachtungsstatistiken der Kurorte nieder. Besonders betroffen sind die Mineral- und Moorbäder, die wegen ihrer speziellen und aufwendigen Kureinrichtungen in besonderem Maße auf die Sozialkurgäste angewiesen sind. Vom 1. April 1992 an trat das Haushaltsbegleitgesetz in Kraft, das eine Selbstkostenbeteiligung bei der Durchführung einer Kur fordert.

Eine weitere Rahmenbedingung für die Entwicklung des Kurwesens in Polen ist die Arbeitsmarktsituation. Bei einer statistischen Arbeitslosenzahl von rund zwei Millionen Personen Anfang 1992 sind — seit fast zwei Jahren — zahlreiche Bürger in Polen mit dem Problem Arbeitslosigkeit konfrontiert. Es wird erwartet, daß die Rezessionsphase die Arbeitsmarktsituation weiter verschlechtern wird. Die Angst um den Arbeitsplatz führt in wirtschaftlicher Krise und einer Zeit immer höherer Arbeitslosigkeit zu einem Rückgang der Anträge auf Heilmaßnahmen.

Zusammenfassend läßt sich sagen, daß der Kurverkehr in den Jahren 1991 und 1992 von einschneidenden Maßnahmen zur Kostendämpfung bei den Kranken- und Rentenversicherungen betroffen wurde. Diese Maßnahmen bewirkten bei den Kuren genau so scharfe Einschnitte wie die genannten Nachfragesenkungen, die in Konjunkturkrisen aus Sorge um den Arbeitsplatz eintreten. Diese Nachfragerückgänge führen zum Abbau von Beherbergungs- und Behandlungskapazitäten in polnischen Kurorten.

3 Wende bei der Nachfrage- und Angebotsentwicklung auf dem polnischen Kurmarkt

In den 90er Jahren hat sich die Marktsituation im Kurverkehr grundlegend verändert. Es trat ein Wandel vom Verkäufermarkt hin zum Käufermarkt ein. Die wichtigsten Indikatoren dieses Wandels sind:

1. die sinkende Nachfrage,
2. die Veränderung der Gästestruktur,
3. die zunehmenden freien Kapazitäten,

4. starke Rückgänge der Betriebe,
5. eine Umwandlung der freien Kapazitäten in eine artfremde Nutzung.

Die Kur als Therapie für Zivilisationsleiden, als Nachsorge nach Unfällen oder großen chirurgischen Eingriffen und als Prophylaxe von Zivilisationsschäden bekommt eine große Bedeutung. Ein konjunkturell bedingter Nachfragerückgang im Kurreiseverkehr wurde in Polen durch haushaltspolitische Sparmaßnahmen in den 90er Jahren verschärft, und eine „Krise der Kurwirtschaft" wurde ausgelöst.

Die Kurorte haben auf den Rückgang des Kurverkehrs aufgrund der wirtschaftlichen und gesetzlichen Restriktionen mit einem verstärkten Anwerben von Passanten reagiert. In den Kurorten gliedern sich die Gäste in Passanten und Kurgäste. Unter „Passanten" werden Gäste verstanden, die die Kureinrichtungen nicht in Anspruch nehmen. In polnischen Kurorten werden hier — abweichend von der üblichen Definition — auch Ferienreisende, Geschäftsreisende, Kongreß- und Tagungstouristen, die länger als drei Tage bleiben, zu den Passanten gezählt, sofern sie die Kureinrichtungen nicht in Anspruch nehmen.

Die Kurgäste stellten bis zum Jahr 1991 einen Anteil von zwei Dritteln aller Gästemeldungen. Dieser Anteil geht stark zurück. Die Verluste im Bereich der stationären Kurgäste können teilweise durch ambulante Kurgäste ausgeglichen werden. Im Zuge der Rezession und der Kostendämpfungsmaßnahmen geht ihre Zahl aber auch stark zurück. Gemessen an der Zahl der Kurgäste bleibt ihr Anteil relativ gering und kann damit nur einen untergeordneten Beitrag zur Auslastung der Kureinrichtungen leisten. Als weiteres Problem erweist sich die Tatsache, daß die Ärzte infolge der Kostendämpfung bei der Verschreibung von ambulanten Kurbehandlungen zurückhaltender geworden sind. Die ambulanten Kurgäste sind deshalb nicht dazu geeignet, die negativen Folgen aufzufangen.

Die Bedeutung der Verschiebung in der Gästestruktur der Kurorte wird besonders deutlich, wenn man die jeweiligen Anteile der beiden Gästegruppen, d. h. von Kurgästen und Passanten, am Übernachtungsaufkommen berücksichtigt. Da die Kurgäste eine sehr viel längere durchschnittliche Aufenthaltsdauer aufweisen als die Passanten, schlägt sich der Rückgang der Kurgäste sehr viel deutlicher in der Übernachtungsstatistik nieder. In dieser Gruppe ist die starke Saisonabhängigkeit ganz besonders deutlich zu erkennen. Hinzu kommt, daß die Passanten *per definitionem* die Kureinrichtungen nicht benutzen. Als Folge dieser Entwicklung sowie des Trends, Kurmittel zunehmend in den Kliniken zu verabreichen, mußten manche Kurmittelhäuser geschlossen werden. Zur Unterauslastung der Kurmittelhäuser trägt aber auch eine Umorientierung der Kurbehandlung von der reinen Badekur hin zu einer aktiven Kurgestaltung bei, in der die Bewegungstherapie im weitesten Sinne einen höheren Stellenwert einnimmt. Langfristig kann dies dazu führen, daß die Kureinrichtungen nicht mehr genügend ausgelastet sind. Auf lange Sicht bleibt die Umschichtung der Gäste zu einem stärkeren Anteil an Passanten nicht ohne Einfluß auf die Struktur des Beherbergungsgewerbes. Es muß deutlich gemacht werden, daß eine wirtschaftliche Krise in den Kurorten ebenso volkswirtschaftliche Kosten verursacht wie die Ausgaben im Gesundheitswesen.

Die Entwicklung der Betriebsstruktur kann nicht unabhängig von den Veränderungen in der Gästestruktur gesehen werden.[2] Der zunehmende Anteil von Urlaubsreisenden bewirkt, daß die preiswerteren und qualitativ nicht so gut ausgestatteten Gästehäuser und Privatzimmer seltener nachgefragt werden. Starke Rückgänge der Betriebe zeigen sich im Bereich der Privatzimmer und Pensionen sowohl bei der Anzahl der Betriebe als auch bei der Bettenzahl. Als Nutzer dieser Unterkünfte kommen in erster Linie private Kurgäste und Angehörige von Kurgästen in Frage. Pensionen werden eher geschlossen und weniger häufig durch neue Betriebe ersetzt als Hotels. Trotz der rückläufigen Kurgastzahlen zeigt sich bei der Zahl der Sanatorien nur eine leicht rückläufige Tendenz. Zum einen können die Verluste im Bereich der stationären Kurgäste teilweise durch ambulante Kurgäste ersetzt werden, zum anderen werden Sanatorien und Kurheime zur Ferienerholung genutzt. Die Zahl der Hotels bleibt dagegen weitgehend konstant.

Aus fremdenverkehrswirtschaftlicher Betrachtung stellen die Kurz- und Wochenendreisen in die Heilbäder und Kurorte einen beachtlichen zusätzlichen Faktor dar. Je nach touristischer Attraktivität des Kurortes und seiner Umgebung können die Übernachtungen bei Kurzreisen bis 20 % der Gesamtübernachtungszahl ausmachen. Für das Gastgewerbe in den Kurorten ist zusätzlich der Ausflugstourismus von Bedeutung, über den allerdings keine quantitativen Angaben vorliegen.

Insgesamt zeigt diese Betrachtung, daß die Betriebe auf die veränderte Gästestruktur reagieren. Es zeigt sich dabei, daß teilweise eine andere Betriebsform im Fremdenverkehrsgewerbe einer Umwandlung in eine artfremde Nutzung vorgezogen wird. Trotz dieser Gefahren scheint es bei den in letzter Zeit rückläufigen Kurgastzahlen in den polnischen Kurorten unverzichtbar, sich auch auf die Urlaubs-, Wochenend-, Geschäfts- und Tagungsreisenden als neues Marktsegment für den Kurort einzustellen.

Die Beantwortung der Frage, inwieweit Ferienaufenthalte in polnischen Kurorten und Heilbädern für polnische Gäste bezahlbar sind, muß abgewartet werden. Dies wird nicht nur eine Frage des Preisniveaus sein, sondern wahrscheinlich auch eine Frage der Reisebereitschaft. Die Reisebereitschaft hängt sehr stark von der wirtschaftlichen Gesamtentwicklung ab. Als in den letzten Jahren die Löhne stagnierten und die Inflationsrate sehr hoch lag, wurde kaum noch gereist. Die Reiseintensität der Bevölkerung in Polen ist seit den 90er Jahren enorm gesunken. In wirtschaftlich schwierigen Zeiten ist nur eine kleine Gruppe mit einem höherem Einkommensniveau in der Lage, das gewohnte Niveau der jährlichen Urlaubsreise zu halten. Für allzu große Erwartungen seitens polnischer Heilbäder und Kurorte dürfte keine Veranlassung bestehen.

Die Nutzung der Kurheime und Kursanatorien in Polen durch Feriengäste geht aus der folgenden Tabelle hervor.

	1988	1989	1990
Anzahl der Betriebe	102	105	104
Anzahl der Betten (i. Tsd.)	17,3	18,3	17,6
Gästezahl (i. Tsd.)	104,4	114,0	89,9
Übernachtungen (i. Tsd.)	1.401,4	1.512,9	1.183,6

Tab. 1: Nutzung der Kurheime und Kursanatorien in Polen durch Feriengäste.[3]

4 Ausländerreiseverkehr als Hoffnungsträger einer Wiederbelebung der Nachfrage in den polnischen Beilbädern und Kurorten

Die polnischen Heilbäder und Kurorte werden sehr bald neue Managementkonzepte und neue Marketingstrategien[4] entwickeln müssen, um ausländische Gäste zu gewinnen und eine deutlichere Wiederbelebung der Nachfrage zu fördern.

Durch den Abbau der grundsätzlichen Einreisebeschränkungen in Polen stieg die Zahl der ausländischen Besucher von 3,9 Mio. (1986) auf 36,8 Mio. (1991) Besucher an (s. Tab. 2). In dieser enormen Steigerung kommt zum einen die politische Wende in den Ländern Osteuropas zum Ausdruck, zum anderen wirkt sich hier die Visafreiheit aus. Insgesamt haben sich die Gästezahlen aus dem Ausland von 1990 bis 1991 in Polen verdoppelt. Die Unterkunftsbetriebe haben allerdings von dem starken Wachstum der Ausländerreisen nur in engen Grenzen profitiert.

Jahr	Anzahl der ausländi-schen Reisenden (i.Tsd.)	Anzahl der ausländi-schen Übernach-tungsgästen (i.Tsd.)	Ausländerübernach-tungen (i.Tsd.)
1986	3.851,2	*	*
1988	6.195,6	*	*
1990	18.210,8	1.987,348	5.350,0
1991	36.834,5	2.572,611	6.071,0

* Die Bewertung der Gäste- und Übernachtungszahlen stößt auf Schwierigkeiten, da bei den Gästestatistiken die Passanten aus der Erhebung ausgeschlossen, bei den Übernachtungszahlen dagegen miterfaßt wurden.

Tab. 2: Ausländerreiseverkehr in Polen 1986–1991.[5]

Insgesamt wurden durch die amtliche Statistik 6,1 Mio. Übernachtungen für fast 2,6 Mio. ausländische Übernachtungsgäste im Jahr 1991 registriert. Im Jahre 1990 zählte die amtliche Statistik demgegenüber 5,4 Mio. Übernachtungen für 2 Mio. ausländische Übernachtungsgäste. Das bedeutet im Jahr 1991 eine Zunahme ausländischer Übernachtungsgäste von rund 29 % und eine Zunahme der Ausländerübernachtungen von 13 % gegenüber dem Vorjahr.

Ausländer sind mit über 12 % an den Übernachtungen 1991 in Polen beteiligt (vgl.
Tab. 3). Rund die Hälfte der Ausländerübernachtungen findet in Großstädten statt. Ausländer sind fast ein Viertel aller Übernachtungsgäste 1991 in Polen.

Jahr	Anzahl der Betriebe	Anzahl der Betten	Übernachtungsgäste		Übernachtungen	
			Insgesamt (i.Tsd.)	Anteil der Ausländer	Insgesamt (i.Tsd.)	Anteil der Ausländer
1986	9.876	847.895	15.107,6	*	78.953,5	*
1988	9.793	842.821	12.553,3	*	68.284,0	*
1990	8.912	743.058	10.543,3	18,9 %	49.400,0	10,8 %
1991	8.354	703.695	10.685,1	24,1 %	49.206,0	12,3 %

* Siehe Tab. 2.

Tab. 3: Entwicklung des Reiseverkehrs in Polen 1986–1991.[6]

Ausländische Reisende in Polen sind weitgehend Individualreisende. Die Polenbesucher sind überwiegend Autoreisende. Der Hauptzweck, nach Polen zu reisen, ist die Geschäftsreise. Für diese Gäste steht ein Motivbündel im Vordergrund, das sich mit „Polnische Städte und Landbesuche, Kennenlernen des polnischen Lebensstils" umschreiben läßt. Die Geschäftsreisenden wählen weitgehend Hotels als Unterkunftsform. Einen hohen Anteil nehmen die Verwandten- und Bekanntenreisen ein, wobei der Anteil aus Deutschland am höchsten ist. Diese Polenbesucher übernachten und verpflegen sich bei Freunden oder Verwandten. Neben der privaten, unentgeltlichen Übernachtung bei Verwandten, Freunden und Bekannten hat auch die Übernachtung in Wohnwagen und Zelten einen relativ hohen Stellenwert. Personen mit biographischem Bezug zu Polenreisen stellen — nach Schätzungen der Verfasserin — insgesamt ca. 60 % aller Besucher, die aus dem Ausland kommen. Außerdem muß man eine hohe Anzahl dieser Polenbesucher anführen, die durch den kleinen Grenzverkehr eine zusätzliche Möglichkeit für unkomplizierte Tagesbesuche in Polen erhielten. Leider stützen sich diese Angaben nur auf grobe Schätzungen, da es bislang an genauen Untersuchungen auf diesem Sektor mangelt.

Bei Zunahme des Ausländerreiseverkehrs eröffnet sich den Heilbädern und Kurorten die Möglichkeit, über eigene Aktivitäten im Bereich des Tagungs-, Schulungs- und Kongreßwesens und der Urlaubsreisen neue Gästegruppen aus dem Ausland zu erschließen. Oft werden Geschäfts- und Urlaubsreisen miteinander verbunden. Besonders im Geschäftsreiseverkehr der Ausländer ist es häufig, daß an die eigentliche Geschäftsreise einige Urlaubstage zum Kennenlernen von Land und Leuten oder zur Erholung angehängt werden. Die Nutzungen durch andere Formen als Kurverkehr haben allerdings den Nachteil, daß der Ort sein Image als Kurort nicht erhalten kann. Aber solange die Passanten die Kurgäste nicht verdrängen, sondern ein zusätzliches Gästepotential darstellen, ist diese Entwicklung trotzdem zu begrüßen.

Der Anteil der Übernachtungen von Ausländern in den polnischen Heilbädern und Kurorten ist sehr niedrig und lag für 1991 unterhalb 1 %. Die Kurorte in Polen spielen für ausländische Gäste praktisch noch keine Rolle. Wird die Realisierung des Gemeinsamen Binnenmarktes und die Öffnung der Grenzen der osteuropäischen Staaten den polnischen Kurorten mehr Gäste bringen? Können polnische Kurorte ihre Leistungsfähigkeit im internationalen Wettbewerb beweisen?

5 Der zunehmende internationale Wettbewerbsdruck im Kur- und Bädersektor

Die Öffnung der Grenzen Osteuropas in den 90er Jahren und die Vollendung des Europäischen Binnenmarktes ab 1993 sind für polnische Kurorte gleichzeitig mit Chancen und Risiken verbunden.

Die Vollendung des Binnenmarktes, die sonstige Strukturpolitik und weitere Verbesserungen des wirtschaftlichen und sozialen Zusammenhalts und der Umwelt werden das Potential der Gemeinschaft stärken. Die Stärkung des wirtschaftlichen und sozialen Zusammenhalts und das Ziel einer harmonischen Entwicklung der EG-Regionen sind in Artikel 130 der Einheitlichen Europäischen Akte bestätigt worden. Dieses Ziel wurde zum ersten Mal in der Präambel des Römischen Vertrages verankert. In der Einheitlichen Europäischen Akte vom 1. Juli 1987 wurde es bekräftigt und spezifiziert. In Artikel 130a in der durch die Einheitliche Akte geänderten Form wird ausdrücklich gefordert, den wirtschaftlichen und sozialen Zusammenhalt in der EG zu stärken.[7] Für die wirtschaftlich stärkeren Länder bedeutet dies, daß sie ihre Märkte weiter für ihre am wenigsten begünstigten EG-Partner öffnen.

Es ist offenkundig, daß einige EG-Mitgliedsstaaten sehr positive Erwartungen im Bereich der Kur- und Bäderwirtschaft mit der Öffnung der Grenzen im EG-Europa verbinden. Dies gilt nicht nur für Italien und Frankreich, sondern auch für Länder wie Spanien, Portugal und Griechenland, wo in zahlreichen Heilbädern mit staatlicher Unterstützung durch Modernisierung und Ausbau der Kureinrichtungen die internationale Leistungs- und Wettbewerbsfähigkeit erhöht werden soll. Die in diesen Ländern bestehenden nationalen Organisationen der Heilbäder entfalten neue Aktivitäten, sie verfolgen eine Strategie „weg vom Erholungstourismus an den Stränden" und hin zu einem qualitativ höherwertigen Tourismus.[8] Südliches Flair, Sonnengarantie, günstiges Lohn- und Preisniveau erhöhen die Wettbewerbsfähigkeit der südeuropäischen Länder. Kann Polen mit einer solchen Attraktivität konkurrieren?

Die Vollendung des Binnenmarktes bedeutet die Gleichstellung von Kuren in allen EG-Mitgliedsstaaten. Kuren im Ausland werden nach geltendem Recht in den EG-Ländern grundsätzlich nicht von den Sozialversicherungen finanziert.[9] Die räumliche Begrenzung der Leistungen der Kranken- und Rentenversicherung auf das Inland wird — nach Meinung von Prof. Dr. Georg Bleile[10] — im gemeinsamen Binnenmarkt mit großer Wahrscheinlichkeit nicht durchsetzbar sein. Westeuropäische Versicherte werden dann bei Kuraufenthalten in den Ländern der EG mit denselben Leistungen rechnen können wie bei Kuren in Inland. Die Frage ist offen: Werden die westeuropäischen Gesetzlichen Krankenversicherungen ihre Mitglieder in die polnischen Kurorte schikken? Wie werden die Rentenversicherungsträger reagieren? Wollen die RVT sich künftig verstärkt in Polen engagieren?

Die Beziehungen zwischen Polen und den Ländern Westeuropas werden zumeist noch auf bilateraler Basis geregelt. Die Gemeinschaft versucht aber, ihre Beziehungen zu Polen, Ungarn und der Tschechoslowakei durch Assoziationsverträge zu vertiefen. Könnte dies zu einer Zunahme des Wettbewerbsdrucks unter den osteuropäischen Ländern führen?

Kuren in Ost- und Mitteleuropa haben traditionell einen hohen Stellenwert. Ärzte und Therapeuten verfügen über hohe Fähigkeiten; die Kurangebote sind preiswert. Hinzu kommt vielleicht auch noch der Reiz des Kennenlernens neuer Länder, die bisher zum Teil nicht bereist werden konnten.[11]

In den Ländern mit einer traditionell entwickelten balneo-, klimato- und thalassotherapeutischen Versorgung zeigt sich der wachsende Konkurrenzdruck bei gleichzeitig deutlich verringertem Wachstum der Nachfrage. Freilich ist aber klar, daß Polen ohne Investitionen im Kursektor zunächst nicht mit diesen Ländern konkurrieren kann.

Unter Wettbewerbsgesichtspunkten ist ferner die bedürfnisgerechte Qualität der rekreativen Kapazitäten in den Heilbädern und Kurorten sehr wichtig. Die Ausstattung vieler Kurheime und Kursanatorien ist in Polen infolge einer starken Überalterung unbefriedigend. Neue wissenschaftliche Erkenntnisse und die Weiterentwicklung medizinisch-technischer Geräte bringen einen Wandel der Kur in Weltkurorten mit sich. Leider, als Folge der wirtschaftlichen Rezession, werden in Polen geringe Anstrengungen unternommen, um die Ausstattung zu verbessern. Zudem stehen Kurbetrieben nicht die finanziellen Mittel für die notwendigen Investitionen zur Verfügung. Den unbefriedigenden Zustand der Infrastruktur in Kurorten spiegeln Schätzungen über den großen Investitionsbedarf wider, aber nicht nur für Neubauten, sondern auch für die Renovierung oder Sanierung der Infrastruktursubstanz, vor allem des Häuserbestandes für Übernachtungen und Erholung. Wenn man zunächst einmal auf die Frage verzichtet, wie bzw. von wem diese Mittel aufgebraucht werden, so drängt sich an dieser Stelle eine andere Frage auf: Wie lange wird es dauern, bis die Verbesserung der Kurwirtschaft abgeschlossen sein wird?

6 Ausländische Direktinvestitionen als Hoffnungsträger an einer Verbesserung der Kurwirtschaft in Polen

Wie generell in den sog. „sozialistischen Ländern" war auch in Polen das Kur- und Erholungswesen Objekt der Sozialpolitik. Die Sanatorien und Kurkrankenhäuser als dritte Säule des Gesundheitswesens befinden sich überwiegend in staatlicher oder quasistaatlicher Hand. Als Kur- und Erholungsverkehrsträger wurden unterschiedliche Organisationsformen bezeichnet. Betriebliche Kur- und Erholungseinrichtungen in den polnischen Kurorten wurden von volkseigenen Betrieben, Parteien, Organisationen, Behörden aller administrativen Ebenen, der Armee u.a. unterhalten. Die Aufgabe, das planwirtschaftlich geleitete Kur- und Erholungswesen in marktwirtschaftliche Strukturen der Tourismuswirtschaft zu überführen, bedeutet Privatisierung, vor allem Privatisierung der klassischen Beherbergungseinrichtungen. Aber jene, die den Verkauf von Kur- und Tourismusaktiva empfehlen, werden mit dem Problem konfrontiert, daß die finanziellen Mittel der Bevölkerung nur sehr begrenzt sind und das polnische Startkapital fehlt.

Ausländische Investitionen, die in Polen überwiegend mit Beteiligung der inländischen Firmen als Joint Ventures durchgeführt werden, sollen bei einer Privatisierung die Rolle von Vorreitern übernehmen. Solche Investitionen sind vor allem Träger des vielbenötigten konvertierbaren Kapitals. Außerdem verfügen die ausländischen Unternehmen über ein gut funktionierendes internationales Marketingnetz.

Die gesetzlichen Vorschriften für die Tätigkeit ausländischer Unternehmen waren bis in die jüngste Vergangenheit hinein einem ständigen Wandel unterworfen. Die grundlegenden Bestimmungen sind in dem Gesetz vom 23. Dezember 1988 enthalten und wurden ein Jahr später ergänzt. Am 14. Juni 1991 wurde das neue Gesetz für Gesellschaften mit ausländischer Beteiligung verabschiedet.[12] Gegenwärtig liegt ein neuer Gesetzentwurf vor, der die Vorschriften für ausländische Kapitalbeteiligungen an polnischen Betrieben den in den EG-Ländern geltenden Richtlinien annähern soll.

In Polen können Joint Ventures in Form einer Gesellschaft mit beschränkter Haftung oder einer Aktiengesellschaft gegründet werden. Vollständige hundertprozentige Tochtergesellschaften ausländischer Unternehmen sind zugelassen. Sie haben die freie Wahl, im In- und Ausland zu kaufen bzw. zu verkaufen. Eine Genehmigung der Behörden ist nur bei gewissen Immobilien und im Rüstungsbereich einzuholen. Ferner wird kein Mindestinvestitionsbetrag mehr vorgeschrieben. Leider sind die Steuervergünstigungen für Ausländer nur bei der Einlage der ausländischen Partner von mindestens 2 Mio. ECU eingeräumt worden. In jedem Fall können materielle Beiträge zum Kapital zollfrei gestellt, beschleunigte Abschreibungen ermöglicht und der Steuerabzug eines Verlustes auf drei Jahre verteilt werden. Die Gewinne − nach Steuern − und das investierte Kapital dürfen zur Gänze und in konvertierbaren Währungen repatriiert werden. Die Republik Polen gewährt Garantien für einen angemessenen Schadensersatz im Falle der Verstaatlichung bzw. verstaatlichungsähnlicher Maßnahmen.

Die Liberalisierung der Vorschriften für ausländische Investitionen hat zu einer enormen Zunahme der Zahl der Joint Ventures geführt. Diese sind aber in der Regel kleine Einheiten. Der Bestand an Direktinvestitionen in Polen, für die entsprechende statistische Angaben verfügbar sind, belief sich auf 1 Mrd. US-$. Mit 250 Mio. US-$ steht deutsches Kapital mit Abstand an erster Stelle.

Der nach dem Gesetz vom 14. Juni 1991 erhoffte große Zustrom von Auslandskapital ist nicht zuletzt wegen der immer noch vorhandenen juristischen und administrativen Hindernisse ausgeblieben. Dazu zählt eine Vielzahl von Lizenzen, Gutachten und Unterschriften von Beamten. Ferner sind Grundstücke und Telekommunikationsanschlüsse schwer zu erwerben. In der Regel dürfen Ausländer Grundstücke bis zu 99 Jahre lang vom Staat pachten. In anderen Fällen sind die Eigentumsverhältnisse oft nicht klar. Seit April 1992 besteht eine Staatliche Agentur für Ausländische Investitionen (PAIZ) beim Ministerium für Eigentumstransfer — Privatisierung —, die die bürokratischen Hürden für Investoren so weit wie möglich beseitigen soll. Zu den wichtigsten Aufgaben der PAIZ gehören eine intensive Werbung der potentiellen ausländischen Investoren und eine Imagebildung für Polen als Investitionsland.

Gerade in einer Zeit der Kurwirtschaftskrise sind Kenntnisse über das Investitionsverhalten in Kurorten und die Wahrnehmung von Förderprogrammen besonders notwendig. Bei der Entscheidung für eine Investition liegt ein Bündel von Einflüssen zugrunde. Bestimmte Vorbilder sind bekannt geworden, die Entwicklungsmöglichkeiten signalisieren. Es bestehen bestimmte Vorurteile, die die Entscheidung der ausländischen Investoren positiv oder negativ beeinflussen. Teilweise liegen Informationen über Fördermöglichkeiten vor. Nicht zuletzt sind ein gewisses Eigenkapital nötig sowie berufliche Qualifikationen oder die Bereitschaft, sich einzuarbeiten.

Unter den Motiven, die die Investitionsentscheidung am Standort in Polen stark beeinflussen, spielt das Vorbild der bisherigen Kur- und Fremdenverkehrsentwicklung eine große Rolle. Der kurze Überblick über die Geschichte zeigt, daß Heilbäder und Kurorte in Polen auf eine lange Tradition zurückblicken können, die auch heute noch das Image dieser Kurorte prägt.[13] Als Beispiele kann man nennen: Bad Charlottenbrunn / Polanica Zdrój, Altheide / Jedlina Zdrój, Flinsberg / Świeradów Zdrój, Goczalkowitz / Goczałkowice, Bad Hermsdorf / Jerzmanowice Zdrój, Kolberg / Kołobrzeg, Solbad Königsdorf / Jastrzębie Zdrój, Kudowa, Bad Landeck / Lądek Zdrój, Bad Langenau / Długopole Zdrój, Misdroy / Międzyzdroje, Polzin / Połczyn, Bad Reinerz / Duszniki Zdrój, Bad Salzbrunn / Szczawno Zdrój, Bad Schwarzbad / Czerniawa Zdrój, Schreiberhau / Szklarska Poręba, Bad Warmbrunn / Cieplice Zdrój, Ziegenhals / Głuchołazy, Zoppot / Sopot, Bad Dirsdorf / Przeczyn Zdrój, Bad Oppelsdorf / Opolno Zdrój, Dalkau / Dalków, Weistritz / Bystrzyca, Schmiedeberg / Kowary, Krummhübel / Karpacz, Alt Repte/ Repty Śląskie, Schweidnitz / Świdnica, Görbersdorf / Sokołowsko, Ustroń, Jaworze, Szczawnica, Krościenko, Piwniczna, Iwonicz Zdrój, Krynica, endlich Zakopane als ein Symbol des polnischen Kurverkehrs und noch viele andere. Diese Bäder und Kurorte sind um die heilkräftigen Quellen herum angesiedelt, die seit vielen hundert Jahren einer leidenden Menschheit Hilfe und Erlösung bringen. Weite Gebiete mit guten Voraussetzungen für den Kurverkehr sind jedoch wenig erschlossen.

Eine große Bedeutung für die Standortwahl der ausländischen Investoren in Polen haben aber auch Eignungskriterien wie das Fehlen störender Industrie, wenig Verkehrslärm und reizvolle Ortsbilder. Ein wichtiger Grund für die Teilnahme am Kurverkehr ist der Wunsch, die subjektiv wahrgenommene mangelnde Lebensqualität des Wohn- und Arbeitsbereiches zu verlassen und in unbelasteten Naturräumen Erholung und Gesundheit zu finden. Davon hat Polen manches zu bieten.

Die Naturlandschaft ist nur geringfügig durch menschliche Aktivitäten überformt (physiognomische Widerspiegelung der Unterentwicklung in den einzelnen Regionen):

südliche Bergländer mit der Hohen Tatra, eine 694 km lange und landschaftlich reizvolle Küstenlinie im Norden, extensive Weiden und Wiesen, umfangreiche Waldgebiete mit einem großen Anteil an Urwäldern, zahlreiche Tier und Pflanzengattungen, ländliche, verstreut liegende Gebäude, zum Teil noch gut erhaltene alte Häuschen mit Strohdach, malerische Burgruinen, zahlreiche Kirchen und Schlösser, alte Kapellen, Berg- und Wegekreuze, und dazu kommen noch Flüsse, Seen und Teiche als gute natürliche Voraussetzungen für die Entwicklung des Gesundheitstourismus. Besondere Attraktionen sind 12 Nationalparks und fast 500 Naturreservate. Gegenüber der schlechten Situation bei der touristischen Infrastruktur zeigt sich das sehr gute natürliche Angebot.

Ferner wird bei der Wahl der Standorte in Polen die neuere Nachfrageentwicklung berücksichtigt. Im Rahmen der Diskussionen um den Wertewandel wird auf einen „Trend zur Natur" hingewiesen. Demnach wäre zu erwarten, daß die allgemein nur wenig belasteten Fremdenverkehrsgebiete in Osteuropa gegenüber den vielfach stärker belasteten Zielen in Westeuropa und am Mittelmeer bevorzugt würden. Geht aber die Gästenachfrage in diese Richtung?

Für zahlreiche reiseerfahrene Bürger Westeuropas und selbst überseeische Touristen könnte die Attraktion unseres Landes, eines weißen Flecks auf ihrer persönlichen Reiselandkarte, zu einer vorübergehenden oder gar anhaltenden Umorientierung ihrer Reisegewohnheiten führen. Die Voraussetzung ist aber ein ausreichendes Angebot an touristischer Infrastruktur von der Pension über eine breite Palette von Mittelklasseunterkünften bis hin zur Spitzenhotellerie. Das gleiche gilt für die Gastronomie und alles, was die Infrastruktur eines Empfangslandes ausmacht. Hier ist ein breites Feld für Investitionen. Dabei geht es heute weniger um die Errichtung neu gegründeter Betriebe als um die Modernisierung vorhandener oder den Ersatz überalteter Betriebe und Einrichtungen.

Grundsätzlich kann erwartet werden, daß die Förderung ausländischer Investoren eine raschere und intensivere Nachfrage von den ausländischen Privatkurgästen und Passanten bewirkt. Von den ausländischen Investoren erhoffen sich die Kurorte einen Initialeffekt, so daß auch einheimische Investoren am Ort weitere Kur- oder Fremdenverkehrsbetriebe aufbauen. Die ausländischen Investoren könnten einen entscheidenden Beitrag zum angestrebten Aufschwung in den polnischen Kurorten leisten.

Neben der unternehmerischen Initiative sind verstärkte Unterstützungsleistungen seitens der Europäischen Gemeinschaft für Polen und andere osteuropäische Länder zu erwarten. Die EG-Kommission in Brüssel gibt wichtige Impulse durch Fördermittel im Rahmen der Aktion PHARE.[14] Außerdem gibt es im Rahmen der Verwirklichung der Entwicklungshilfepolitik Möglichkeiten, kleinere und mittlere Investitionsvorhaben indirekt zu finanzieren. Das sind zeitlich begrenzte Kreditlinien, die sie bestimmten Finanzierungsinstituten für Investitionen hauptsächlich kleiner und mittlerer Unternehmen einräumt. In diesen Ländern hat die Europäische Investitionsbank (EIB) Arbeitsbeziehungen zu Banken aufgebaut, die ihre Globaldarlehen umsetzen, um Investitionsfinanzierungen zu erleichtern. Im Rahmen ihrer Finanzierungstätigkeit in osteuropäischen

Ländern hält die EIB engen Kontakt mit dem IWF, der Weltbank-Gruppe und der Europäischen Bank für Wiederaufbau und Entwicklung.

Ein wesentlicher Grundsatz europäischer und internationaler Finanzinstitutionen ist die Komplementarität. Die Bank übernimmt nie die Gesamtfinanzierung eines Projekts. In den meisten Fällen decken Darlehen weniger und nur in Ausnahmefällen mehr als 50 % der Investitionskosten. Diese Praxis dient nicht nur der Risikostreuung und der Sicherstellung einer angemessenen Eigenleistung des Projektträgers, sondern soll auch dazu beitragen, daß für Investitionen, die die Bank für sinnvoll und wirtschaftlich tragfähig hält, Mittel aus anderen Quellen erschlossen werden.

Zusammenfassend läßt sich sagen, daß die wichtigste Aufgabe der Wirtschaftspolitik die Pflege und Stärkung der mikro- und makroökonomischen Determinanten der Investitionstätigkeit sein sollte. Zu diesen Determinanten zählt die Rentabilität des Realvermögens, die erhöht werden muß, und zwar vor allem durch günstige Aussichten für die Nachfrage in Kurorten. Eine größere private Investitionsneigung könnte auch durch mehr rentable öffentliche Investitionen ergänzt und gefördert werden.

7 Zusammenfassung

Mit der vorliegenden Analyse wird eine Zusammenschau der Entwicklungschancen für die Kur- und Bäderwirtschaft in Polen angestrebt, die sich auf vorhandene Erfahrungen und aktuelle Daten beziehen kann. Diese kurze Analyse zeigt die extreme Abhängigkeit der Nachfrage nach Kuren von wirtschaftspolitischen Einflüssen. Die kräftigen inneren Nachfragerückgänge führen zum Abbau von Beherbergungs- und Behandlungskapazitäten. Die Kurortkrise in Polen ist als Ergebnis eines raschen, tiefgreifenden Anpassungsprozesses zu betrachten, der beträchtliche Kosten zur Überbrückung der Übergangsphase mit sich bringt.

Die Gründe für eine Wiederbelebung der Kurwirtschaft können an folgenden Punkten verdeutlicht werden:

1. Bei Zunahme des Ausländerreiseverkehrs in Polen eröffnet sich den Heilbädern und Kurorten die Möglichkeit, neue Gästegruppen zu erschließen. Die Verluste im Bereich der polnischen Gäste können teilweise durch ausländische Privatkurgäste und Passanten ausgeglichen werden.
2. Hoffnungsträger einer deutlichen Angebotsverbesserung sind die ausländischen Investitionen. Außerdem verfügen die ausländischen Unternehmen bei einer Zunahme des internationalen Wettbewerbsdrucks im Kur- und Bädersektor über ein gut funktionierendes internationales Marketingnetz.

Die Erwartungen und Wünsche in Polen müssen im Rahmen der Realität bleiben. Um die Investitionen abzustützen, wird sich Polen mehr auf sein eigenes Potential verlassen müssen. An der Notwendigkeit dieser Forderung, die schon heute als „Hilfe zur Selbsthilfe" zu verstehen ist, kann kaum gezweifelt werden. Ein Klima der Stabilität ist hierfür eine wesentliche Voraussetzung.

*

Anmerkungen

1 Ustawa z dnia 21. 06. 1991 o wprowadzeniu częściowej odpłatności za koszty wyżywienia i zakwaterowania w sanatoriach uzdrowiskowych, Dz. U. nr 64/91 poz. 272 oraz Zarządzenie Ministra Zdrowia i Opieki Społecznej z dnia 11. 10. 1991 w sprawie zasad kwalifikowania do zakładów lecznictwa uzdrowiskowego oraz zasad korzystania ze świadczeń tych zakładów, M. P. nr 37/91 poz. 269.

2 Vgl. Ch. Becker / M. May: *Heilbäder in der Kurort-Krise, Fremdenverkehr und Regionalpolitik* (Forschungs- und Sitzungsberichte 172), Hannover: Akademie für Raumforschung und Landesplanung, 1988.

3 Quelle: Turystyka i wypoczynek w 1988 r., GUS Warszawa maj 1989; Dane dot. 1989, 1990 wg M. Maliszewskiej, Urząd Kultury Fizycznej i Turystyki w Warszawie.

4 Vgl. *Neues Kurort-Marketing für den Europäischen Markt*, Dokumentation zum Fachkursus 222/90 DSF, Berlin 1991.

5 Quelle: Turystyka i wypoczynek w 1988 r., a. a. O.

6 Quelle: ebda.

7 *Europäische Wirtschaft*, Jahreswirtschaftsbericht 1990/1991, Kommission der Europäischen Gemeinschaften — Generaldirektion Wirtschaft und Finanzen, Beiheft A, Konjunkturtendenzen Nr. 6 (Juni 1991).

8 Vgl. G. Bleile: „Zukunftsperspektiven der westdeutschen Heilbäder und Kurorte. Zunehmender internationaler Wettbewerbsdruck", in: *Zeitschrift für Fremdenverkehr* 2/1991.

9 Vgl. C. Homp / S. Schilling / M. Welsche: *Organisationsformen des Tourismus in den Ländern der EG — Eine vergleichende Darstellung*, Diplomarbeit an der FH Heilbronn, Heilbronn 1990.

10 Vgl. G. Bleile, a. a. O.

11 Vgl. ebda.

12 Ustawa z dnia 14 czerwca 1991 o spółkach z udziałem zagranicznym ogłoszona 4 lipca 1991, Dz. U. nr 60, poz. 253.

13 *Badeorte und Sanatorien* (Griebens Reiseführer, Bd. 17), Berlin: Albert Goldschmidt, 1910—11.

14 Bezug: Verordnung (EWG) Nr. 3906/89 des Europäischen Rates — ABl. L 375 vom 23. 12. 1989 und Bull. EG 12-1989, Ziff. 22.25 —, geändert durch die Verordnung (EWG) Nr. 2698/90 des Rates zur Ausdehnung der Wirtschaftshilfe auf andere Länder in Mittel- und Osteuropa — ABl. L 257 vom 29. 09. 1990 und Bull. EG 9-1990, Ziff. 1.3.3, Allgemeine Leitlinien für die Hilfe im Rahmen der Aktion PHARE, 1.3.6. Finanzierungsbeschlüsse, Bull. EG 5-1991.

* * *

Vasil Hristov Marinov
Geographische Lage, Typisierung und Besonderheiten der Kurorte in Bulgarien

1 Bestimmung und Anerkennung der Kurorte

Nach der in Bulgarien offiziellen Bestimmung stellt der *Kurort* eine Kurgegend dar, in der sich Kureinrichtungen befinden und genutzt werden (Verordnung Nr. 14 des Ministeriums fur Gesundheitswesen, GBl. 79/1987). Die *Kurgegend* ist eine Gegend, die über Kurressourcen sowie Möglichkeiten zur Errichtung und Nutzung von Kureinrichtungen verfügt. *Kurressourcen* sind die Mineralwässer, der Heilschlamm und die Gegenden, welche günstige Faktoren für Kur, Prophylaxe und Erholung (bioklimatische Ressourcen, Strandbäder, Meereswasser) bieten. Aus den angeführten Definitionen ist zu ersehen, daß die Kurgegend ein Potential zur Entwicklung des Kurwesens und der Erholung darstellt, während bezüglich der Kurorte das wesentliche Kriterium deren aktuelle Nutzung ist. Bezüglich der Kurressourcen ist zu betonen, daß sie als Ressourcen nicht nur für die Behandlung, Vorbeugung und Nachbehandlung von Gesundheitsschäden, sondern auch für Erholung und Tourismus akzeptiert werden.

Der bulgarischen Gesetzgebung nach sind die Kurgegenden und die Kurorte genau bestimmte juristische und gleichzeitig konkrete geographische Begriffe. Zuständig für deren Anerkennung und Kategorisierung sind das Ministerium für Gesundheitswesen für die Kurgegenden und Kurorte von lokaler Bedeutung sowie der Ministerrat (nach einem Vorschlag des Ministeriums für Gesundheitswesen) für jene von nationaler Bedeutung.

Bei der Anerkennung und Kategorisierung der Kurorte, Kurgegenden und Kurressourcen werden bestimmte Kriterien hinsichtlich der Kurressourcen eingehalten. Während für die Mineralwässer und den Heilschlamm genaue quantitative Kriterien existieren,[1] bestehen für die bioklimatischen Ressourcen neben den quantitativen auch qualitative Kriterien, die sich einer genauen Messung und objektiven Bewertung entziehen.[2] Es werden keine Anforderungen an die Kureinrichtungen, die Infrastruktur, das Vorhandensein von qualifiziertem medizinischem Personal u. a. gestellt. Vorgesehen ist ein Statut der Kurgegenden und der Kurorte, das auch solche Anforderungen einzuschließen hat. Allerdings wird gefordert, daß die Kur- und Touristikeinrichtungen in den Kurorten nur mit der Zustimmung und/oder Genehmigung des Ministeriums für Gesundheitswesen aufgebaut und daß Sondermaßnahmen zum Schutz der Kurressourcen vorgesehen werden. Die Flächennutzungs- und Bauleitpläne der Kurorte werden erst nach der Übereinstimmung mit dem Ministerium für Gesundheitswesen bestätigt.

Das Verleihen des Kurortstatuts ist von wesentlicher Bedeutung für die Entwicklung der entsprechenden Orte. Damit wird vor allem der Schutz der Kurressourcen gesichert, der vorwiegend durch Festlegung von Schutzzonen durchgeführt wird, wobei mehrere Tätigkeiten verboten oder beschränkt werden.[3] Dies ist auch von ökonomischer Bedeutung, da die Gemeinden Kurtaxe und ggf. auch andere Steuern und Gebühren erheben dürfen; es werden Arbeitsplätze geschaffen, das Image wird verbessert usw.

2 Anzahl und Struktur der Kurorte in Bulgarien

1975 existierten in Bulgarien 145 Kurorte. In den folgenden 15 Jahren wurden 21 weitere Kurorte von lokaler Bedeutung staatlich anerkannt. Wegen Nichtübereinstimmung mit den o. g. Kriterien wurden 1992 mehrere Anerkennungsanordnungen aufgehoben (vorwiegend für Gebirgskurorte), so daß zur Zeit die Anzahl der Kurorte 143 beträgt (Tab. 1).

Typ	1975	1991	1992
Seebäder	28	28	28
Gebirgsluftkurorte	62	77	58
Heilbäder	55	61	57
Insgesamt	145	166	143

Tab. 1: Anzahl der Kurorte in Bulgarien (1975–1992).

In der wissenschaftlichen Literatur wurde mehrmals auf die Nichtübereinstimmung zwischen den staatlich anerkannten Kurorten und den tatsächlich bestehenden Orten und Gegenden mit Kurortfunktionen hingewiesen. Nach Angaben des Instituts für Raumplanung (KNIPITUGA) existierten 1986 ungefähr 300 Kurorte und Kurgegenden. Die Anzahl der Fremdenverkehrsorte (welche die o. g. Orte und Gegenden einschloß) betrug fast 500, davon 41 % Luftkurorte, 26 % Besichtigungsorte, 13 % Heilbäder, 8% Seebäder und 12 % Orte mit anderen Fremdenverkehrsarten. Gleichzeitig ist zu bemerken, daß manche der staatlich anerkannten Kurorte bereits die Anforderungen an Kurorte nicht erfüllen (z. B. Burgas). Relativ gut ist die Übereinstimmung zwischen den staatlich anerkannten Kurorten und den Orten und Gegenden mit Kurortfunktionen bezüglich der See- und der Heilbäder.

Diese Feststellungen annehmend, werden in den folgenden Ausführungen nur die staatlich anerkannten Kurorte behandelt.

Die Kurorte können nach unterschiedlichen Merkmalen klassifiziert werden. In Abhängigkeit von dem grundlegenden *Kur-* bzw. *Erholungsfaktor* sowie von der *Umwelt* werden sie in „Heilbäder" (57) und „Heilklimatische Kurorte" einschließlich Seebäder (28) und Gebirgskurorte (58) eingeteilt. Diese Klassifikation ist nicht als absolut anzunehmen, da viele Kurorte gemischte Funktionen erfüllen.

Ein anderes Kriterium zur Klassifizierung ist die *Ausrichtung der Kurorte* auf Kurwesen und Prophylaxe oder auf Erholungswesen und Tourismus. Der größte Teil

Typen nach grundlegendem Kurfaktor und der Bedeutung	Typen nach Siedlungsstatus			
	Städte	Dörfer	außerörtliche Komplexe	Insgesamt
Seebäder				
von nationaler Bedeutung	10	1	1	12
von lokaler Bedeutung	2	11	3	16
insgesamt	**12**	**12**	**4**	**28**
Gebirgskurorte				
von nationaler Bedeutung	1	1	3	5
von lokaler Bedeutung	16	13	24	53
insgesamt	**17**	**14**	**27**	**58**
Heilbäder				
von nationaler Bedeutung	13	6	3	22
von lokaler Bedeutung	12	20	3	35
insgesamt	**25**	**26**	**6**	**57**
Gesamtanzahl				
von nationaler Bedeutung	24	8	7	39
von lokaler Bedeutung	30	44	30	104
insgesamt	**54**	**52**	**37**	**143**

Tab. 2: Typisierung der Kurorte in Bulgarien.

der Kurorte weist vorwiegend Rekreations- und nicht Kurfunktionen auf; in vielen Fällen sind letztere überhaupt nicht vorhanden. Diese Schlußfolgerung wird auch durch den niedrigen Anteil der speziellen Kureinrichtungen (Sanatorien u. a.) an der Bettenkapazität der Fremdenverkehrswirtschaft (3–4 %) bestätigt. Nur die Heilbäder sind vorwiegend auf Heilung ausgerichtet.

Ihrer *Bedeutung* nach sind die Kurorte offiziell in zwei Gruppen kategorisiert: Kurorte von nationaler und Kurorte von lokaler Bedeutung (vgl. Tab. 2). Diese Kategorisierung stellt nur die Qualität der Kurressourcen dar, nicht aber das Entwicklungsniveau des Kur- und Erholungswesens oder die regionale Herkunft der Besucher bzw. das Einzugsgebiet der Kurorte.

In bezug auf die *Bettenkapazität* sind große Unterschiede zwischen den Kurorten zu verzeichnen. Vorwiegend groß sind die Seebäder (Warna mit Zlatni Pjassazi und St. Konstantin: 70.000 Betten, Nessebar mit Slantschev Brjag: 60.000 Betten, Baltschik-Albena: 25.000 Betten, Achtopol: 12.000 Betten u. a.) und einige Heilbäder (Welingrad: 8.000 Betten, Warschetz: 11.000 Betten, Hissarja: 10.000 Betten). Die meisten Gebirgskurorte und Heilbäder verfügen aber über weniger als 1.000 Betten.

Die Kurorte sind auch nach ihrer *Ausrichtung auf einen bestimmten Gästekreis* zu unterscheiden. Zahlenmäßig gering, aber vorwiegend groß und hochrangig ausgestattet sind die auf kommerziellen Tourismus hauptsächlich für Ausländer ausgerichteten Kurorte (das sind vorwiegend Seebäder wie Albena, Zlatni Pjassazi, Slantschev Brjag u. a.

und manche Gebirgskurorte wie Borovetz und Pamporovo). Der überwiegende Teil der Kurorte bedient aber vor allem den Inlandtourismus und besonders den Sozialtourismus.

In Abhängigkeit vom *Siedlungsstatus* werden die Kurorte in zwei Typen eingeteilt: Kurorte, die sich aufgrund bestehender Siedlungen entwickeln (die meisten Heil- und Seebäder und ein Teil der kleinen Gebirgskurorte) und Kurorte außerhalb der bestehenden Siedlungen (vorwiegend Gebirgskurorte und einige Seebäder), die eigentlich neue Siedlungen darstellen. Es bestehen auch gemischte Formen: z. B. umfaßt das Seebad Warna nicht nur die Stadt, sondern auch die außerörtlichen Fremdenverkehrskomplexe Drujba (St. Konstantin) und Zlatni Pjassazi, die 8 bzw. 17 km von der Stadt entfernt sind.

3 Räumliche Verteilung der Kurorte in Bulgarien

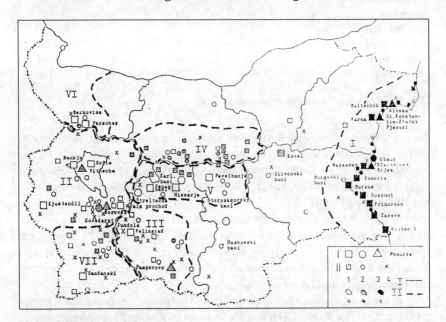

Numerierungen in der Legende:
I = Kurorte von nationaler Bedeutung; II = Kurorte von lokaler Bedeutung;
1 = Städte; 2 = Dörfer; 3 = außerörtliche touristische Komplexe; 4 = außerörtliche Kur- und Erholungsgebiete;
a = Heilbad; b = Gebirgskurort; c = Seebad;
A = Gebietsgrenze; B = Fremdenverkehrsregionen;
Gebiete auf der Karte:
I = Schwarzmeerküste; II = Sofioter Region; III = Westrhodopen-Plovdiver Region; IV = Mittelbalkangebirge; V = Sredna gora; VI = Nordwestliche Region; VII = Piriner Region.

Abb. 1: Räumliche Verteilung der Kurorte in Bulgarien.

Wie aus Abb. 1 zu ersehen ist, sind die Kurorte in Bulgarien sehr ungleichmäßig verteilt. In manchen Teilen des Landes (besonders in der Donauebene) sind sie sehr selten. Die höchste Konzentration weisen sie im südwestlichen Viertel des Landes sowie entlang der Schwarzmeerküste auf.

Die Kurortstandorte sind eng mit bestimmten Naturräumen verbunden — die Schwarzmeerküste und die Berggebiete (vorwiegend Luftkurorte in den Mittelgebirgen und Heilbäder in den tieferen Lagen). In zeitlicher Hinsicht war ihre Entwicklung auch von der Lage bezüglich der großen Quellgebiete sowie den großen Verwaltungs- und Wirtschaftszentren abhängig. So beginnt z. B. die Entwicklung der Kurorte um Sofia (Bankja, Pantscharewo, Gorna Banja, Knjajewo) früher und der Schwarzmeerküste entlang ist eine allmähliche Ausdehnung der Fremdenverkehrsentwicklung von Warna und Burgas aus zu beobachten. Für die Entstehung mancher Kurorte waren auch die Präferenzen einzelner Persönlichkeiten von großer Bedeutung. So war für die Entwicklung von Borovetz die Einrichtung der Königsresidenz von entscheidender Bedeutung.

Die Kurorte sind auch nach Fremdenverkehrsregionen nicht gleichmäßig verteilt. Die größte Anzahl weisen die Schwarzmeerküste sowie die Sofioter, die Westrhodopen-Plovdiver und die Pirin-Region auf (vgl. Tab. 3). Die gute Übereinstimmung der Anzahl der Kurorte nach Regionen mit der Stellung der Regionen in der Fremdenverkehrswirtschaft Bulgariens bestätigt noch einmal ihre Bedeutung für die Entwicklung des Fremdenverkehrs.

Fremdenverkehrsregion	Kurorte nach Bedeutung			Anteil (%) an	
	national	lokal	insgesamt	der Betten-kapazität	den Über-nachtungen
Schwarzmeerküste	13	16	29	60,0	48,0
Sofioter Region	9	15	24	8,3	13,5
Westrhodopen-Plovdiver Region	4	18	22	12,0	12,0
Mittelbalkangebirge	−	13	13	4,7	4,4
Sredna gora	7	7	14	2,7	3,1
Nordwestliche Region	2	3	5	4,0	4,1
Piriner Region	1	20	21	2,6	3,0
Gebiete außerhalb der vorstehenden Regionen	2	13	15	5,7	9,7

Tab. 3: Verteilung der Kurorte nach Fremdenverkehrsregionen und Anteil der Regionen an der nationalen Fremdenverkehrswirtschaft.

Der größte Teil der Kurorte aller Typen befindet sich in Regionen, die als peripher zu bezeichnen sind. Hinsichtlich ihrer Lage gegenüber den Siedlungen bestehen aber wesentliche Unterschiede zwischen den einzelnen Typen. Die Kurortfunktionen der Heilbäder sind gewöhnlich mit dem Ortszentrum verbunden. Bei den Gebirgskurorten besteht eine Tendenz zur peripheren Lokalisierung der Kur- und Erholungsfunktionen am Rand des Ortes sowie zur Bildung selbständiger außerörtlicher Komplexe. In den

Seebädern sind sowohl die Absonderung von Kurzonen am Rand des Ortes oder von selbständigen außerörtlichen Komplexen als auch die Entwicklung der Kur- und Erholungsfunktionen in deren zentralen Teilen anzuführen.

Die Bedeutung der Kurorte für die Entwicklung des Kur- und Erholungswesens und des Fremdenverkehrs ist unbestritten. Obwohl sie nur 10 % aller Erholungs- und Fremdenverkehrsorte und -gegenden darstellen, beträgt ihr Anteil an der Bettenkapazität etwa 80 % und an den entwickelten Fremdenverkehrsorten 50 %.

Da die verschiedenen Kurorttypen wesentliche Unterschiede in ihrer Lage und Entwicklung aufweisen, ist es zweckmäßiger, sie einzeln zu behandeln.

A. Seebäder

Der 378 km langen bulgarischen Schwarzmeerküste entlang befinden sich rund 70 Sandstrände mit einer Gesamtfläche von 9 Mio. m², die gleichzeitig 800.000 Besucher aufnehmen können. Die Größe der Sandstrände spielt eine große Rolle bei der Gestaltung der Kurorte. Nördlich von Burgas sind die Sandstrände größer (vorwiegend mit einer Fläche von mehr als 100.000 m²), während im Süden kleinere geschlossene Buchten mit entsprechend kleineren Sandstränden vorhanden sind. Innerhalb von 100—120 Tagen erreicht die durchschnittliche Lufttemperatur Werte von über 18 °C, und für die Wassertemperatur ist dieser Zeitraum noch länger, nämlich 130—140 Tage. Für die Heilung und Prophylaxe verschiedener Krankheiten sind die Klimaverhältnisse ganzjährig günstig. Die Schwarzmeerküste verfügt über ein Viertel des Debits der Mineralquellen in Bulgarien, die sich vorwiegend nördlich von Warna befinden, sowie über große Heilschlammfundstätten (Pomorie, Tuzla, Schabla u. a.). In der zweiten Hälfte der 80er Jahre betrug die Bettenzahl mehr als 350.000, die Besucherzahl 3 Mio. und die Übernachtungszahl 30 Mio. (einschließlich 1,2 Mio. Ausländer mit 13 Mio. Übernachtungen).

Anerkannt sind 28 Seebäder, davon 12 von nationaler und 16 von lokaler Bedeutung. Meistens sind das Siedlungen und deren Umgebung (mit Ausnahme der Mündungsgebiete von Kamtschija und Ropotamo). Manche Kurorte stellen größere Seebäderagglomerationen dar, und es ist zweckmäßiger, ihre räumlichen Elemente einzeln zu behandeln (Warna mit Drujba, Tschajka und Zlatni Pjassazi, Nessebar mit Slantschev Brjag; vgl. Abb. 2). In den staatlich anerkannten Kurorten sind fast die ganzen Bettenkapazitäten und Touristenströme konzentriert, obwohl manche Fremdenverkehrsorte nicht als Kurorte anerkannt sind (Sarafovo, Kraimorie, Djuni, Warwara u. a.).

Die Seebäder lassen sich drei Typen zuordnen (vgl. Abb. 2):

1. Großstädte: Warna (306.000 Einwohner) und Burgas (200.000 Einwohner). Unabhängig von ihrer großen Bettenkapazität, vorwiegend in Privatquartieren und Hotels (Warna: 29.000; Burgas: 11.000 Betten), verlieren sie allmählich ihre Seebadfunktionen zugunsten der Entwicklung von Verteilungs-, Versorgungs- und Bedienungsfunktionen

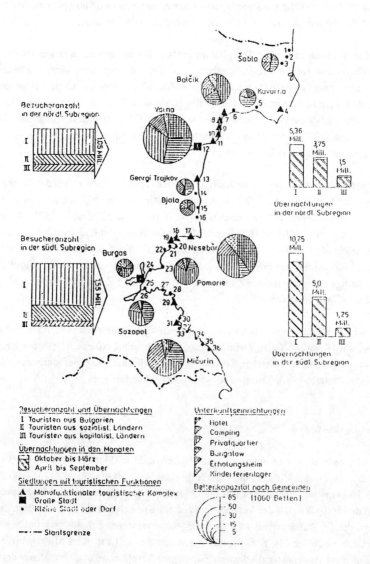

Abb. 2: Bettenkapazität, Touristenströme, Kur- und Fremdenverkehrsorte an der bulgarischen Schwarzmeerküste.

gegenüber den benachbarten Kurorten sowie den entsprechenden Subregionen. Andererseits ist der Fremdenverkehr für sie nur eine ergänzende Funktion.

2. Kleine Städte und Dörfer. Das sind mehr als 20 Siedlungen mit weniger als 15.000 Einwohnern, für die der Fremdenverkehr zwar der führende, aber nicht der einzige Wirtschaftszweig ist (Baltschik, Bjala, Obzor, Pomorie, Sozopol u. a.). Bei einer überwiegenden Bettenzahl von 5—15.000 verfügen sie über 60 % der Bettenkapazität der Schwarzmeerküste, vorwiegend in Privatquartieren, Erholungsheimen und Campingplätzen. Kennzeichnend sind ihre Ausrichtung auf den Inlandtourismus und die ungenügende infrastrukturelle Ausstattung.

3. Monofunktionale touristische Komplexe (Fremdenverkehrsorte „aus der Retorte"), in denen der Fremdenverkehr fast die einzige Funktion ist. Die meisten Komplexe weisen große Bettenkapazitäten (Slantschev Brjag: 40.000; Zlatni Pjassazi: 19.000; Albena: 16.000; Kamtschija: 10.000; Tschajka: 8.000), Vorherrschen der traditionellen Hotellerie und Ausrichtung auf Bedienung ausländischer Touristen auf. Kleinere Vertreter dieses Typs sind die sog. Feriendörfer (Russalka, Elenite, Djuni, Losenetz), die sich durch eine eigenständige Architektur auszeichnen. Dieser Typ umfaßt nahezu 30 % der Bettenkapazität der Schwarzmeerküste.

In manchen Seebädern sind auch zusätzliche Fremdenverkehrsarten vorhanden, wie zB. Balneologie (Pomorie, Tuzla, Zlatni Pjassazi, St. Konstantin, Albena, Slantschev Brjag), Besichtigungsverkehr (Nessebar, Sosopol, Warna, Baltschik), Kongreßtourismus (Warna, Zlatni Pjassazi u. a.), Kultur- und Sportveranstaltungen u. a.

B. Gebirgskurorte

Die Gebirge in Bulgarien umfassen eine Fläche von 30.000 km² (28 % des Staatsterritoriums), davon 17.000 km² in einer Höhenlage von 600—1000 m, 11.000 km² in 1000—1600 m und 2.800 km² in 1600—2925 m Höhe. Die durchgeführten Bewertungen haben die große Vielfalt der Voraussetzungen für Kurwesen, Erholung und Tourismus gezeigt, die die Ausübung aller für die Berggebiete typischen Erholungsaktivitäten einschließlich Skilaufen (die Schneedauer reicht von 80—150 Tagen im Mittelgebirge bis 250 Tagen im Hochgebirge) erlauben. Günstigere Verhältnisse und eine Dauer der Erholungssaison von 8—9 Monaten weisen Rila, Pirin, die Westrhodopen, Witoscha, die Mittel- und die Westbalkangebirge auf. Die anderen Gebirge sind niedriger und werden vorwiegend im Sommer genutzt. Eine besonders günstige Voraussetzung ist die relativ geringe Wirtschaftsentwicklung der Berggebiete bzw. das Vorhandensein naturnaher Landschaft sowie die beschränkte Bedeutung des Problems der Flächennutzungskonkurrenz.

Zur Zeit werden die Berggebiete touristisch verhältnismäßig schwach genutzt. Die Bettenkapazität beträgt etwa 150.000 Betten bei einer Aufnahmefähigkeit von 1,5 Mio. Personen. Sie ist auf mehr als 200 Kurorte und andere Fremdenverkehrsorte und -gegenden verteilt, wobei nur die Hälfte auf Kurorte entfällt.

Es sind 56 Gebirgskurorte anerkannt, davon 5 von nationaler Bedeutung (vgl. Abb. 1). 27 Kurorte sind außerörtliche Komplexe (Borovetz, Pamporovo, Witoscha,[4] Zigov Tschark, Zelin, Karandila, Rilakloster, Jundola u. a.), und die anderen sind Kleinstädte mit weniger als 10.000 Einwohnern (Bansko, Drjanovo, Elena, Etropole, Koprivschtitza, Kotel u. a.) oder Dörfer (Govedarzi, Ribaritza, Dedovo u. a.). Größere Städte sind nur Smoljan (35.000 Einwohner) und Trojan (22.000 Einwohner).

Einen größeren Konzentrationsgrad zeigen die Kurorte in den Westrhodopen (13), Rila (13), den nördlichen Hängen des Mittelbalkangebirges (12) und Pirin (6). Während in Rila und in den Rhodopen ein ausgeglichenes Verhältnis zwischen den Kurortsiedlungen und den außerörtlichen Komplexen und Gebieten besteht, dominieren im Balkangebirge die Kurortsiedlungen und in Pirin die außerörtlichen Komplexe und Gebiete. Dies beeinflußt die Verteilung der Kurorte nach Höhenlage. Hochgebirgskurorte gibt es relativ wenige (W. Kolarov: 1700 m; Treschtenik: 1700 m; Pamporovo: 1650 m; Gotze Deltschev: 1620 m; Semkovo: 1600 m; Bjala Tscherkva: 1600 m), und alle sind außerörtliche Komplexe und Gebiete. Die Mittelgebirgskurorte sind stärker vertreten sowohl durch außerörtliche Komplexe und Gebiete (Jundola: 1380 m; Borovetz: 1350 m; Rilakloster: 1300 m; Zigov Tschark: 1150 m; der größte Teil von Witoscha u. a.) als auch durch einzelne Siedlungen (Tschepelare: 1150 m; Govedarzi: 1200 m u. a.). In den tieferen Lagen überwiegen die Kurortsiedlungen, die besonders typisch für das Mittelbalkangebirge sind (Trojan: 410 m; Teteven: 415 m; Trjavna: 450 m; Ribaritza: 600 m u. a.).

Die Umgebung der meisten Gebirgskurorte ist wegen dieser Lage für den Skilauf nicht geeignet. Deshalb entwickelten sie sich vorwiegend als Luftkurorte mit vorherrschender Sommersaison sowie als Ausgangspunkte für die höher gelegenen Gegenden. Kennzeichnend für die Gebirgskurorte sind das Vorherrschen der Erholungsfunktion und das relativ geringe Vortreten von Kurbehandlungen; spezialisierte Kureinrichtungen sind nur in einzelnen Kurorten (Trojan, Rakitovo u. a.) vorhanden. Ein großer Teil der Gebirgskurorte sind auch Besichtigungszentren (historische Sehenswürdigkeiten, Architektur) und in vielen Fällen ist der Besichtigungstourismus die Hauptfunktion (Rilakloster, Koprivschtitza, Kotel, Trjavna u. a.).

Die meisten Gebirgskurorte verfügen vor allem über Beherbergungsanlagen für Sozialtourismus (Erholungsheime, Kinderferienlager) bei geringer Bettenkapazität (weniger als 1.000 Betten). Größer sind nur Borovetz (8.000), Zigov Tschark (5.000), Pamporovo (4.000), Smoljan, Aprilzi, Kotel, Ribaritza, Trojan (1—2.000). Nur Borovetz, Pamporovo, Witoscha und Bansko verfügen über größere Hotelkapazitäten und eine gute infrastrukturelle Ausstattung (einschließlich Wintersport) und sind auf ausländische Touristen orientiert.[5]

C. Heilbäder

In Bulgarien gibt es etwa 700 Mineralquellen mit einem Gesamtdebit von 3200 l/sek (276 Mio. l/Tag), davon sind zwei Drittel in Südbulgarien konzentriert. Der größte Teil des Debits in Nordbulgarien entfällt auf die Schwarzmeerküste. Die Peloidressourcen bestehen aus Heilschlammvorkommen an der Schwarzmeerküste und in Südwestbulgarien sowie Torfmooren und Bentonitlehm.

Anerkannt sind 57 Heilbäder, davon 22 von nationaler Bedeutung. Sie sind meistens an den Hauptverwerfungslinien am Rande der Täler und Becken an Bergfüßen gelegen. Der überwiegende Teil der Heilbäder weist eine Höhenlage zwischen 300 und 900 m auf. Am größten ist ihre Zahl in Südbulgarien, besonders am Fuß von Sredna Gora (11), in den Rhodopen (10), am Fuß von Rila (7), in den Tälern von Struma und Mesta beiderseits des Piringebirges (7) sowie in der Nähe von Sofia (6). In Nordbulgarien sind die Heilbäder vorwiegend am Fuß des Balkangebirges gelegen.

Die meisten Heilbäder sind Siedlungen (51). In vielen Fällen waren die Mineralquellen ein wichtiger ortsbildender Faktor. Spezifisch ist die Lage der Heilbäder in Sofia — es wurden vier Kurorte anerkannt, wobei der eine sich im Stadtzentrum befindet und die anderen in den südlichen Randvierteln gelegen sind. Im Vergleich zu den Seebädern und den Gebirgskurorten gibt es mehr Mittelstädte, wie z. B. Kjustendil (55.000 Einwohner), Sandanski (27.000), Petritsch (27.000) und Welingrad (26.000). Die Bettenzahl beträgt insgesamt etwa 80.000 (15 % der Bettenkapazität Bulgariens), vorwiegend in Erholungsheimen, Sanatorien und Privatquartieren. Typische Elemente der Infrastruktur in fast allen Heilbädern sind das Kurmittelhaus, das Frei- oder Hallenbad mit Mineralwasser, der Kurpark mit Einrichtungen zur Bewegungstherapie u. a. In einzelnen Heilbädern wurden auch moderne Balneohotels errichtet (Sandanski, Hissarja). Zu den großen Heilbädern zählen Warschetz (11.000 Betten), Hissarja (10.000), Welingrad (8.000), Sandanski (5.000), Bankja (4.000), Naretschen (4.000). Etwa 10 Heilbäder verfügen über 1—2.000 Betten, die anderen sind kleiner.

Im Unterschied zu den Seebädern und Gebirgskurorten sind die Heilbäder vorwiegend heilungsorientiert und fast ausschließlich auf bulgarische Gäste ausgerichtet.[6] Die Aufenthaltsdauer beträgt gewöhnlich mehr als zwei Wochen. Typisch ist auch der ausgeglichene Saisonverlauf. Ein Teil der Heilbäder ist auch als Luftkurort anzusehen (Welingrad, Sandanski, Dolna Banja, Dobrinischte u. a.), manche sind auch Orte des Besichtigungsverkehrs (Kjustendil, Hissarja). In manchen Fällen findet eine Erweiterung oder sogar Änderung der Hauptfunktionen statt, die besonders typisch für die Naherholungsräume der Großstädte ist.[7]

4 Aktuelle Probleme der Kurorte

Eines der wichtigsten Probleme der Kurorte kann am Beispiel des Attraktivitätsprofils des Seebades Achtopol illustriert werden (Abb. 3), das die hohe Bewertung des ur-

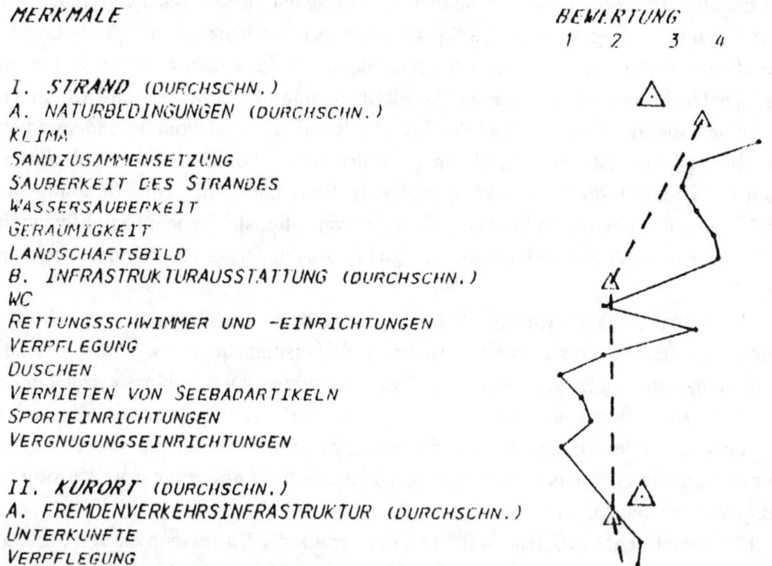

MERKMALE   BEWERTUNG
                                                          1   2   3   4

I. STRAND (DURCHSCHN.)
A. NATURBEDINGUNGEN (DURCHSCHN.)
KLIMA
SANDZUSAMMENSETZUNG
SAUBERKEIT DES STRANDES
WASSERSAUBERKEIT
GERÄUMIGKEIT
LANDSCHAFTSBILD
B. INFRASTRUKTURAUSSTATTUNG (DURCHSCHN.)
WC
RETTUNGSSCHWIMMER UND -EINRICHTUNGEN
VERPFLEGUNG
DUSCHEN
VERMIETEN VON SEEBADARTIKELN
SPORTEINRICHTUNGEN
VERGNUGUNGSEINRICHTUNGEN

II. KURORT (DURCHSCHN.)
A. FREMDENVERKEHRSINFRASTRUKTUR (DURCHSCHN.)
UNTERKUNFTE
VERPFLEGUNG
ERHOLUNGSFLACHEN UND -EINRICHTUNGEN
SPORTEINRICHTUNGEN
KULTUREINRICHTUNGEN
VERGNUGUNGSEINRICHTUNGEN
ORGANISIERTE AUSFLUGE/REISEN
B. ALLGEMEINE INFRASTRUKTUR (DURCHSCHN.)
GESUNDHEITSWESEN
HANDEL
WASSERVERSORGUNG
STROMVERSORGUNG
ERREICHBARKEIT/VERKEHR
VERKEHR IM KURORT/PARKINGFLATZE
C. ANDERE (DURCHSCHN.)
PREISE
SEHENSWURDIGKEITEN
EINSTELLUNG DES BEDIENUNGSPERSONALS
EINSTELLUNG DER EINHEIMISCHEN BEVOLKERUNG

INSGESAMT (DURCHSCHN.)

Abb. 3: Attraktivitätsprofil des Seebades Achtopol (Bewertung der Touristen).

sprünglichen und die niedrige Bewertung des abgeleiteten Angebots, besonders der Infrastrukturausstattung, zeigt. Dieses Verhältnis ist in den auf Auslandstourismus ausgerichteten Kurorten günstiger, kann aber nicht als befriedigend angesehen werden. Daraus kann der Schluß gezogen werden, daß die bulgarischen Kurorte zwar über ein wesentliches Entwicklungspotential verfügen, dieses wird aber vor allem durch das abgeleitete Angebot beschränkt. Allerdings kann dieses Verhältnis beim Vorhandensein der notwendigen Investitionen und Organisationsformen bedeutsam verbessert werden.

Ein anderer Problemkreis ist mit den ökonomischen Verhältnissen verbunden. Die Änderungen in der Organisation des Sozialtourismus (einschließlich der Minderung der staatlichen Subventionen) und die Lebensstandardabnahme haben zu einer „Schrumpfung" der Nachfrage und zu einer starken Reduzierung der Besucher- und Übernachtungszahlen mehrerer Kurorte geführt.[8] Viele von ihnen sind vom Fremdenverkehr stark abhängig, so daß sein Verfall ihr gesamtes sozio-ökonomisches Leben negativ beeinflußt. Dies erfordert eine aktive regionale Tourismuspolitik zur Förderung und Umwandlung dieser Kurorte (und vor allem der von nationaler Bedeutung). Eine wichtige Aufgabe ist auch die Auslandswerbung, da im Ausland nur wenige Kurorte bekannt sind.

Die Entwicklung der Kurorte stößt auch auf verschiedene Organisationsprobleme. Besonders in den größeren Kurorten bestehen viele Leistungsträger, die eine selbständige und nicht miteinander koordinierte Politik durchführen. Das Problem wurde bei der Dezentralisierung der staatlichen Unternehmen verstärkt,[9] und wahrscheinlich wird es noch schärfer bei der Privatisierung der Fremdenverkehrswirtschaft. In dieser Hinsicht sind zweckmäßige Organisationsformen zur Leitung und Entwicklung der Kurorte als Ganzes vorzuschlagen.

Ein wesentliches Problem stellt auch der Schutz der Kurressourcen und der Umwelt als Grundvoraussetzung für die Entwicklung des Kur- und Erholungswesens und des Fremdenverkehrs dar. Es besteht die Gefahr, daß bei den gegenwärtigen ökonomischen Verhältnissen diese Hauptaufgabe in den Kurorten vernachlässigt wird. Auch jetzt stehen Probleme wie die Diskrepanz zwischen den Bettenkapazitäten und der Aufnahmefähigkeit in manchen Kurorten, der Mangel an Kläranlagen und der Bau von Einrichtungen u. a. im Widerspruch zu den gesetzlichen und raumplanerischen Vorschriften. Nötige Maßnahmen in dieser Richtung sind die Verbesserung der Umweltgesetzgebung und der regionalen und kommunalen Fremdenverkehrsplanung sowie besonders die rechtzeitige Festlegung von Grenzwerten für die mögliche Entwicklung als erster Schritt des Übergangs zur qualitativen Fremdenverkehrsentwicklung. Einen wesentlichen Beitrag können auch die Vervollkommnung der Kriterien für die Anerkennung der Kurorte und die Aktualisierung des Kurortverzeichnisses leisten.

*

Anmerkungen

1   Zum Beispiel werden bei den Mineralwässern die folgenden Kriterien eingesetzt: Gesamtmineralisierung, Ionenzusammensetzung, Temperatur, Redoxpotential, Gehalt an biologischen Bestandteilen wie Fluorid, Bromid, Jodid, Ferroionen, Kohlenstoffdioxid u. a. und bezüglich der für Flaschenabfüllung und Trinkkur bestimmten Wässer auch Konzentrationsspiegel toxischer Stoffe, mikrobielle Zahl und Koli-Belastung.

2 Die erste Gruppe schließt das Fehlen industrieller Verschmutzung ein sowie eine Konzentration an schädlichen Aerosolen, Gasen und Staub bis zu 25 % der Hygienenormen, die Lage über die Inversionsbewölkung sowie, außer lokalen Temperaturinversionen, eine Sonnenscheindauer von über 2200 Stunden/Jahr, die Intensität der UV-Strahlung, eine Konzentration an leichten Aeroionen von über 1000/cm^3 und mindestens 100 Tage Schneedauer (für die Berggebiete über 1200 m ü. d. M.) ein; die zweite Gruppe schließt das Vorhandensein günstiger thermischer Verhältnisse, geeignete Landschaftsverhältnisse und Möglichkeiten zur ganzjährigen oder mindestens Zweisaisonnutzung (mit Ausnahme der Seebäder) ein.

3 Es geht um die die Qualität und die Quantität der die Kurressourcen zerstörenden oder nach einem anhaltenden Zeitabschnitt zur Änderung derselben führenden Aktivitäten (Wohnungs-, Industrie-, Meliorations- und Kommunikationsbau, geologische Arbeiten, Abfallbeseitigung, Gewinnung von inerten Materialien, Forstausholzungen u. a.). Es werden bis zu drei Zonen mit unterschiedlichem Schutzgrad bzw. ein Verbot oder eine Einschränkung dieser Aktivitäten festgelegt.

4 Der Nationalpark Witoscha (287 km^2) wurde als Kurort anerkannt, obwohl darin mehrere Zentren entwickelt worden sind.

5 Witoscha ist aber vorwiegend als Naherholungsgebiet für die Einwohner von Sofia anzusehen.

6 So erreicht der Anteil der Besucher zum Ziel der Heilung z. B. in Bankja 90 % aller übernachtenden Besucher und der der Bulgaren 94 %.

7 Jetzt ist zum Beispiel das Heilbad Pantscharevo (15 km von Sofia) vor allem Naherholungsort für die Erholung an Gewässern und Wassersport (Stausee) sowie ein großer Zweitwohnungsstandort.

8 Dazu kommt auch die Reduzierung der Zahl der Besucher aus den osteuropäischen Ländern.

9 Zum Beispiel wurden die Unternehmen, die ganze große Seebäder oder Gebirgskurorte umfaßten (Borovetz, Zlatni Pjassazi, Slantschev Brjag), in mehrere kleinere Unternehmen geteilt, wobei u. a. Probleme mit dem Bewirtschaften der allgemeinen Infrastruktureinrichtungen, des gemeinsamen Marketing und der Werbung der Kurorte entstanden.

St. Stamatov
Entwicklung und Perspektiven des medizinischen Tourismus in Bulgarien

1 Definition und Tendenzen in der Entwicklung des medizinischen Tourismus in Europa

Der medizinische Tourismus ist ein Teil des Erholungswesens, der zusammen mit der stürmischen Entwicklung des internationalen Tourismus entstanden ist und sich seinem Wesen nach neben medizinisch-sozialen auch medizinisch-ökonomische Ziele stellt. Die wissenschaftlichen und organisatorischen Grundlagen dieser Art von Tourismus wurden zum ersten Mal im Jahre 1963 auf einer Tagung von Fachärzten und Ökonomen in Optia diskutiert. 1978 hat die Weltgesundheitsorganisation auf Vorschlag der Internationalen Föderation für Balneologie und Klimatologie ein Dokument für die Entwicklung des medizinischen Tourismus angenommen, wodurch der medizinisch-soziale Aspekt dieser Art von Tourismus erweitert wurde. Auf dem XVIII. Internationalen Kongreß für Thalassotherapie im Jahre 1981 in Las Palmas wurde die Internationale Konföderation für medizinischen Tourismus gebildet.

In ökonomischer Hinsicht schafft der medizinische Tourismus die Voraussetzungen für eine intensive und komplexe Nutzung der vorhandenen Ressourcen und der errichteten materiell-technischen Basis. Er ist effektiv, aber nicht nur wegen der zusätzlichen Einkommen aus den medizinischen Dienstleistungen. Durch ihn wird der Nutzungszeitraum verlängert und das Volumen der touristischen Tätigkeit erhöht. In medizinisch-sozialer Hinsicht sind die Bedürfnisse nach Heilung und Prophylaxe in den Kurbädern im Weltmaßstab als Ergebnis der veränderten Struktur der Krankenquote und der Erhöhung der Zahl der chronischen Erkrankungen und derer mit sozialer Bedeutung stark angestiegen. Untersuchungen der Krankheitsfälle in den Ländern Europas und des Nahen Ostens weisen auf eine große Verbreitung von Herz- und Gefäßerkrankungen, Lungenerkrankungen, allergischen, traumatischen, rheumatischen, Magen- und Darm- sowie Stoffwechsel- und endokrinen Erkrankungen hin. Die Zahl dieser Erkrankungen führt zu einer immer größeren Nachfrage nach medizinischem Tourismus. Prognosen zufolge wird in den nächsten Jahrzehnten besonders die Nachfrage nach prophylaktischen Programmen wachsen.

Die Kurbehandlungen sind in den entwickelten Reiseländern schon lange ein Element des komplexen touristischen Angebots, indem die Nachfrage nach medizinischem Tourismus durch drei Bedürfnisarten bedingt ist:

a. Kurbehandlungen, die aufgrund der Verbreitung von chronischen Erkrankungen mit sozialer Bedeutung entstehen;

b. prophylaktisch-rekreativer Urlaub für die Überwindung der negativen Auswirkungen von Alltag und Arbeit auf den normalen funktionellen Zustand des menschlichen Organismus sowie für die Erhaltung und Stärkung der Widerstandskräfte und für die Erhöhung der Arbeitsfähigkeit;

c. Verbindung von Kurbehandlungen mit touristischen Tätigkeiten, um die Interessen an Sport, Bildung und Kultur zu befriedigen.

Die Offerten des medizinischen Tourismus sind vor allem in den Ländern Mittel- und Südeuropas konzentriert, d. h. in den Ländern, die reich an Mineralwasser und klimatischen Ressourcen sind. Im Zusammenhang mit den qualitativen Veränderungen in der Nachfrage nach medizinischem Tourismus auf dem europäischen touristischen Markt zeichnen sich zwei Richtungen ab. Einerseits wird die Angebotspalette des klassischen Bädertourismus durch viel Sport und aktive Erholung bereichert, anderseits wird der Jahresurlaub in den Seebädern und Gebirgskurorten mit medizinischen Dienstleistungen verbunden, die allgemein gesundheitsstärkend oder auf die Behandlung von chronischen Erkrankungen gerichtet sind.

Die Zahl der auf Kurbehandlungen ausgerichteten Auslandsreisen und der mit prophylaktischen Programmen kombinierten Ferienreisen erhöht sich nicht nur für Bürger der Länder ohne Kurbäder, sondern auch von Ländern mit einer breiten Angebotspalette im medizinischen Tourismus. Die Nachfrage nach medizinischem Tourismus kann wie folgt begründet werden:

— Die natürlichen Heilmittel mit der für sie spezifischen Zusammensetzung und Wirkung befinden sich in bestimmten Gebieten.
— Das Klima ist ein günstiges zusätzliches Element, was besonders für die von den Kurgästen bevorzugte Ferienzeit gilt.
— Der Preis der Kurbehandlungen ist günstig im Vergleich zu dem im eigenen Land.
— Wenn das Kurbad im Ausland gut eingerichtet ist und als touristisches Zentrum bekannt ist, wird eine Kombination von Heilung und Erholung möglich.

2 Faktoren, die die Entwicklung des medizinischen Tourismus in Bulgarien bestimmen

2.1 Natürliche Ressourcen

Ein gewisser Vorzug für Bulgarien auf dem internationalen touristischen Markt ist die Tatsache, daß das Land reich an thermalem Mineralwasser, Heilschlammvorkommen und bioklimatischen Faktoren ist. Besonders wichtig ist deren einmalige und seltene Kombination. Es sind zwei Arten von Kombinationen zu unterscheiden: die „Meereskombination", wo zahlreiche Mineralquellen und Heilschlammvorkommen in den Seebädern am Schwarzen Meer vorhanden sind, und die „Gebirgskombination", die eine

Fülle von Mineralquellen in den Gebirgen und sehr viele bioklimatische und landschaftlich-rekreative Ressourcen aufweist. Nach K. Sterew und St. Buserow sind unsere hydromineralischen und bioklimatischen Ressourcen gut erforscht und kartiert. Das erleichtert die Auswahl von Regionen für die Errichtung von Kurbädern.

Die Hauptanziehungspunkte für den internationalen Touristenstrom in Bulgarien sind die Gebirge und die Schwarzmeerküste, die auch gleichzeitig vorrangige Regionen für die Entwicklung des medizinischen Tourismus sind.

Bioklimatische Ressourcen

Trotz des kleinen Territoriums Bulgariens ist dessen Klima sehr mannigfaltig, was einerseits auf die verschiedenartige vertikale Struktur (laut Statistik hat Bulgariens Oberfläche eine durchschnittliche Höhe von 470 m über dem Meeresspiegel; hinter dieser Zahl verbirgt sich eine große Vielfalt von Landschaften) zurückzuführen ist und andererseits auf die Dynamik der atmosphärischen Prozesse und das für diesen Teil Europas charakteristische Radiationsregime. Nach W. Marinow sind in Bulgarien vier bioklimatische Zonen zu unterscheiden: Die erste umfaßt die Ebenen und Talkessel (800 m ü. d. M.), die zweite hat Übergangscharakter (800–1200 m ü. d. M.), zur dritten gehören die Mittelgebirge (1200–2000 m ü. d. M.) und zur vierten die Schwarzmeerküste. Wie bereits erwähnt, sind die Schwarzmeerküste und die Gebiete mit einer Höhe von 1200–2000 m ü. d. M. die Regionen des Landes, die am wirksamsten für die Klimaprophylaxe und die Klimatherapie genutzt werden können.

Die bulgarische Schwarzmeerküste ist 378 km lang und hat eine Strandfläche von 9.152.000 km². In bezug auf die Temperaturen und die aktiven Prozesse bestehen die klimatischen Besonderheiten der Küste darin, daß sie eine mittlere Stellung zwischen den kühlen Seebädern in Nordeuropa und den heißen Seebädern am Mittelmeer einnimmt. Unsere Seebäder am Schwarzen Meer übertreffen in ihrem günstigen Klima in vieler Hinsicht eine ganze Reihe von renommierten Seebädern in Europa und Nordafrika.

Die Schwarzmeerregion hat ein immenses gesundheitsförderndes klimatisches Potential, und dank der Kombination von klimatischen Ressourcen mit zahlreichen Mineralquellen und Heilschlammvorkommen sind beste Voraussetzungen für die Entwicklung des medizinischen Tourismus während des ganzen Jahres vorhanden. An der ganzen Küste wurden Mineralwasservorkommen mit einer Ergiebigkeit von 800 l/Sek. entdeckt. Außerdem sind der Limanheilschlamm und die Mutterlauge aus der Meersalzgewinnung einmalige Heilmittel, die in den meisten europäischen Ländern nicht bekannt sind. Deshalb ist die Schwarzmeerregion für eine effektive Prophylaxe und Therapie folgender Erkrankungen bestens geeignet: Herz- und Gefäßerkrankungen, Stoffwechselstörungen, Hauterkrankungen, einige nichtspezifische Lungenerkrankungen, Überlastungserscheinungen und Neurosen. In der Indikationsliste von Bulgariens Seebädern sind Gelenkentzündungen, Degenerationserscheinungen der Gelenke, gynäko-

logische Erkrankungen, Gefäßerkrankungen und Erkrankungen des peripheren Nervensystems enthalten.

In den Gebirgen sind ausgezeichnete Möglichkeiten für eine ganzjährige Prophylaxe und Therapie von Herz- und Gefäßerkrankungen, Stoffwechsel- und endokrinen
Erkrankungen, allergischen Hauterkrankungen, chronischen Lungenerkrankungen, Al-
lergien, Neurosen, Anämien und Ermüdungserscheinungen vorhanden.

Balneologische Ressourcen

Zu Bulgariens balneologischen Ressourcen gehören Mineralwässer, die in ihrer Zusammensetzung und Energieeigenschaft sehr unterschiedlich sind (hydromineralische
Ressourcen) und einige Arten Heilschlammvorkommen (Peloseressourcen). Am größten
ist die Anzahl der thermalen Mineralquellen. Berechnungen nach liegen die gewinn-
baren thermalen Mineralwasservorräte im Land bei über 12.000 l/Sek., von denen z. Z.
(nach K. Sterew) 3.000 l/Sek. genutzt werden. Der größte Teil (über 70 %) des thermalen Mineralwasserpotentials ist schwach mineralisch. Das ist eine Eigenschaft, die
in Mittel- und Nordwesteuropa sowie auch im Nahen Osten außerordentlich selten
anzutreffen ist.

Die zweite Stelle in den hydrothermalen Vorkommen nehmen die salzhaltigen
thermalen Mineralquellen ein, die Schwefel, Jod, Brom, Bor und andere biologisch
aktive Bestandteile haben. Diese Art Mineralwasser hat eine starke Heilkraft bei Erkrankungen des Stütz- und Bewegungsapparates, des peripheren Nervensystems, der
Atmungsorgane, der Haut, des Gefäßsystems und des Verdauungssystems sowie bei
gynäkologischen Erkrankungen und Stoffwechselstörungen. Weniger zahlreich sind in
Bulgarien die kohlensäurehaltigen und die soda- und glaubersalzhaltigen Mineralquellen.

In Bulgarien sind drei Arten von wertvollen Heilschlammvorkommen reichlich
vorhanden, und zwar Limanschlamm in den Küstenseen, Torf und Benthos. In allen
Zentren des medizinischen Tourismus gibt es sehr gute Möglichkeiten für Heilschlamm-
prozeduren.

2.2 Die Nachfrage nach medizinischem Tourismus

Bei der Erforschung des internationalen Marktes für medizinischen Tourismus wird von
der Kurprophylaxe und der Kurtherapie ausgegangen, die zum komplexen touristischen
Angebot gehören. Deshalb wird die Nachfrage nach medizinischem Tourismus in
Verbindung mit seiner medizinisch-sozialen Bedeutung betrachtet, wobei die Rolle der
Kurmedizin in der Prophylaxe, Therapie und Rehabilitation besteht. Es ist ein starker
Bedarf nach Prophylaxe, Therapie und Rehabilitation mit Hilfe von Kur- und physikali-
schen Faktoren vorhanden, und dieser steigt in allen Ländern, besonders in Regionen

mit rauhem Kontinentalklima, verschmutzter Umwelt und massenweisen Erkrankungen, aufgrund der modernen Zivilisation.

Der medizinische Tourismus in Bulgarien muß auf Kurgäste aus den Ländern Nord-, Mittel- und Nordwesteuropas ausgerichtet sein. Das Hauptkontingent dieser Marktquelle sind die skandinavischen Länder, Holland, die Benelux-Staaten und England, die weder Mineralwasser noch Heilschlamm oder bioklimatische Ressourcen aufzuweisen haben. Nach K. Sterew erhöhen sich die Erfolgsmöglichkeiten mit diesen Ländern durch die starke rekreative Anziehungskraft der sonnigen Schwarzmeerküste und der Gebirge. Wir können auch mit Kurgästen aus den ehemaligen sozialistischen Ländern rechnen, besonders aus Ostdeutschland, Polen, Rußland und der Ukraine. Es sind ebenfalls Kurgäste aus Deutschland, Frankreich, Österreich und der Schweiz zu erwarten, obwohl diese Länder selbst über Mineralwasser und klimatische Ressourcen verfügen. Auch die Türkei und Griechenland zeigen Interesse an Bulgariens medizinischen Dienstleistungen. Sogar in einigen Ländern des Nahen Ostens besteht eine Nachfrage nach unseren Kurbädern.

2.3 Grundlagen des medizinischen Tourismus

Die Angebotspalette des medizinischen Tourismus hängt von dem Nutzungsgrad der balneologischen und klimatischen Ressourcen in den Kurbädern und Kureinrichtungen ab sowie von deren Nutzung für die Prophylaxe und die Rehabilitation. Wir haben einen Perspektivplan ausgearbeitet, nach dem innerhalb einer längeren Frist die materiell-technische Basis für den internationalen medizinischen Tourismus in Regionen an der Küste bzw. im Gebirge mit den besten hydromineralischen, bioklimatischen und landschaftlich-rekreativen Ressourcen errichtet worden soll. Seit 1975 wird an der Erfüllung dieses Plans gearbeitet, wobei das Hauptaugenmerk auf die Seebäder am Schwarzen Meer gerichtet ist, wo Klima- und Bäderkurzentren entstanden sind, wie z. B. die Zentren International und Ambassador im Seebad Goldstrand, die Zentren im Grandhotel Warna und Slantschew Den im Seebad Drushba, das Zentrum Dobrudsha im Seebad Albena und das Heilschlammzentrum in Pomorie. Eine andere Tendenz war die Erweiterung der Basis für den internationalen medizinischen Tourismus in einigen bewährten bulgarischen Kurbädern wie Hissarja und Sandanski. In den Gebirgskurorten gibt es leider noch keine materiell-technische Basis für den medizinischen Tourismus.

Im Zusammenhang mit der vorrangigen Orientierung auf den medizinischen Tourismus in den bulgarischen Seebädern war es notwendig, schon im Jahre 1975 ein Modell für ein Klima- und Bäderzentrum an der Meeresküste anzufertigen, wobei man die vielseitigen Aspekte dieses Problems und die kritische Analyse der städtebaulichen Planung in den Küstengebieten beachtet hat. Bei der Anfertigung des Modells wurden die Nutzungsmöglichkeiten der rekreativen und der gesundheitsfördernden Ressourcen an der bulgarischen Küste berücksichtigt, und wir haben uns in dieser Hinsicht sowohl von den Erfahrungen anderer Länder als auch von den Perspektiven für deren komplexe Nutzung im Erholungswesen leiten lassen.

Eine Reihe von Untersuchungen (K. Sterew/St. Busarow sowie St. Stamatow, N. Enew und Kollektiv) haben ergeben, daß kleine, selbständige Abteilungen in verschiedenen Hotels in den Ferienorten ein Hindernis für die Schaffung von großen, zentralisierten Klima- und Bäderzentren sind, die für alle Gäste des Ferienortes bestimmt sind, alle Anwendungen anbieten und während des ganzen Jahres arbeiten. Nach K. Schterew ist eine Basis wertlos, wenn sie nicht gleichzeitig über Bettenhaus, Kurabteilung und alle anderen nötigen Bereiche verfügt, wenn sie nicht verschiedenartige und adäquate Heil- und Genesungskuren sowie Programme anbietet, wenn sie viel menschliche Arbeitskraft, Energie und Materialien in Anspruch nimmt und wenn sie nicht funktionell, ästhetisch, originell und in gewissem Sinne einmalig ist. Deshalb müssen die Klima- und Bäderkurzentren eine funktionelle Einheit bilden.

Die Vergrößerung der Kurabteilungen ist sowohl für die Erhöhung der Effektivität des Behandlungsprozesses als auch für die ökonomische Effektivität zu einer Notwendigkeit geworden. In einer großen medizinischen Basis ist es viel leichter, moderne diagnostische Apparaturen, Behandlungsgeräte und moderne Heilverfahren einzuführen. Hier sind gute Voraussetzungen für die Schaffung von hochgebildeten, spezialisierten Fachkräfteteams vorhanden. Die Zentren müssen die Anforderungen einer Kundschaft befriedigen, die von solchen Einrichtungen im eigenen Land ein hohes Niveau in bezug auf Architektur, technische Ausrüstung, Ästhetik und Organisation verlangt.

Alle Klima- und Bäderkurzentren müssen eine Bettenbasis, eine Behandlungsbasis und eine Basis für Prophylaxe und Sport haben. Die Bettenbasis bilden die Hotels mit ganzjähriger Nutzungsmöglichkeit. Die Aufteilung der Bettenbasis in einzelne Gruppen ist sowohl für den Komfort der Kurgäste als auch für eine gute medizinische Betreuung von wesentlicher Bedeutung. Die Kurgäste haben die Möglichkeit, die medizinischen Dienstleistungen der in unmittelbarer Nähe gelegenen medizinischen Zentren in Anspruch zu nehmen. Die optimale Kapazität der Bettenbasis in den Klima- und Bäderkurzentren beträgt etwa 1.500 Betten.

Die medizinische Basis besteht aus einer balneologisch-physiologischen Abteilung und einem Behandlungsbereich. Die balneologisch-physiologische Abteilung kann sich in einem selbständigen Gebäudeteil befinden, der durch Korridore mit einem oder mehreren Hotels verbunden ist. Der Behandlungsbereich ist der zweite Bestandteil. Er besteht aus einer heilklimatischen Einrichtung mit entsprechender Ausrüstung für die dosierte Anwendung von klima- und meerestherapeutischen Prozeduren.

Die dritte Komponente eines Klima- und Bäderkurzentrums sind die Prophylaxe und der Sport. Hiermit werden Bedingungen für eine aktive Erholung geschaffen, die eine funktionelle Wiederherstellung der Kurgäste im Klima- und Bäderzentrum sichert und die Folgen der Bewegungslosigkeit beseitigen hilft.

Die weitere Entwicklung des medizinischen Tourismus in den Ferienorten muß vor allem in Form von Rekonstruktion und Modernisierung der bestehenden Einrichtungen erfolgen. Einige Probleme müssen aber durch neue Bauten gelöst werden. Entsprechend der Bestimmung des Kurortes muß die neue Basis der alten, deren Hauptfunktion erhalten bleibt, angepaßt werden, und zwar für die Befriedigung der Bedürfnisse nach rekreativer Erholung und die Schaffung von Bedingungen für ganzjährige balneologische und Klimakuren. Das kann mit Hilfe eines Schemas zur Struktur des balneologisch-heilklimatischen Zentrums beim Hotel Ambassador oder beim Hotel International im Seebad Goldstrand illustriert werden.

Die Kapazität der beiden Basen ermöglicht mit 3200 Anwendungen eine komplexe Betreuung von 1100–1200 Kurgästen täglich und damit eine fast 40%ige Auslastung der Hotels. Die beiden balneologisch-heilklimatischen Zentren befriedigen die Bedürfnisse nach einer Basis für medizinischen Tourismus im Seebad Goldstrand bis zum Jahre 2020. Ähnliche Projekte gibt es für die Seebäder Drushba, Sonnenstrand und Albena. Objektiven Gegebenheiten nach kann sich der medizinische Tourismus in den Seebädern entwickeln und im Landestourismus zum wichtigsten ökonomischen und sozial effektiven Kriterium werden.

✶

Literaturverzeichnis

DIMOWA, D. / J. MARKOW: „Wie geothermale Wässer genutzt werden", in: *Narodno delo* 11 (25. 03. 1984).

KARAKOLEW, D. / G. SAGORSKI: „Die therapeutischen und prophylaktischen Möglichkeiten der neuentdeckten balneo-therapeutischen Wässer in der VR Bulgarien", in: *Medizin und Körperkultur*, 1978.

STAMATOW, ST.: *Heilklimatische und balneologische Ressourcen an der bulgarischen Schwarzmeerküste und Möglichkeiten für die Erweiterung von Ferienreisen und medizinischem Tourismus*, hrsg. Hochschule für Wirtschaftswissenschaften Warna, 1968.

——: „Grundlagen der Meerestherapie", in: *Medizin und Körperkultur*, 1977.

——: „Balneologie und medizinischer Tourismus", in: *Medizin und Körperkultur*, 1984.

STAMATOW, ST., N. ENEW und Kollektiv: *Entwicklung und Perspektiven des medizinischen Tourismus im Bezirk Warna*, hrsg. Hochschule für Wirtschaftswissenschaften Warna, 1980.

STAMATOW, ST. / N. TODOROW: „Modell eines Klima- und Bäderzentrums an der Meeresküste", in: *Werke des NZOTS*, 1975.

STEREW, K. / ST. BUSAROW: „Perspektiven und Probleme bei der Entwicklung des internationalen medizinischen Tourismus in den Kurortzentren Bulgariens", in: *Kurortologie, Physiotherapie und Heilgymnastik* 2/1982, S. 323.

✶ ✶ ✶

Nadja Borisova Danailova und Snejana Georgieva Angelova
Heilschlammbehandlung in den bulgarischen Seebädern

Der internationale touristische Markt entwickelt sich in einem außerordentlich dynamischen Tempo. Er ist für verschiedene Formen der Zusammenarbeit offen. Wenn wir aber die zukünftigen Perspektiven des Tourismus untersuchen wollen, genügt die Extrapolation von statistischen Analysen der Gegenwart nicht.

Nach René Amirhanian (Direktor der französischen Filiale des berühmten Forschungsinstituts Howarth & Howarth), der spezialisierte Prognosen für den Tourismus anfertigt, werden in den folgenden 20 Jahren die internationalen touristischen Reisen sich verdoppeln und die Einreisen 700 Millionen erreichen. Es wird die Entwicklung der osteuropäischen Länder als touristische Destinationen erwartet, die sich dank der vorgenommenen Umgestaltung für die Welt öffnen.

Bulgarien bietet viele Vorzüge: großzügige Natur, Strände mit goldgelbem Sand, warmes Meer, 16 Gebirgsmassive, eine große Anzahl an Mineralquellen, Geschichte und Folklore, fruchtbare Felder und blühende Gärten, uralte Wälder und kristallklare Seen, interessante Freilichtmuseen und Klöster. In Bulgarien sind gute Bedingungen für verschiedene Arten von Tourismus während aller Jahreszeiten vorhanden.

Im Rahmen des europäischen touristischen Marktes hat der rekreative Meerestourismus, kombiniert mit dem medizinischen Tourismus und mit Sportaktivitäten, eine Priorität in der Nachfrage für Bulgarien. Unabhängig von den ökonomischen Schwankungen ist die Nachfrage nach dieser Art Tourismus relativ stabil. Als selbständiger Tourismus oder kombiniert mit dem rekreativen Meeres- oder Gebirgstourismus wird der medizinische Tourismus aktiv in die Struktur der Reisen einbezogen und hat einen immer stärker anwachsenden Anteil an der Motivation der touristischen Reisen.

In den europäischen Ländern und in den Ländern des Nahen Ostens, die zu unseren Hauptmärkten gehören, läßt sich eine große Verbreitung der Erkrankungen an rheumatischer Arthritis, der traumatischen Erkrankungen, der Verkehrsunfälle, der Unfälle während und außerhalb der Arbeit und der Erkrankungen des peripheren Nervensystems feststellen.

Die Erhöhung der Anzahl dieser Erkrankungen, die günstig von den balneoklimatischen Faktoren und vor allem von der Heilschlammbehandlung beeinflußt werden, bilden ein großes Nachfragepotential nach medizinischem Tourismus.

Auf dem internationalen touristischen Markt ist ein Angebot an Heilschlammbehandlungen in der Tschechoslowakei, Rumänien, Deutschland, Italien und Frankreich vorhanden, wobei verschiedenartiger Heilschlamm verwendet wird (Liman-, Torf-, Quell-, Fango-Schlamm). Einige Länder (Schweden, Dänemark, Finnland u. a.), die über solche Ressourcen nicht verfügen, führen ihn (vor allem Fango) aus anderen Ländern ein.

Die Kapazität und die qualitative Mannigfaltigkeit der balneologischen und bioklimatischen Ressourcen unseres Landes übertreffen mehrfach die Bedürfnisse der Bevölkerung nach Kurbehandlung und Kurprophylaxe. Von großer Bedeutung für die Entwicklung des medizinischen Tourismus in den Seebädern der bulgarischen Schwarzmeerküste ist das Vorhandensein von reichen und verschiedenartigen balneologischen Ressourcen — Mineralwasser und Heilschlamm —, deren Wirkung schon den Thrakern und Griechen bekannt war, die die Gebiete um die „heiligen Seen" bewohnten. Direkt an den Stränden sprudeln Mineralquellen, deren Temperatur zwischen 30 °C und 52 °C liegt. In den Sümpfen und Seen längs des Meeres gibt es Heilschlamm, der die Schmerzen nach Kinderlähmung und bei Arthrose, Arthritis, Rheumatismus u. a. lindert. Die durchschnittliche Lufttemperatur beträgt im Juli 22 °C, die Höchsttemperaturen der Luft übersteigen im Sommer gewöhnlich nicht 34–35 °C; es gibt geringe Niederschläge — durchschnittlich 470 mm/m²; die Sonneneinstrahlung ist sehr intensiv — ihre durchschnittliche Jahresdauer beträgt 2240 Stunden; die Temperatur des Meereswassers liegt in den Sommermonaten zwischen 22 °C und 28 °C. All das schafft wesentliche Vorzüge im Vergleich zu anderen europäischen Küsten.

Erste Versuche zur wissenschaftlichen Erforschung des Heilschlamms und für seine Verwendung zu Heilzwecken machte Prof. Paraschkew Stojanow. 1905 entdeckte er Heilschlamm in den Gebieten Baltschischka und Schablenska Tuzla und in den Salzseen von Anchialo (dem heutigen Pomorie) und Atanassowo. Im Jahre 1911 erschien sein Buch *Die Heilschlammbehandlung in Bulgarien und das Gebiet Baltschischka Tuzla*. Später entwickelte sich Pomorie auf seine Initiative hin zu einem Heilschlammkurort. Nach 1948 begann mit der Gründung des Instituts für Kurwesen und Physiotherapie in Sofia die gezielte und wissenschaftlich begründete Anwendung der Heilschlammbehandlung, nicht nur im Ort der Schlammvorkommen, sondern auch in den balneotherapeutischen Einrichtungen.

In Bulgarien sind Schlammvorkommen fast aller Gruppen bekannt. Meistens liegen die Seen, in denen Heilschlamm vorkommt, längs des Meeres und haben Lagunencharakter (Schablenska Tuzla, der Pomorie-See, der Atanassowo-See) oder Limancharakter (der Warna-See, der Mandra-See bei Burgas). Im Gebiet Schablenska Tuzla sind etwa 200.000 Tonnen Heilschlamm vorhanden, Baltschischka Tuzla hat 38.000 Tonnen, der See bei Warna etwa 3 Mio. Tonnen, der Atanassowo-See über 60.000 Tonnen, der Mandra-See etwa 3 Mio. Tonnen, die Seen bei Beloslaw, Taukliman und Alepu besitzen ebenfalls bedeutende Mengen an Heilschlamm. Diese Angaben bestätigen, daß bei systematischer Regenerierung des genutzten Heilschlamms praktisch eine unbeschränkte Nutzung erlaubt ist.

Schlammvorkommen, verbunden mit den Thermalquellen, gibt es in Banja bei Plovdiv (mit Ressourcen von etwa 1500 Tonnen Limanschlamm) sowie in Welingrad und Marikostinowo. In Bulgarien gibt es bedeutende Vorkommen an Torf in Dobri Dol (Bezirk Mihajlowgrad) und Bajkal (bei Pernik), die zu Heilzwecken genutzt werden.

Die Heilschlammbehandlung ist eines der meistgefragten Heilverfahren in unseren Kurorten. An der bulgarischen Schwarzmeerküste wird die Heilschlammbehandlung in

Pomorie durchgeführt, welches der größte Heilschlammkurort im Lande ist und ganzjährig arbeitet. Der Kurort verfügt über eine große Heilschlammgewinnungsbasis und moderne balneotherapeutische Einrichtungen für ambulante Behandlung. In Pomorie wird die Heilschlammbehandlung auch in einigen Betriebssanatorien durchgeführt.

Der Kurort Pomorie liegt auf einer engen, felsigen Halbinsel, die im Norden an den Pomorie-Lagunensee grenzt. Die Siedlung, wie auch die meisten unserer Städte, ist in der Antike entstanden. Sie wurde im 2.—4. Jh. v. u. Z. als Kolonie der antiken Stadt Apollonia (des heutigen Sosopol) gegründet. Schon damals war sie als Heilzentrum bekannt. Thraker, Griechen, Römer, Byzantiner nannten sie Anchialo, Anchilo, Ulpia-Anchialo bzw. Achelu und verbanden ihren Namen mit der Meersalzgewinnung. Heute heißt sie Pomorie — Stadt am Meer. Die Siedlung entwickelte sich als Kulturzentrum, wovon ein Kuppelgrabmal aus dem 2.—4. Jh. zeugt. Die Stadt erlebte ihre größte Blüte in der Epoche der römischen Herrschaft auf der Balkanhalbinsel. Ihre Bedeutung als wichtiger Kreuzpunkt und wichtige Hafenstadt behielt sie auch im Mittelalter.

Heute ist Pomorie ein kleiner Kurort mit weitläufigem Strand. Das Klima ist hier gemäßigt (durchschnittliche Temperatur im Winter 2,6 °C und im Sommer 24 °C), der Herbst ist lang und warm, das Meer ruhig. Der Strand ist 5 km lang und durchschnittlich 30 m breit. Er ist mit dunklem, eisen- und manganhaltigem Sand bedeckt. Der Meeresgrund ist seicht, und das Meer eignet sich gut zum Baden. In der Stadt gibt es keine Industriebetriebe, die die Luft verschmutzen. Dank des Klimas, Strandes, Heilschlamms und der modernen Anlagen (Sanatorien, Heilschlammbehandlungszentrum, Hotelkomplex mit medizinischem Trakt) wurde Pomorie weltbekannt.

Der Grund des Sees von Pomorie ist mit einer dicken Schlammschicht bedeckt, der gräulich aussieht und stark nach Schwefelwasserstoff riecht. Die Heileigenschaften dieses Schlamms waren schon in der Antike bekannt; er wurde von Thrakern und Griechen genutzt. Unter den Römern wurde der Schlamm mit seinen Heileigenschaften berühmt. Seit 1970 arbeiten am Südufer des Sees ein Sanatorium und ein modernes Heilschlammbehandlungszentrum. Der Kurortkomplex verfügt über 260 Betten in Einzel- und Doppelzimmern und über mehrere Appartements, einen gastronomischen Trakt, Café-Bar, Veranstaltungsraum, Kinosaal, Heilschwimmbecken mit Süßwasser und öffentlichen Strand. Im Komplex arbeitet ein hochqualifiziertes Personal von Fachärzten (Internist, Neurologe, Gynäkologe, Kardiologe, Orthopäde, Röntgenologe, Physiotherapeut, Chirurg, Facharzt für Echographie, Laboranten u. a.). Zur Klinik gehören eine physiotherapeutische Abteilung, eine Abteilung für Heilgymnastik sowie ein klinisches und biochemisches Labor. In nächster Zeit wird eine echographische Abteilung in Betrieb genommen werden.

Die Physiotherapieabteilung ist mit modernen Geräten ausgerüstet. Die Heilgymnastik wird hier weitgehend mit Klimabehandlung und anderen Heilfaktoren kombiniert. Die Verpflegung mit rationeller und Diätkost ist in vier Speiseräumen mit 600 Plätzen organisiert. Hier arbeiten ein Diätologe, ein Technologe für Speisenzubereitung und Fachköche.

Von großer Bedeutung für die Urlauber sind die Kinobesuche, Theaterbesuche, Konzerte, Ausstellungen usw. Ständig werden halbtägige und eintägige Reisen zu Naturobjekten und historischen Sehenswürdigkeiten und nach den nahegelegenen Seebädern organisiert.

Das Hauptverfahren im sanatorialen Kurortkomplex Pomorie ist die Heilschlammbehandlung (Peloidtherapie). Der Heilschlamm von Pomorie ist seiner Struktur und Zusammensetzung nach spezifisch. Seinen physischen Merkmalen nach (Kornstruktur, Schwellgrad, Wasserspeicherung, Wärmeabgabe und Wärmeleitfähigkeit) ist dies eines der besten Heilschlammvorkommen. Der Heilschlamm beeinflußt den Organismus im Hinblick auf Zellen, Gewebe und Organe günstig. Ausführlichere Untersuchungen wurden in bezug auf die Moleküle gemacht, z. B. die Einwirkung des Heilschlamms auf die verschiedenen Enzyme und Koenzyme.

Im Sanatorium werden folgende Heilschlammverfahren angewendet:

1. Applikationsverfahren: ganze Applikation, Heilschlammhose, Teilapplikation;
2. Wannenverfahren: Heilschlammwannen, bei denen der Heilschlamm mit gewöhnlichem Wasser oder Meerwasser vermischt wird;
3. Vaginalverfahren: Charakteristisch für dieses Verfahren sind ein wirksames Eindringen der chemischen Faktoren des Heilschlamms in den Organismus und eine intensive lokale thermische Wirkung;
4. Endorektales Verfahren;
5. Ägyptisches Verfahren: Es wurde schon vor 3000 Jahren in Ägypten durchgeführt. Der Schlamm wird in der Sonne erwärmt. Nach einem einstündigen Aufenthalt in der Sonne bedecken die Kranken ihren Körper mit einer Schicht Schlamm, die 1 cm dick ist, und bleiben in der Sonne, bis der Schlamm auf der Haut halbgetrocknet ist (d. h. etwa 60° hat). Danach waschen sie den Körper mit warmem Meerwasser ab und lassen die Haut in der Sonne trocknen.
6. Elektrophorese mit Heilschlamm: Zu diesem Zweck wird auch die heilkräftige Meereslauge genutzt, die mit Magnesium-, Brom-, Jod- und Sulfat-Ionen hochmineralisiert ist.
7. Verfahren mit Heilschlammumschlägen, das hier selten vorgenommen wird, was vom therapeutischen Standpunkt aus unbegründet ist.

Hier werden Erkrankungen verschiedener Art geheilt. Die Indikationen für Heilschlammbehandlung in diesem Sanatorium sind wie folgt:

1. Erkrankungen des Stütz- und Bewegungssystems: Gelenkentzündungen, degenerative Gelenkentzündungen, traumatische Erkrankungen des Stütz- und Bewegungssystems und nach Frakturen, Luxationen, Quetschungen;
2. Erkrankungen des peripheren und zentralen Nervensystems: Neuritis und Radikulit infektiöser, toxischer und traumatischer Herkunft; Bandscheibenschaden; Kinderzerebralparalyse und nach Kinderlähmung;

3. Erkrankungen der Harnwege und der Geschlechtsorgane: a. bei Männern: Prostata, Vesikulitis, Epidemitis, Orchitis; b. bei Frauen: Psoriasis vulgaris, Neurodermitis, Trockenensimitis;

4. Erkrankungen des Magen-Darm-Traktes, der Leber und der Gallenwege: hiperazide Gastritis; Magengeschwür und Geschwür des Duodenums; chronische Hepatitis; Diskinese und Perigastritis, Periduodenitis, Perihepatitis, Periholezestitis; Diskinese der Gallenwege; Kolitis u. a.;

5. Erkrankungen der Blutgefäße: Nebenerscheinungen nach Venenentzündungen, erst im dritten Monat nach der akuten Phase; obliterierende Endarteritis, obliterierende Sklerose der Gefäße der Gliedmaßen (außer gangränösen und Geschwürprozessen); Angioneurose (Krankheit des Rejno, Akrozyanose);

6. Berufskrankheiten: Vibrationskrankheit, Überanstrengung der Gliedmaßen, chronische Bleiintoxikationen.

7. Stoffwechselstörungen: Fettsucht, Gicht, leichte Form des Diabetes (mit diabetischer Polyneuropathie).

Die Gegenindikationen für die Heilschlammbehandlung beziehen sich auf folgende Krankheiten: alle Erkrankungen in akuter Phase, akute Infektionsprozesse, bösartige Anämie, bösartige Geschwülste, Leukämie, Erschöpfungen, Blutungen, Schwangerschaft, Erkrankungen des Herz- und Gefäßsystems, Angina pectoris, ausgeprägte Sklerose der Gehirngefäße, Hypertonie, Erkrankungen der Lungen, Tuberkulose, Nephritis, Nephrosen, Basedowsche Krankheit, psychische Erkrankungen.

Weiter werden selbständig angewendet oder kombiniert mit einigen Medikamenten die Diättherapie einschließlich Trauben- und Obsttherapie, die Kinesitherapie mit ihren aktiven und passiven Formen, die manuelle Therapie, die Gelenkmobilisierung, die Extensotherapie (auch während der Schlammbehandlung) und die Gerätephysiotherapie.

Der sanatoriale Kurkomplex Pomorie bietet bulgarischen und ausländischen Bürgern Möglichkeiten für Kurbehandlung und Rehabilitation. Die balneotherapeutischen Einrichtungen haben eine Kapazität von 3.000 Prozeduren täglich und arbeiten das ganze Jahr hindurch. Für die durchgeführte Heilung werden entsprechende Dokumente ausgestellt, die die Patienten für ihren Arzt und die Versicherungs- oder Rentenkassen in ihren Heimatländern brauchen. Die Aufenthaltsdauer kann 10, 14, 21 oder mehr Tage betragen, was vom Gesundheitszustand des Patienten abhängt. Für eine gute Heilung und Wiederherstellung empfehlen die Ärzte einen Aufenthalt zwischen 21 und 28 Tagen.

Die Pauschalpreise pro Tag mit Vollpension betrugen 1991 wie folgt: Einzelzimmer 50 US-$, Doppelzimmer $45. Diese Preise pro Tag sind einschließlich Bett, Frühstück, Mittag- und Abendessen (auch Diätkost möglich), ärztliche Untersuchung, drei Heilprozeduren pro Tag (Wannenprozedur, physiotherapeutische Prozedur, Heilgymnastik u. a.). Zusätzliche Untersuchungen und paraklinische Untersuchungen sowie die medizinischen Behandlungen und Heilprozeduren, die außer den drei Grundprozeduren

oder nach Wunsch des Patienten durchgeführt werden, werden zusätzlich berechnet. Die
Patienten bezahlen auch die notwendigen Medikamente.

Die Gebühren für die physiotherapeutischen Prozeduren und die Gerätetherapie
betragen:

Heilschlammwanne	$ 6
Unterwassermassage der Därme	$ 7
ganze Heilschlammprozedur	$ 13
Teilapplikation	$ 7
Laugentherapie	$ 7
Elektro- und Lichttherapie	$3–6
ganze Massage	$ 22
Teilmassage (manuell oder mit Gerät)	$ 6
Unterwassermassage	$ 8
ambulatorische Untersuchung	$ 11

Selbstverständlich wird die Inflation die angegebenen Gebühren beeinflussen.

Im sanatorialen Kurkomplex Pomorie wurden erfolgreich Gäste aus Deutschland,
den USA, Großbritannien, Schweden, Kanada, Dänemark, Jugoslawien, Libyen, Polen,
den Niederlanden, Belgien, Ungarn, Kuwait, Jordanien, Griechenland, Luxemburg, dem
Iran, dem Irak, der Ukraine, Albanien, Italien u. a. behandelt. Seit vier Jahren erholen
sich hier Italiener und lassen sich behandeln. Ihr Aufenthalt dauert jeweils 20 Tage.

Die Untersuchungen der Fachleute erlauben auch die wirksame Anwendung der
Mutterlauge, die ein Restprodukt der Kochsalzgewinnung aus Meerwasser bei Pomorie
ist. Sie wird bei der Heilung verschiedener Erkrankungen in Wannen wie auch für die
Produktion einiger wirksamer Medikamente verwendet: Polyminerole für die Zahnmedi-
zin, das Mittel Anhialin für die Gynäkologie, Vulnozon für die Heilung von Wunden
und die Zahnpaste Pomorin, die weit über die Grenzen unseres Landes hinaus bekannt
ist.

Die Firma „Balkantourist" bietet ihren ausländischen Gästen Vollpension im In-
terhotel „Pomorie" (3-Sterne-Kategorie). Der Hotelkomplex befindet sich 300 m vom
Stadtzentrum und 1500 m vom Kurzentrum und dem zentralen Stadtstrand entfernt. Die
Gäste dieses Hotels können im Kurzentrum, wohin es eine Busverbindung gibt, behandelt werden. Die originell gestalteten drei Gebäudeteile mit Terrassengärten über dem
Meer bieten den Gästen 113 Zimmer und 2 Luxuszimmer, alle mit Blick zum Meer.
Das balneotherapeutische Zentrum beim Hotel „Pomorie" bietet Behandlungsräume, die
mit modernster medizinischer Apparatur ausgestattet sind (einschließlich Laserakku-
punktur). Die Urlauber können hier medizinische Prozeduren in den Kabinen für Unterwassermassage mit drei Tangentoren, in den Wannen für Kräutertherapie und in den
Kabinen für Elektrophorese, für Ultraschall, Interferema, Radar, Massage und Inhalationen machen.

Das Heilzentrum verfügt über ein Hallenbad mit Mineralwasser (27–31 °C) und
einen Strand. In unmittelbarer Nähe gibt es zwei Saunas, zwei Solarien, einen Vibra-

tionsstuhl, Laufsteg, Geräte mit Massagegürteln und Veloergometer. Hier sind auch Arztsprechzimmer und Fitneßraum. Behandelt werden hier Erkrankungen der Gelenke:

1. Entzündungserkrankungen: rheumatische Arthritis, Schorensyndrom, Reitersyndrom, Arthritis psoriatica, Bechterewsche Krankheit, Arthritis mit bekannter Ethologie;
2. Arthrosen: Arthritis deformans sowie Arthropathien anderer Herkunft (neuralgische, endokrine, von hämorrhagischer Diathese und die sogenannten Berufsarthrosen, z.B. Vibrationsarthropathien).

Es werden folgende Programme erfolgreich angewendet:

1. Hauptprogramm: mit systematischer Erholung, emotionaler Erholung, Gelenkübungen, Wärmeprozeduren, schmerzlindernden Mitteln, Behandlung der begleitenden Anämie, Diät;
2. Spezielle Medikamente gegen Entzündungen, Elektrotherapie, Massage und verschiedenartige physiotherapeutische Prozeduren, Aerobik- und Entfettungskurse.

Laut einer Verordnung des Ministerrates hatte der Komplex „Pomorie" für das Jahr 1991 folgende Preise und Gebühren für Ausländer:

1. Zimmerpreise pro Nacht:
   — Doppelzimmer   180—220 Lw
   — Einzelzimmer   zwischen 300 und 340 Lw
   — Appartment   700 Lw
   Allen individuellen ausländischen Touristen wird ein Frühstück zu 25 Lw pro Tag angeboten.
2. Gebühren:
   — Versicherungsgebühr für einen Touristen pro Tag   3,00 Lw
   — Strandgebühr   2,00 Lw
                                             (für Kinder 1,00 Lw)
3. Nebendienstleistungen:
   — Billard, Monix, Domino, Schach, Tischtennis, pro Stunde   3,00 Lw
   — Taxibestellung   1,00 Lw
   — Reservierungen von Tischen in gastronomischen Einrichtungen   1,00 Lw
   — Telex, bis 30 Schreibmaschinenzeilen   20,00 Lw
   — Telefax ins Ausland, pro Seite   50,00 Lw
   — Gerät gegen Mücken, pro Stück täglich   5,00 Lw
   — Maschinenschreiben, pro Seite   2,00/5,00 Lw
   — Waschen und Bügeln von Unterwäsche, pro kg   6,00 Lw

Die Preise im balneotherapeutischen Trakt betrugen:

Vollmassage	60 Lw
Teilmassage	40 Lw
Unterwassermassage	60 Lw

Laugenphorese	25 Lw
Vibrationsmassage	25 Lw
Unterschall	25 Lw
Heilgymnastik	20 Lw
Unterwassergymnastik	25 Lw
Atmungsgymnastik	20 Lw
ärztliche Untersuchung	50 Lw
Radar	15 Lw
Veloergometer	20 Lw
Messung des Blutdrucks	10 Lw
Spritze	15 Lw
Schwimmbecken	10 Lw
Sauna	50 Lw
Solarium	15 Lw u. a.

In unmittelbarer Nähe des Hotels ist ein Jachtclub, wo Segel- und Ruderboote ausgeliehen werden können. Die Kapazität des Kurkomplexes beträgt etwa 500 Prozeduren für Einzelpersonen und Gruppen (Inhalationen, Gymnastik, Unterwassergymnastik u. a.). Hier steigen gewöhnlich nicht nur bulgarische Gäste ab, sondern auch Touristen aus Deutschland und Griechenland und in den letzten Jahren Touristenreisegruppen aus der Ukraine. Reisegruppen kommen auch im Winter hierher.

Viele Ausländer verbringen ihren Urlaub in Privatquartieren. So haben sie die Möglichkeit, durch direkten Kontakt die Lebensweise und Mentalität der Bulgaren kennenzulernen. Autotouristen können ihren Urlaub am Schwarzen Meer auf den Campingplätzen „Europa" (2 km südlich von Pomorie) und „Aheloj" (8 km nördlich der Stadt) verbringen.

Mit der Erweiterung des Kurortes Pomorie werden größere Möglichkeiten zur Errichtung von Sanatorien und Kurhotels mit Schlammbehandlung geschaffen werden. Der Limanheilschlamm im Atanassowo-See bei Burgas ist eine weitere wichtige Voraussetzung für die Entwicklung des medizinischen Tourismus. Hier könnte auch ein modernes Kurzentrum für Heilschlammbehandlung entstehen.

Eine ganzjährige Heilschlammbehandlung wird auch im Kurort Baltschischka Tuzla durchgeführt. Er verfügt über ein profiliertes Sanatorium für die Heilung der Resterscheinungen von Poliomelitis bei Kindern und Erkrankungen des Stütz- und Bewegungsapparates. Während der Saison arbeitet auch eine balneotherapeutische Einrichtung für ambulatorische Kranke.

Heilschlammbehandlungen werden ganzjährig auch in den Sanatorien im Kurort Banja (Bezirk Burgas), in Nessebar und in Warna durchgeführt. Der Heilschlamm von Thermalquellen wird weitgehend in den Kurbädern Banja (bei Plovdiv) und Marikostinowo (in Südwestbulgarien) genutzt. In Marikostinowo wurde eine moderne balneotherapeutische Einrichtung mit zwei Becken errichtet. Andere Abnehmer des Heilschlamms sind mehrere Kureinrichtungen, die weit von den natürlichen Schlammressourcen gelegen sind.

Die weitere Entwicklung der Heilschlammgewinnung und die Errichtung der notwendigen balneotherapeutischen Einrichtungen in den Kurbädern werden Voraussetzungen für die noch effektivere Nutzung dieses Naturschatzes schaffen.

Literaturverzeichnis

AMIRHANIAN, RENÉ: „Das Hotel- und Gaststättenwesen in den nächsten Jahrzehnten", in: *Tourismus in der Welt* 5/1990, S. 28.

PRODROMOW, A.: „Pomorie", in: *Medizin und Sport*, Sofia 1969.

STAMATOV, ST.: „Balneologie und Kurtourismus", in: *Medizin und Sport*, Sofia 1984, S. 56–67.

TODOROW, N.: „Möglichkeiten des medizinischen Tourismus", in: *Internationaler und Landestourismus*, SKT, 8/1981, S. 22–27.

TOMOW, H. / W. WELIKOW: „Handbuch des Reiseleiters — Teil III", in: *Medizin und Sport*, Sofia 1980, S. 92–95.

✳ ✳ ✳

Vasil Naidenov Neschkov
Das touristische Angebot in den bulgarischen Kurorten und Seebädern am Beispiel des Kurortes St. Konstantin

In den letzten Jahrzehnten erfreut sich der Tourismus in Bulgarien großer Popularität. Gegenwärtig reisen in Bulgarien jährlich mehr als 6 Millionen ausländische Touristen, und über 1,5 Millionen Bulgaren sind aktive Reisende und Naturfreunde.

Der weltbekannte Kurort „Drushba", auch St. Konstantin genannt, liegt 10 km nördlich von Warna und 7 km südlich des Seebads „Goldstrand". Die Autobahn Warna—Goldstrand und Linienschiffe verbinden den Kurort mit Warna und den übrigen Schwarzmeerbädern. Das Seebad Drushba ist das älteste an der bulgarischen Schwarzmeerküste. Im 18. Jahrhundert wurde das Kloster St. Konstantin gebaut. Während der Türkenzeit diente es als Erholungsheim für reiche Kaufleute aus Warna. Später entstanden in dieser Gegend Erholungsheime für Militärangehörige und Eisenbahnbeamte. Im Jahre 1908 wurde hier das erste Kindersanatorium auf der Balkanhalbinsel für Knochentuberkulose errichtet. 1948 begann der Aufbau des Kurortes, damals wurde das erste Hotel („Rosa") eröffnet.

Heute ist St. Konstantin ein Erholungs- und Kurzentrum, das ganzjährig verschiedene touristische Leistungen anbieten kann. In einem malerischen Naturgebiet sind 18 Hotels, mehrere Erholungsheime, 50 Bungalows in 2 Feriendörfern sowie 6 Restaurants und Nationalgaststätten im Betrieb. Dazu kommt die Hotelperle der bulgarischen Schwarzmeerküste, das Grand Hotel Warna. Für Autoreisende ist ein guteingerichteter Campingplatz vorhanden. In St. Konstantin befindet sich ein internationales Erholungsheim für Wissenschaftler, wie auch der Komplex Slantschev Den. Mit 4000 Betten kann der Kurort jährlich über 100.000 ausländische und bulgarische Touristen aufnehmen.

Im Seebad wirken mehrere naturgegebene Heilfaktoren: das milde Küstenklima, der über 3 km lange und 50—60 m breite Badestrand mit feinkörnigem, goldfarbenen Sand, das Mineralwasser und nicht zuletzt — das Meerwasser.

Das Klima ist durch das Meer und die naheliegenden Berge und Wälder geprägt. Die durchschnitliche Lufttemperatur liegt im Sommer bei 22—23 °C. Der Sonnenschein beträgt von Mai bis Mitte Oktober 73 % des möglichen Maximums. Die Ultraviolettstrahlung ist biologisch stark aktiv. Die klimatischen Bedingungen während der kühleren Jahreshälfte (von November bis April) haben eine Reizwirkung auf den Organismus, die zugleich tonisiert und abhärtet. Die Monatsdurchschnittstemperaturen liegen bei 5—6 °C.

Das Mineralwasser ist der zweitwichtigste naturgegebene Heilfaktor. Die Mineralwasserquelle im Kurort St. Konstantin ist 1840 m tief. Das Wasser ist hyperthermal, hat eine Temperatur von 42 °C, ist schwach mineralisiert, hydrokarbonat-, chlorid-, natrium-, magnesium-, kalzium-, schwefel- und schwefelwasserstoffhaltig.

Das Meerwasser, dessen Mineraliengehalt 18 g/l beträgt, enthält Natriumchlorid, Magnesium, Kalzium, Sulfate, Brom, wertvolle Mikroelemente, Hormone und Plankton, das reich an Mineralstoffen und den Vitaminen A, B, K, D und C ist. Der Strand ist von Felsen durchzogen und teilt sich in viele romantische, kleine Buchten mit feinem Sand.

Die touristischen Grundleistungen werden in den Hotels des Seebades angeboten. Je nach ihrer Kategorie (1, 2, 3 und 5 Sterne) bieten sie einzelne oder komplette Dienstleistungen: Übernachtung und Frühstück, Halb- und Vollpension, Radio, Fernsehen, Minibar, Zimmerservice, Hotelbar, Telefon, Parkplatz, Mietwagen, Geldwechsel, Sportanlagen, Fitneß- und Kureinrichtungen.

Im Seebad stehen viele Tennisplätze, Minigolfanlagen, Fahrräder, Rikschas sowie Volley-, Basket- und Fußballplätze zur Verfügung. Damit ist die Freizeitgestaltung für die Gäste kein Problem. Dazu ist immer eine Rundreise oder ein Ausflug von Wert, besonders wenn dies mit einer Begegnung mit Land und Leute verbunden ist. Das Fünfsterne-Luxushotel Grand Hotel Warna liegt nur 200 Meter vom Strand entfernt. Es verfügt über ein herrliches Freibad und ein Hallenbad. Die Zimmer sind schick möbliert, alle mit Bad/WC, Radio, Fernsehen, Telefon, Balkon. Zu den Einrichtungen gehören neben großzügigen und geschmackvollen Aufenthaltsräumen Restaurants und Bars, Spielcasino, Nightclub mit Varieté, Sky-Bar, Weinkeller, Bowlingsaal, Souvenirläden, Friseursalon und Duty-free-Shop. Zu der Infrastruktur gehören moderne Kureinrichtungen, Sportplätze für Tennis, Volleyball, Fußball und Gymnastik. Der Komplex verfügt über eigene Verkehrsmittel und ein Reisebüro.

Das klimatische und balneologische Zentrum des Grand Hotel Warna besteht aus Räumen für Elektro- und Lichtheilbehandlung, Heilmassage und -gymnastik, Inhalationen, Paraffinumschläge, funktionale Diagnostik, Wasserbehandlung, Sauna, einem Frei- und einem Hallenbad. Im Zentrum werden 86 Behandlungen angewandt: Akupunktur, Elektroakupunktur, Lasertherapie, transkutane elektrische Nervenstimulierung, manuelle Therapie, hydrogalvanische und Vier-Kammer-Wannen, medikamentöse, kosmetische Perlwannen u. a., Unterwasser- und Yogagymnastik, Jazzgymnastik, Segment- und Unterwassermassage, Reflektor-Sohlenmassage, Vibroextension, Elektroschlaf, Elektroheilverfahren mit Ultraschall, Magnetfeld u. a., Inhalationen mit Meerwasser, Lauge, Kräutern und Medikamenten.

Die wichtigsten Heilverfahren, die im balneo- und physiotherapeutischen Trakt praktiziert werden, sind:

▸ **Phytotherapie und Phytobalneologie**
— Kräutertee gegen Arthritis rheumatischen Ursprungs, gegen hohen Blutdruck usw.;
— Inhalationen mit Kräutern gegen Laryngitis, Pharingitis, Tracheitis und Bronchitis;
— Mineralwasserbäder mit Kräutern (Pfefferminz, Walnuß, Kamille, Rosenblättern, Thymian, Dost, Wacholder, Schachtelhalm u. a.) gegen Migräne, vegetative Dystonien, geistige Übermüdung, Streßzustände, Klimakteriumsstörungen, Hypertonie in

leichter Form, Arteriosklerose, Störungen der Gliederdurchblutung und rheumatische
Erkrankungen.

▸ **Behandlung mit Lauge aus Pomorie**
Die hochkonzentrierte Lösung der im Meerwasser enthaltenen Elemente enthält:

Ionenkonzentration	Lauge aus Pomorie (pro l)
Kaliumionen	2,6890
Natriumionen	42,9820
Magnesiumionen	42,2280
Chlorionen	141,6220
Bromionen	2,7516
Sulfationen	64,3990
Hydrokarbonationen	1,9150
Organische Stoffe	1,8890
Trockene Substanz	300,1370

In der Form von Kompression, Elektrophorese, Phonophorese und der Kombination aus
hydrogalvanischen und Vier-Kammer-Bädern wird die Lauge bei der Behandlung von
Wirbelsäulen- und Gelenkerkrankungen degenerativen und Entzündungsursprungs benutzt. Laugeninhalationen empfiehlt man gegen Pharyngitis, Laryngitis, Tracheitis und
Bronchitis.

▸ **Warme Meerwasserbäder**
Zusatz von Braunalgenextrat (Cystoseria barbata) mit folgendem Ionengehalt:

Kaliumionen	42,4 mg/l
Chlorionen	14,1 mg/l
Magnesiumionen	19,4 mg/l
Sulfationen	48,2 mg/l

Darin sind ferner Natrium, Kalium, Mangan, Eisen, Jod, Brom und andere Mikroelemente enthalten sowie 1200 mg/l organische Bestandteile in Form gebundenen Ei-
weißes, freier Aminosäuren, von Polysachariden etc. Die Wannenbäder mit Algen werden gegen vegetative Störungen, Streßzustände, einige Hauterkrankungen und leichte
Störungen der Schilddrüsenfunktion empfohlen.

Damit man den Aufenthalt mit prophylaktischen und therapeutischen Verfahren verbinden kann, werden im Grand Hotel Warna folgende Programme offeriert:

Schlankheits-Programm für Patienten mit exogener Fettleibigkeit; es umfaßt einige
Heilverfahren: Unterwasser- und Geräteturnen, Heilmassage, Paraffinumschläge, Sauna,
Solarium, Elektromassage und ärztliche Untersuchungen. Im Restaurant wird kalorien-
arme Diätkost serviert.

Antistreß-Programm für die Behandlung der sog. modernen Erkrankungen; es schließt folgende Verfahren ein: Heilgymnastik, Heilmassage, Akupunktur, Sedativwannen oder Elektroheilverfahren.

Langlebigkeits-Programm auf der Basis des bulgarischen Präparates Gerikain bei sich schnell entwickelnden Alterungssymptomen des zentralen und peripheren Nervensystems, gegen Ateriosklerose, psychische und physische Astenie usw. Das Programm schließt einen Verträglichkeitstest, 12 Spritzen und Laboruntersuchungen ein, und dem Patienten werden 10 Packungen Gerikain-Tabletten mitgegeben.

Programm zur Behandlung psychogen bedingter Schwäche bei den Männern. Es wird auf der Basis des bulgarischen Präparates Nivalin durchgeführt und schließt Nivalin-Spritzen, Nivalin-Elektrobehandlung, Heilmassage, Heilgymnastik, Akupunktur und Wannenbäder ein. Dem Patienten werden Nivalin-Tabletten mitgegeben.

Medizinischer Test inklusive Baden, Sonnen und Sport unter ständiger ärztlicher Kontrolle sowie Untersuchungen.

Programm für den harmonisch entwickelten Körper mit Übungen zur Verbesserung des Kreislaufs, des Stoffwechsels, der Arbeitsfähigkeit, der Körperhaltung und des Ganges durch Heilmassage, Mineralwasserbäder mit Kräuterzusatz und Jazzgymnastik.

Programm zur Behandlung von Krampfadern an Bein und Fuß durch Perlbäder mit Zusatz von Kastanienextrakt, Magnettherapie, Kräutertee und ärztliche Untersuchungen.

Programm zur Behandlung akuter und chronischer Bronchitis und Bronchialasthma mit Kräuterinhalationen, Elektroheilbehandlung, Massage und ärztlichen Untersuchungen.

Programm zur Behandlung degenerativer Gelenkerkrankungen mit Akupunktur, Elektrophorese mit Mutterlauge, Massage, Unterwassermassage und ärztlichen Untersuchungen.

Programme zur Raucherentwöhnung und gegen Haarausfall werden hauptsächlich mit Akupunktur durchgeführt.

Kosmetik-Programm mit der Nutzung von verschiedenen Heilpflanzen und Kräuterextrakten, Gesichtshautsäuberung, Gesichtsmasken und -umschlägen, Desinkrustation, Algencrememassage u. a.

Die Behandlungen im Klima- und Kurbadzentrum sind besonders empfehlenswert bei Erkrankungen des Bewegungs- und Stützapparates (rheumatischer Polyarthritis, Arthrosen, Arthritis, orthopädischen Erkrankungen) und des Nervensystems, bei Herz- und Gefäßerkrankungen (Arteriosklerose, Hypertonie und Koronarsklerose im Anfangsstadium), chronischen und nichtspezifischen Erkrankungen der Atmungswege (Bronchitis, Bronchialasthma und chronischen Entzündungen).

Die günstige Kombination aus dem milden Klima, dem malerischen Park und dem natürlichen Strand einerseits und dem erstklassigen balneologischen Trakt und den Sportanlagen andererseits macht das Grand Hotel Warna zum größten und beliebtesten Sportzentrum der bulgarischen Schwarzmeerküste. Nicht zufällig haben hier Fußballmannschaften wie die BRD-Nationalmannschaft, Nottingham Forest, Manchester United, die Handballmannschaften Frankreichs u. a. trainiert. Allen Gästen, die eine aktive Entspannung bevorzugen, stehen zahlreiche Sportanlagen zur Verfügung.

Das Grand Hotel Warna hat sich einen Namen als Gastgeber internationaler Kongresse, Konferenzen, Symposien und Foren gemacht. Die Odessos- und die Preslav-Halle bieten alle notwendigen Bedingungen. Sie fassen insgesamt 400 Gäste.

Im Kurort St. Konstantin kann der Geist seinen Badeurlaub am Meer mit der Möglichkeit verbinden, Bulgarien und seine Natur, die Lebensweise des Volkes und die Kultur des Landes kennenzulernen. Dafür sorgen zwei Büros, eines im Grand Hotel Warna und das andere in der Firma Drushba. Sie organisieren Reisen zu nahen und fernen Orten. Die Reisenden werden mit den interessantesten Sehenswürdigkeiten der 13 Jahrhunderte alten Geschichte Bulgariens wie auch mit einem gastfreundlichen Volk vertraut gemacht. Dem Gast wird die Wahl überlassen, ob er mit einem Pkw, Kleinbus, Bus oder Schiff fahren möchte. Organisiert werden auch Besuche von Opernvorstellungen, Konzerten, Ausstellungen, Sportveranstaltungen und Nachtlokalen sowie Reisen auf vom Kunden gewählten Routen.

Zur Zeit entwickelt sich der Kurort St. Konstantin unter den Faktoren des Übergangs zum marktorientierten Wirtschaftssystem. Trotz der Schwierigkeiten werden viele politische Maßnahmen getroffen, um die zukünftige erfolgreiche Entwicklung des Kurortes zu sichern.

In der nahen Zukunft soll die touristische Infrastruktur verbessert und modernisiert werden. Die Parkanlagen werden erweitert und attraktiver gemacht. Die älteren Hotels werden umgebaut und neu ausgestattet. Das alles ermöglicht eine Umstrukturierung des Tourismusprodukts des Seebades und die Erhöhung seiner Qualität. Bis zum Ende dieses Jahrzehnts soll die touristische Landschaft des Kurortes völlig verändert werden. Diese Aufgabe wird hauptsächlich durch Neubauten gelöst werden. Es sind große Investitionsprojekte vorgesehen. Dabei verzichtet man nicht auf Fremdkapital. Der Neubau wird grundsätzlich zum Strandgelände hin gerichtet. Wegen des Strandmangels werden neue Territorien im Meer geschaffen. Darauf sind moderne Wassersportanlagen sowie ein Jachthafen und ein Hotel vorgesehen. Mit den Maßnahmen wird der gute Ruf des Kurortes St. Konstantin weiter gepflegt und erhöht werden.

* * *

Naiden Dimitrov Apostolov
Touristische Verkehrstypologie der bulgarischen Heilbäder

Unter dem Einfluß der gegenwärtigen ökonomischen Schwierigkeiten und des sinkenden Lebensstandards der Bevölkerung setzt sich in Bulgarien die Tendenz einer starken Einschränkung der touristischen Reisen zu den renommierten Schwarzmeer- und Gebirgskurorten durch. Zugleich behält die potentielle rekreative Nachfrage ihren verhältnismäßig hohen Stand, und die Hauptreserve für ihre Befriedigung sind die Heilbäder. Die Voraussetzungen für die wachsende Bedeutung der Heilbäder bestehen in ihrer geographischen Streuung, im Vorhandensein einer bedeutenden Basis für den sozialen Tourismus (über 90.000 Betten) und in der Möglichkeit für die Verlängerung der Saison der Wochenendbesuche.

In der bulgarischen wissenschaftlichen Literatur wurde der balneologische Tourismus vor allem vom medizinisch-biologischen Standpunkt aus erforscht (D. Kostadinow u. a., 1976), während seine ökonomische und territoriale Organisation peripher untersucht wurde (Iw. Brambarow, 1990; M. Batschwarow u. a., 1985). In diesem Artikel steht die Erschließung der spezifischen touristischen Bedingungen, welche die Entwicklung der einzelnen Heilbäder begünstigen, im Mittelpunkt. Der Begriff „spezifische touristische Bedingungen" ist ziemlich weitgefaßt. Die Besonderheiten des bulgarischen Tourismus beachtend, konzentriert sich diese Untersuchung auf die Rolle der Kurorte im Landestourismus, die Art und die Lage der Orte und ihre Zugänglichkeit für die Verkehrsmittel.

1 Theoretisches Modell der touristischen Typologie und der Verkehrstypologie der Heilbäder

Die balneologischen Kurorte lassen sich typologisch nach folgenden Kriterien erfassen:

a. Platz im balneologischen Landestourismus,
b. Intensität der Verkehrsverbindungen,
c. Platz im Siedlungsnetz.

Vom Platz im balneologischen Landestourismus aus kann man in Bulgarien drei Typen von Heilbädern unterscheiden: nationale, regionale und lokale. Bei der balneologischen Einteilung Bulgariens Anfang der 70er Jahre wurde die Schaffung eines vierten Typs balneologischer Kurorte vorgeschlagen, nämlich Heilbäder innerhalb und in der Nähe der Städte (K. Sterew u. a., 1971). Die weiteren zwei typologischen Aspekte stehen in einer gegenseitigen Abhängigkeit zueinander, denn mit der wachsenden Rolle des Kurortes im Siedlungsnetz wird auch die Intensität der Verkehrsverbindungen erhöht. Diese Besonderheit erlaubt uns, vier allgemeine Typen von Heilbäder vorzuschlagen:

a. Großstädte,
b. Kurorte in der Nähe der Großstädte,
c. periphere Kurorte mit intensivem Verkehr,
d. periphere Kurorte mit schwach ausgeprägten Verkehrsverbindungen.

Unter Großstädten sind für Bulgarien Städte zu verstehen, deren Bevölkerungszahl über 20.000 liegt. Die in der Nähe der Großstädte gelegenen Kurorte (bis 20 km) zeichnen sich durch eine Bus- oder Eisenbahnverbindung aus, die in ihrer Intensität dem Stadtverkehr analog ist (wenigstens 30 Busse rund um die Uhr). Wegen der kurzen Entfernung und der günstigen Verkehrsverbindungen sind sie dazu geeignet, die rekreative Nachfrage der Großstadtbewohner zu befriedigen. Eine charakteristische Besonderheit ist der hohe Anteil der Wochenendbesucher.

Die beiden Typen der peripheren Siedlungen haben gemeinsam, daß sie mehr als 20 km von den Verkehrs- und Städtezentren entfernt sind. Den gültigen Kriterien für den Verkehrs- und Beförderungsleistungen nach (Em. Schipka, 1976) werden für Kurorte mit intensivem Verkehr diejenigen anerkannt, zu denen mehr als sechs Busse täglich fahren, während die Kurorte mit weniger Verkehrsverbindungen die typologische Gruppe der Kurorte mit schwach ausgeprägten Verkehrsverbindungen bilden.

Der praktische Wert des gesamten typologischen Verfahrens besteht in der richtigen Orientierung der eventuellen Kapitalanlagen für den balneologischen Tourismus.

2 Allgemeine Charakteristik des heutigen balneologischen Tourismus in Bulgarien

Der Anfang der Nutzung des Mineralwassers in den heutigen bulgarischen Gebieten führt in die Epoche der thrakischen und altgriechischen Zivilisation zurück. Eine große Blüte erlebte sie in der Periode des Römischen Reiches, als große römische Thermen in dem heutigen Hissarja, Kjustendil, bei Burgas, in Saparewo und anderswo gebaut wurden. Im Mittelalter erlebten die meisten von ihnen einen Verfall, während im 18. und 19. Jahrhundert — wenn auch in primitiven Gebäuden — eine ziemlich große Anzahl Mineralquellen genutzt wurden. Mit der Gründung des unabhängigen Bulgarischen Staates im Jahre 1878 wuchs auch das Interesse an balneologischen Behandlungen, was dazu führte, daß Anfang des 20. Jahrhunderts die ersten balneologischen Einrichtungen in Bankja, Warschetz, Welingrad, Banja bei Karlowo und anderswo gebaut wurden. In den letzten Jahrhunderten fand eine bedeutende Bautätigkeit von balneologischen Einrichtungen, Sanatorien, Erholungsheimen usw. statt, was zur Entstehung von 55 balneologischen Kurorten führte.

Für ihre geographische Verteilung ist eine Disproportion zwischen Nord- und Südbulgarien charakteristisch, denn nur acht von ihnen liegen im nördlichen Teil des Landes. Das ist größtenteils durch die Quellen bedingt, unabhängig davon, daß unlängst auch Wasser in Nordwestbulgarien (in den Dörfern Slanotran und Gomotartzi bei Widin) und in Nordbulgarien (bei Warna, Schkorpilowtzi und anderswo) entdeckt wurde. Eine ähnliche Disproportion ist auch für Südbulgarien gültig, in dessen östlichem Teil nur vier Heilbäder liegen.

Insgesamt haben die Heilbäder 1.937.970 Einwohner, und etwa 2,6 Mio. der Stadtbevölkerung leben in einer Entfernung von bis zu 20 km von einem Heilbad. Das bedeutet, daß für mehr als 30 % der bulgarischen Bevölkerung sehr gute Möglichkeiten für den balneologischen Tourismus bestehen. In den meisten Fällen sind die balneologischen Kurorte in Becken oder Flußtälern gelegen, wo ein für die Heilbehandlung günstiges kontinentales Übergangsklima oder Mittelmeerübergangsklima herrscht, welches eine Voraussetzung für eine lange Kursaison ist. Ein Teil der Heilbäder ist auch in der Nähe einiger Gebirgskurorte gelegen, was eine Kombination der beiden Tourismusarten erlaubt. In der Nähe des Rhodopenkurortes Pamporowo liegen die Heilbäder Naretschen, Mihalkowo, Dewin, Beden, und bei Borowetz im Rilagebirge befinden sich Beltschin, Saparewa Banja, Dolna Banja, Kostenetz, Momin Prohod u. a.

An der transkontinentalen Fernverkehrsstraße von Westeuropa zum Nahen Osten sind Welingrad, Bankja und die Heilbäder bei Haskowo gelegen, und an der Fernstraße Sofia—Athen liegen Sandanski, Kjustendil, Marikostinowo, Saparewa Banja u. a.

3 Typologie der Heilbäder

Laut der beschriebenen Typologie werden die bulgarischen Heilbäder wie folgt aufgeteilt (s. auch Tab. 1):

Insgesamt gibt es siebzehn Kurorte von nationaler Bedeutung. (Das ist ein Kurort weniger als die vom Ministerium für Gesundheitswesen festgelegte Kategorisierung, in die auch Meritschleri eingeschlossen ist. Dieses Kurbad aber hat nur eine unbedeutende Bettenkapazität und niedrige Wasserergiebigkeit [5 l/Sek.]; deshalb spielt es eine lokale Rolle nur für die Städte in seiner Nähe — Dimitrowgrad und Tschirpan).

Unter den nationalen Kurorten überwiegen diejenigen in Großstädten und in ihrer Nähe, wodurch größtenteils die Probleme mit der Zahl und Qualifikation der Fachkräfte gelöst werden; das Vorhandensein eines genügend großen örtlichen touristischen Kontingents und gute Verkehrsverbindungen für Reisen der Touristen aus dem In- und Ausland sind hier gegeben. Nur sechs der nationalen Kurorte sind peripher gelegen, aber zum Teil wird dies durch die Transitlage (von Naretschen zwischen Plovdiv und Pamporowo, der Nähe von Hissarja bei Plovdiv, dem Anschluß von Pawel Banja an der Eisenbahnlinie Sofia—Burgas) kompensiert.

Die regionalen Kurorte haben vorwiegend eine periphere Lage. Die Heileigenschaften ihres Wassers und dessen Ergiebigkeit stehen den nationalen sehr nahe, aber die geringe Anzahl an balneotherapeutischen Einrichtungen und die Bettenkapazität hemmen ihre Entwicklung.

Die lokalen Kurorte sind nur für die Bevölkerung der ihnen am nächsten gelegenen Siedlungen bestimmt. Die Ergiebigkeit der Quellen ist nur selten über 10 l/Sek.

	Großstädte	In der Nähe der Großstädte	Periphere Kurorte mit intensivem Verkehr	Periphere Kurorte mit schwach ausgeprägten Verkehrsbedingungen
national	Kjustendil, Sandanski, Welingrad, Sofia (Owtscha Kupel, Knjajewo, Gorna Banja)	Bankja, Haskower Mineralbäder, Banja bei Karlowo, Momin Prohod, Mineralbäder bei Sliwen, Mineralbäder bei St. Zagora, Mineralbäder bei Burgas	Naretschen, Banka bei Panagjurischte, Hissar, Streltscha, Warschetz, Pawel Banja	
regional		Saparewa Banja, Dolna Banja, Kostenetz, Dobrinischte	Marikostinowo, Mihalkowo, Dewin, Krasnowo, Korten, Woneschta Woda, Schipkowo	St. Karadshowo
lokal	Targowischte, Blagoewgrad, Berkowitza	Banja bei Raslog, Ognjanowo, Warwara, Owostnik, Jagoda, Pantscharewo, Beltschin, Rudartzi	Belowo, Beden, Meritschleri, Warbitza, Obedinenie, Simitli, Barzia, Ptschelin, Bratzigowo, Eleschnitza, Breznik	Mineralbäder bei Smoljan

Tab. 1: Typologie der bulgarischen Kurorte.

Innerhalb des bulgarischen Kurtourismus zeichnen sich einige Regionen mit spezifischen Besonderheiten aus:

a. Sofioter Region
Darin sind die Hauptstadt mit ihren drei Heilbädern Owtscha Kupel, Knjajewo, Gorna Banja und die in der Nähe der Stadt gelegenen Kurorte Bankja und Pantscharewo einbezogen. Es ist eine sehr gute Verkehrsverbindung vorhanden, deren Zeitabstand wie der des Stadtverkehrs ist. Sie sind mit Schwimmbecken und balneotherapeutischen Einrichtungen ausgerüstet. Bei einem eventuellen Mangel an Mineralwasser für die Bedürfnisse der eine Million Einwohner zählenden Hauptstadt sind Rudartzi (bei Pernik), Beltschin (im Gebiet von Samokow) und die kleine Region von Kostenetz mit Momin Prohod, Dolna Banja, Ptschelin sowie das Dorf Kostenetz Ersatzheilbäder.

b. Die Region des Pirin-Gebirges

Sie ist durch den nationalen Kurort Sandanski und eine große Anzahl von Heilbädern in den von Gebirgen umgebenen Kesseln (Ognjanowo, Dobrinischte, Simitli, Marikostinowo u. a.) vertreten. In bezug auf ihre Zugänglichkeit für die Verkehrsmittel werden sie in zwei Gruppen unterteilt: die Gruppe im Flußtal der Struma und die Gruppe im Flußtal der Mesta. Die erste Gruppe wird von der Eisenbahnlinie Sofia—Kulata durchzogen und die zweite von der Schmalspurbahn Septemwri—Dobrinischte.

c. Die Region des Sredna-Gora-Gebirges

Die dortigen elf Kurorte liegen günstig an den Eisenbahnlinien Sofia—Karlowo—Burgas und Sofia—Plovdiv—Burgas. Ihre Lage im zentralen Teil Bulgariens macht sie für fast die ganze Bevölkerung leicht zugänglich.

Außer den angegebenen balneotherapeutischen Regionen sind auch die Heilbäder in den Rhodopen und an den Nordhängen des Balkangebirges von wesentlicher Bedeutung.

4 Schlußfolgerung

Am günstigsten ist es, die Kapitalien von Gemeinden, Behörden und Einzelpersonen wie folgt anzulegen:

— für die Errichtung von Schwimmbecken, gastronomischen und Unterhaltungseinrichtungen in den Kurorten, die sich in den Großstädten oder in deren Nähe befinden;
— für die Errichtung von Sanatorien, Hotels u. a. in den Kurorten von nationaler Bedeutung, unabhängig von ihrer Lage;
— eine Priorität haben etwa 30 Heilbäder, die zuverlässige Parameter der Wasserergiebigkeit, Heileigenschaften und gesicherten Verkehr besitzen.

*

Literaturverzeichnis

BATSCHWAROW, M., et al.: *Geographie des Erholungswesens und Tourismus*, Sofia: NI, 1985.

BOSHE-GARNE, G. / G. SCHABO: *Beschreibungen der Geographie von Städten*, Moskau: Progress, 1967. Übersetzung von J. Beaujeu-Garnier / G. Chabot: *Traité de géographie urbain*, Paris: Masson, 1963.

BRAMBOROW, IW.: *Erholungsgebiete*, Sofia 1990.

HARWEJ, D.: *Wissenschaftliche Erläuterungen in der Geographie*, Moskau: Progress, 1974.

JOVICIČ, T.: *Geografska problematika banjiskog turisma u Srbiji*, hrsg. Zbornik Radova
    Geografskog Instituta PMF, Belgrad 1966, S. 123–135.

KOSTADINOW, D., *et al.*: *Bulgarische Kurorte*, Sofia: MF, 1976.

STEREW, K., *et al.*: *Balneologische Einteilung Bulgariens*, Sofia: MF, 1971.

Pavlina Tomova Detscheva
Die balneologischen Zentren Bulgariens und die Entwicklung der Balneologie in der neuen Europäischen Gemeinschaft

In den letzten Jahren setzt sich im Fremdenverkehr die Tendenz durch, die Urlaubs- und Ferienreisen mit einem gesundheitsfördernden Aufenthalt zu verbinden. Das ist eine Folge der sich ständig verschlechternden Qualität der Umwelt, der Verstädterung und der gegenwärtigen Zivilisation.

In der Entwicklung des Massentourismus in Europa und in der Welt ist eine Hinwendung zu den Seebädern zu beobachten. Der Erholungstourismus am Meer nimmt bei den touristischen Reisen den ersten Platz ein. Zwei Drittel der Touristen (nach Angaben der WTO) fahren zu den Meeresorten. Die günstigen Klimabedingungen der Küsten bieten optimale Voraussetzungen für einen erholsamen Aufenthalt. Die klimatischen Verhältnisse an der Küste haben nicht nur auf gesunde Menschen eine positive Wirkung, sondern auch einen erheblichen Effekt bei einer Reihe chronischer Erkrankungen. Die Nachfrage auf dem Touristenweltmarkt nach Kurtourismus in den Meereskurorten ist groß und nimmt ständig zu.

Das Schwarze Meer erweist sich als sehr günstig für die Entwicklung von Tourismus und balneologischen Zentren. Im Unterschied zu anderen Meeren hat das Schwarze Meer eine unterschiedliche Wasserdichte an der Oberfläche und in den verschiedenen Tiefen. Der Salzgehalt des Oberflächenwassers des Schwarzen Meeres beträgt wegen des Wassers der Flüsse 17,3—18,2 %. In den tieferen Schichten beträgt er wegen des Wasserzustroms über den Bosporus 22,4—24,6 %. Der Salzgehalt des Oberflächenwassers steigt mit der Entfernung von den Nordküsten. Das Oberflächenwasser ist sauerstoffreich (5—8 mg/l). Das Wasser des Schwarzen Meeres reagiert ausgesprochen alkalisch (pH 8,38—8,40), und die biogenen Elemente sind im Vergleich zum Mittelmeer höher. Die aufgelösten organischen Stoffe in den oberen Schichten des Meeres erreichen einen Wert von 4 mg/l. Die Temperatur des Wassers ist ein weiterer wichtiger Faktor. Das Schwarze Meer ist ein verhältnismäßig warmes Meer. Während die Wärme des Seewassers an den nördlichen europäischen Küsten in den Sommermonaten 16—18 °C erreicht, ist das Wasser im Schwarzen Meer zur gleichen Zeit über 20 °C warm. Solche Temperaturwerte haben die Wasser an der adriatischen und an der ostspanischen Küste. Der Vorteil des Schwarzmeerwassers ist jedoch der niedrigere Salzgehalt, der das Baden angenehmer macht.

Zusammenfassend kann man sagen, daß die Schwarzmeerküste mit ihren Besonderheiten und Naturgegebenheiten sehr günstig für die Durchführung von Erholungstourismus, Meeresbehandlungen und Meeresprophylaxe ist. Die Seebadekuren nehmen den ersten Platz unter allen touristischen Offerten von Bulgarien ein.

Die Algotherapie ist ein weiterer Anziehungspunkt in den Schwarzmeerkurorten. Die Seealgen werden mehrfach angewendet, und zwar frisch, getrocknet oder in Form von Plasmenkonzentraten. Die Algotherapie ist besonders erfolgreich bei Störungen der Drüsen mit innerer Sekretion, bei neurovegetativen Störungen und bei vorzeitiger Alterung.

Eine andere Möglichkeit ist die Inhalation von Seewasser. Die Luft an der Küste ist reich an Seeaerosolen, die eine günstige Wirkung auf die Atmungswege haben und besonders gut zur Behandlung chronischer Bronchitis, Sinuitis und Asthma geeignet sind.

Das Einnehmen von Seewasser hat eine nicht geringe Wirkung. Es steigert die Reaktion des Organismus, verbessert den Stoffwechsel und verändert den Ionenzustand. Eine Wirkung haben auch die Hormone und Biostimulatoren, die das Seewasser enthält. Sein Salzgehalt hat eine Bedeutung bei der Behandlung von Störungen des Wasser-Salz-Wechsels. Die Einwirkung des Seewassers über den verschiedenen Funktionen des Magens äußert sich vor allem in einer Regulierung des Säurengehalts der Magensekretion und in einer Verbesserung des Tonus und der Peristaltik des Magens. Auch regt es den Appetit an. Es ist auch für die Gallenbildung stimulierend und wird zur Behandlung von Holizistitis angewendet.

Das zum Trinken genutzte Seewasser wird in einer Seetiefe von 15—20 Metern, etwa 50 km von der Küste — weit von Siedlungen und Seewegen und auch weit von Flußmündungen entfernt —, entnommen. Dieses Wasser hat seine chemisch-biologische Struktur nicht verändert. Vor dem Einnehmen wird es aber gefiltert.

Unter allen Seeprodukten ist die heilende Wirkung der Lauge, die aus dem Seewasser der Küstenseen gewonnen wird, von größtem Interesse. Das ist eine dicke, fettartige Masse, die arm an Natriumchlorid ist, aber dafür sehr reich an Magnesiumsulfat, Kalziumsulfat und anderen Salzen, die das Seewasser enthält. Die Lauge enthält auch eine Reihe von Spurenelementen. Das Magnesium ist der Hauptbestandteil der Lauge; es nimmt an vielen Prozessen des Organismus teil, indem es die Kräfte steigert, erregend auf die Zellfunktionen wirkt und ein starker Gewebestimulator ist. Die in den letzten Jahren gemachten Forschungen über die Heileigenschaften der in der Nähe von Pomorie gewonnenen Lauge beweisen ihre erfolgreiche Anwendung und ihre prophylaktische Bedeutung bei verbreiteten und schwer zu bekämpfenden Erkrankungen des Zahnfleischs, schwer heilenden Wunden, Entzündungsprozessen und degenerativen Erkrankungen.

Ein weiterer Heilfaktor an der Schwarzmeerküste ist die Sandbehandlung. Sandbäder waren schon im Altertum bekannt. In letzter Zeit hat das Interesse daran zugenommen. Die Sandbehandlung hilft bei Rheuma der Gelenke und der Muskeln, Arthritis, Gicht, Fettsucht, Ischias, chronischen Nierenerkrankungen sowie bei Kindern, die Rachitis oder Kinderlähmung überstanden haben. Die Heilwirkung der Sandbäder ist auf den Wärmeeffekt sowie auf die mechanische Wirkung des Sandes zurückzuführen. Bei den Natursandbädern wird der Sand an der Sonne erwärmt. Die Temperatur des Sandes an manchen Stränden der bulgarischen Küste erreicht in den Monaten mit der intensivsten Sonnenstrahlung und meist gegen Mittag 60 °C. Diese Wärme hält sich 3–4 Stunden. Sandbäder sind bei einer höheren Temperatur als die der Wasserbäder zu ertragen. Der Sand ist hygroskopisch. Die Sandbehandlung ist die sanfteste Wärmeanwendung und kann unter ärztlicher Leitung auch bei Herzkranken mit Nebenleiden, die eine Thermalbehandlung brauchen, verschrieben werden. Die passendste Zeit für die Sandbehandlung an der bulgarischen Schwarzmeerküste ist während der Monate Juli und August, wenn 20–25 Tage voll zu nutzen sind. In den übrigen Monaten gibt es die entsprechenden Tage nur vereinzelt, so daß eine systematische Behandlung nicht immer möglich ist. Zu dieser Zeit könnte aber künstlich erwärmter Sand genutzt werden, und es könnten zusätzlich auch warme Meerwasserbäder angewendet werden. Die Bedingungen an der bulgarischen Schwarzmeerküste erlauben eine breite Anwendung der Sandbäder in den entsprechenden Abteilungen der Kurstrände und den Seesanatorien.

Der Heilschlamm in Bulgarien wurde zum ersten Mal von Prof. Dr. Paraschkev Stojanov erforscht und angewendet. Schon 1905 hatte er die Idee, eine kleine Kurstätte in der Nähe von Baltschischka Tuzla zu eröffnen. Der Heilschlamm ist ein Naturprodukt. Seine Bildung ist mit langen, komplizierten geologischen und biologischen Vorgängen verbunden. In Bulgarien sind die meisten Schlammfundstätten an den Küstenseen gelegen. Die Heilschlammbehandlung ist eine der gefragtesten Kurmethoden in unserem Land. Das größte Kurzentrum für Heilschlammbehandlung liegt in Pomorie und ist ganzjährig in Betrieb. Der Kurort verfügt über große Einrichtungen zur Schlammgewinnung, eine moderne Schlamm-Balneo-Klinik sowie Sanatorien. Während des ganzen Jahres werden Kuren auch in Baltschischka Tuzla durchgeführt. Dort befindet sich ein Sanatorium für Kinder, die nach durchstandener Kinderlähmung eine Behandlung brauchen. Hier werden auch Erkrankungen des Stütz- und Bewegungssystems geheilt. Im Kurort ist auch ein Ambulatorium für die Behandlung mit Moorbädern. Weitere Sanatorien dieser Art, die auch ganzjährig geöffnet sind, gibt es in Banja bei Burgas und in Nessebar. Heilschlammbehandlung wird auch in den entsprechenden Einrichtungen in Warna und im Grand Hotel Warna im Kurort Drujba angeboten. Quellen-Moor verwendet man auch im Kurort Banja in der Nähe von Plovdiv und in Marikostinovo.

Von den Schlammfundstätten wird das Produkt zu anderen Orten und Kurstätten transportiert, wo es nicht vorkommt. Bulgarien verfügt über große Ressourcen dieser Heilmittel.

Sehr wichtig ist, wie die gesamte Organisation in den balneologischen Kurorten durchgeführt wird.

Seit langen Jahren sind die Leiter der balneologischen Kurorte vor allem Ärzte. Diese Fachärzte und profilierten Leiter sind nicht selten gegen die Einführung der Marketing-Organisation in den balneologischen Kurorten. Sie betrachten die Erscheinungen nur von dem Standpunkt ihres eigenen Faches, d. h. immer einseitig. Die medizinischen Fachkräfte sind sehr oft der Meinung, daß Marketing nur mit der materiellen Produktion verbunden ist. Sie halten es für nebensächlich und übertragen ihm die Lösung zweitrangiger Probleme. Alle Versuche der Marketing-Spezialisten, sich den Patienten zu nähern, werden als eine „unzulässige Einmischung in die medizinischen Angelegenheiten und Verletzung der medizinischen Ethik" qualifiziert.

Zusammenfassend kann man unterstreichen, daß die Organisation der Abteilung „Marketing" im balneologischen Tourismus und auch in jedem anderen touristischen Unternehmen das Gleichgewicht zwischen der sich ständig verändernden Marktkonjuktur und die Beständigkeit schaffen soll.

Die Tendenzen in der Entwicklung des Tourismus ändern sich gleichzeitig mit den Veränderungen, die in allen Ländern Osteuropas hervorgetreten sind. In den Staaten des Ostblocks wurde der Tourismus nicht als Produktionstätigkeit betrachtet. Die Mentalitätsveränderung ist kein leichter Schritt. Jetzt muß man weit in die Zukunft sehen und mit viel Fantasie neue Ideen anbieten. Wir müssen die Zukunft aufbauen, ohne zurückzublicken, denn im Jahre 2000 wird im Tourismus nur der Begabteste, der Ideenreichste und der Stärkste einen Platz finden.

Wladimir Iwanowitsch Skrinnik
Zustand und Perspektiven des Fremdenverkehrs in der Ukraine

Die staatliche Unabhängigkeit der Ukraine eröffnete neue Perspektiven im Bereich des Fremdenverkehrs, der, wie bekannt, die Länder und Völker näherbringt und sie gegenseitig bereichert. Der Fremdenverkehr als Export von Dienstleistungen ist für mehrere Länder ein wichtiger Faktor der wirtschaftlichen Entwicklung und eine Quelle von Deviseneinnahmen. Wissenschaftliche Forschungen von internationalen Organisationen und auf deren Grundlage ausgearbeitete langfristige Prognosen belegen, daß bis zum Jahr 2000 der Fremdenverkehr die wichtigste und gewinnbringendste Dienstleistungsindustrie wird, die einen bedeutenden Einfluß auf die Wirtschaft der sich daran beteiligenden Länder ausübt. Zur Zeit erleben die industriell entwickelten Länder eine Steigerung der Bedürfnisse in der Gestaltung der Erholung ihrer Bürger. Das betrifft in vollem Maße auch die Ukraine.

Wie bekannt, ist die Ukraine aufgrund der geographischen Lage sowie der Natur- und Klimabedingungen ein ideales Touristenland. Historisch gesehen, war hier die Grenze zwischen dem Osten und dem Westen, dem Norden und dem Süden. Die Architektur, Kultur und Kunst spiegeln diese einmalige Lage wider: Barock, Gotik, byzantinische Züge, Art déco und kritischer Regionalismus sieht man in der Architektur der Gebäude.

Hinzu kommen die breiten Möglichkeiten für die Erholung in den Kurorten am Schwarzen und Asowschen Meer sowie in dem malerischen Karpatengebirge. Es sind auch die Regionen nicht zu vergessen, wo das nationale ukrainische Kunstgewerbe eine Wiedergeburt erlebt, deren Erzeugnisse weit über die Grenzen des Landes hinaus bekannt sind. Das wären z. B. die Petrikower Lackmalerei (im Gebiet Dneprpetrowsk), die Reschetilower Stickerei (im Gebiet Poltawa), Töpfererzeugnisse aus Oposchnja und Kosowo (im Zentrum und Westen der Ukraine), Eierbemalung von Huzulen, Lwower Hutglas, Weberei im Gebiet Kiew und in Transkarpatien, die ein reges Interesse bei jedem Gast der Ukraine wecken.

Die Ukraine liegt in der Nähe der europäischen Fremdenverkehrszentren, verfügt über ein Netz von Flug-, Eisenbahn-, See-, Fluß- und Autoverbindungen und ist eines der populärsten Touristenzentren der GUS. Unter den 25 Touristenzentren der Republik gehören zehn (Kiew, Jalta, Odessa, Lwow, Tschernowzy, Uschgorod, Saporoschje, Charkow, Ternopol, Poltawa) zu denen, die am meisten besucht werden. In den 80er Jahren besuchten die Ukraine jährlich etwa 500.000 Gäste aus mehr als 80 Ländern der Welt. Etwa zwei Drittel waren Bürger der ehemaligen sozialistischen Länder. Die Hauptmärkte aus den westlichen Ländern waren Deutschland, Frankreich, Spanien, Österreich, Italien, Griechenland, die USA und Kanada. Wissenschaftliche Prognosen zeugen davon, daß dieselben Länder und auch Japan für die nächsten Jahre für uns ein dynamischer Touristenmarkt bleiben werden.

Die Ukraine erlebt z. Z. eine schwierige Periode ihrer nationalen und geistigen Renaissance, des Aufbaus ihrer Staatlichkeit, der wirtschaftlichen Entwicklung sowie der Erneuerung des Volksbewußtseins. Leider haben diese fortschrittlichen Prozesse auf ihrem Weg bestimmte Hindernisse zu überwinden; das beeinflußt die Wirtschaft der Ukraine sowie den Lebensstandard ihrer Bewohner. Die instabile politische Lage der GUS übt einen negativen Einfluß auf die Entwicklung des Tourismus in unserem Lande aus.

Bekanntlich herrschte „Intourist" der UdSSR bis 1990 monopolistisch im ganzen internationalen Tourismus der Sowjetunion. Trotz ihres beträchtlichen Deviseneinkommens hat die Ukraine praktisch nichts davon erhalten und deswegen keine Möglichkeit gehabt, ihre eigene Infrastruktur auszubauen, Touristenanlagen zu errichten und selbständig auf dem internationalen Markt vertreten zu sein. Die Situation in diesem Bereich hat sich seit 1991 verbessert. Es wurde eine Reihe von Gesetzen angenommen, darunter Gesetze über die außenwirtschaftliche Tätigkeit und über den Schutz der ausländischen Investitionen. Die materielle Basis von Intourist ist zum Eigentum der Ukraine geworden, es wurden neue Banken gegründet, das Netz der gemeinsamen Unternehmen mit der Beteiligung von westlichen Partnern ausgebaut, Botschaften und Handelsvertretungen eröffnet; die Einführung einer eigenen Währung ist gesichert. Zur gleichen Zeit wurde der Visumservice vereinfacht.

Die Analyse des Touristenstroms sowie des konkreten Angebots der ausländischen Firmen belegen, daß die Ukraine als Touristenziel für viele Länder von großem Interesse bleibt. Die Nachfrage ist aber nicht ganz gedeckt. Die Lösung dieser Frage stößt auf die ungenügende materiell-technische Basis der Tourismusindustrie, die instabile wirtschaftliche Lage, das niedrige Serviceniveau, das Fehlen einer exakt ausgearbeiteten Infrastruktur und vor allem das Fehlen von internationalem Verkehr. Es fehlt auch das System der gegenseitigen Beziehungen mit führenden Partnern der Ukraine auf den Touristenmärkten der Welt. Deswegen wird nicht im vollen Maße das große Tourismuspotential der Ukraine benutzt.

Große ungenutzte Möglichkeiten gibt es in vielen Gebieten der Ukraine. Man muß hervorheben, daß die Naturbedingungen im Schwarzmeergebiet außerordentlich günstig für die Entwicklung von Erholungs-, Kur- und Jagdtourismus sind. Viele Möglichkeiten bietet auch die Entwicklung des Tourismus in der Karpaten- und Vorkarpatenregion: günstige mitteleuropäische Klimabedingungen (geographisches Zentrum Europas), reiches Bergrelief, Überfluß an Gemüse und Obst, Traditionen in Weinbau und Weinkelterei, Heilmineralwasser („Essentuki", „Borschomi", „Poljana Kwasowo", „Luschanskaja", „Swaljawa"); das alles schafft gute Bedingungen für die Sommererholung und den Bergsport.

In die Ukraine können die Touristen zur Erholung und Rehabilitation kommen. Ausgearbeitet und mit dem Ministerium für das Gesundheitswesen abgestimmt sind Kurbehandlungen im Kiewer Zentrum für Augenmikrochirurgie und im Filatow-Institut für Augenkrankheiten (Odessa), im Lehrstuhl für Neurologie (Akupunktur) der Kiewer Hochschule für die Weiterbildung der Ärzte sowie auch in den Kiewer wissenschaftlichen Forschungsinstituten für Nasen- und Ohrenkrankheiten, Urologie und Neurologie und auch auf der Basis des Laboratoriums für Osteochondrose der Wirbelsäule bei der Kiewer Medizinischen Hochschule.

In der Ukraine gibt es eine Reihe von Naturschutzgebieten, die von großem Interesse für die Touristen sind. Das sind die Krim- und Karpaten-Naturschutzgebiete, das Naturschutzgebiet „Askanija Nowa" (Gebiet Cherson), Dendroparks in den Städten Uman und Belaja Zerkow und Stalaktithöhlen in den Gebieten der Krim und von Ternopol. Für die Organisation der Jagdtouren gibt es in vielen Gebieten der Ukraine 25 Jagdwirtschaften mit der notwendigen materiellen Basis für den Empfang und die Betreuung der Touristen-Jäger.

Es gibt günstige Bedingungen für die Entwicklung des Jachttourismus sowohl am Dnepr als auch am Schwarzen Meer. Für diese Tourismusart gibt es Reisen von 7, 10 und 14 Tagen (Reiserouten Kiew — Cherson — Odessa — Nikolajew — Jalta) mit Ausflügen, Angeln, Aufenthalt in ökologisch sauberen Erholungsgebieten.

Der mächtige Dnepr, der von Norden nach Süden fließt, alle Naturzonen der Ukraine durchquert und alle ihre Kultur- und Wirtschaftszentren verbindet, bietet außerordentliche Möglichkeiten für die Entwicklung der Dneprkreuzfahrten einschließlich Reisen in die Länder des Donaubassins. Für diese Zwecke besitzt die Flußflotte „Retschflott" der Ukraine zehn komfortable Schiffe von Typ Fluß-See mit einem Fassungsvermögen von 300 Gästen. Für die Reisegäste wurde ein interessantes Programm ausgearbeitet, wobei Erholung, Baden, Angeln, Besichtigung der historischen und kulturellen Denkmäler und Kennenlernen der Lebensweise der Bevölkerung vorgesehen sind.

Die Ukraine hat gute Möglichkeiten für die Entwicklung des Autotourismus. Dies ist heute wichtig, weil die Beförderung der Gäste mit anderen Transportarten teuerer geworden ist. Die Länge der Autobahnen beträgt über 5000 km. Durch die Ukraine verlaufen die Transitrouten zum Kaukasus, in die zentralen Gebiete von Rußland und auf die Krim. Deswegen werden die Autotouristen ein gutentwickeltes System des Autoservice sowie auch Motel- und Campingeinrichtungen brauchen. Das gibt zusätzliche Möglichkeiten für die Schaffung von gemeinsamen Unternehmungen für die Errichtung dieser Objekte.

Eine wichtige Rolle im internationalen Tourismus der Ukraine spielen der ethnische Tourismus (Reisen der Touristen ukrainischer, deutscher und krimtatarischer Abstammung, um die Heimat ihrer Urahnen oder Verwandten zu besuchen) sowie der Religionstourismus. Eines der orthodoxen Zentren der Welt ist das Kiewer Höhlenkloster. In der Ukraine gibt es Beisetzungsstätten der Begründer des Religionsglaubens der Chassiden, die Pilger aus der jüdischen Religionsgemeinschaft anziehen. Im Süden der Ukraine gibt es auch die Möglichkeit, eine traditionelle Reiseroute für die Molokanen durchzuführen.

Nicht alle Möglichkeiten des Kongreß- und Geschäftstourismus werden in der Ukraine genutzt. Aber für die volle Nutzung der Touristenmöglichkeiten gibt es in der

Ukraine große Schwierigkeiten, die wir kaum überwinden können. Das betrifft vor allem die schwache materielle Basis. Die Hotels, die früher zu der staatlichen Gesellschaft „WAO Intourist" gehörten, befinden sich in einem schlechten Zustand. Bei der hohen Auslastung der Hotelzimmer (über 99 %) wurden für die Renovierung der Hotels nur geringe Mittel aus dem zentralisierten Fonds ausgegeben.

Die Situation wie auch andere Probleme in unserer Branche sind deswegen entstanden, weil, wie schon erwähnt wurde, die ganze Währung, die für die Rekonstruktion der materiellen Basis des Tourismus vorgesehen war, praktisch in Moskau blieb. Die Ukraine bekam im Laufe der letzten 10 Jahre keinen Dollar für die Errichtung neuer Hotels. Außerdem entspricht das Serviceniveau in den örtlichen Touristenzentren nicht dem Weltstandard.

Man muß sagen, daß die Hotels in der Ukraine mithilfe ausländischer Firmen aus den ehemaligen sozialistischen Ländern (Ungarn, Polen, Jugslawien) gebaut wurden. Sie entsprechen nicht dem Standard der westlichen Länder. Leider gibt es in der Ukraine bis jetzt kein Hotel, welches gemeinsam mit großen Gesellschaften wie „Sheraton", „Mariott", „Holiday Inn", „Etappe" u. a. gebaut wurden, die einen hohen Ruf in der Welt dank ihres hohen Serviceniveaus genießen. Nicht gut genug ist bei uns auch die Infrastruktur der Tourismusindustrie entwickelt.

Mit der Erklärung der Unabhängigkeit der Ukraine wurden einige Flughäfen (Kiew, Odessa, Simferopol, Lwow) zu internationalen Flughäfen. Neue internationale Routen wurden eröffnet, darunter mit Lufthansa, Swissair und anderen bekannten Fluggesellschaften. In diesem Zusammenhang nahm auch die Belastung des Bodendienstes wesentlich zu. Ihre Möglichkeiten blieben wie bisher. Die Produktionsplätze entsprechen nicht dem internationalen Standard, auch das Niveau der Mechanisierung und Computerisierung läßt viel zu wünschen übrig.

Eine solche oder ähnliche Situation haben wir auch bei der Beförderung mit der Eisenbahn — ungeachtet dessen, daß die Transportkosten wesentlich gestiegen sind. Leider können wir auch nicht sehr viel Gutes über unsere Autobahnen sagen. Nicht umsonst kursiert unter den Ausländern das Sprichwort: „In Rußland gibt es keine Straßenwege, nur die Straßenrichtungen." Ähnliches kann man auch über die Ukraine sagen. Zwar wurde im Laufe der letzten 10—15 Jahre in der Ukraine viel für die Verbesserung der Autobahnen und der Serviceleistungen für Autofahrer getan. Aber wir sind noch sehr weit vom Weltstandard entfernt. Die Entwicklung des Autotourismus und des Frachttransports bremsen den Zustand der Ein- und Ausreisepunkte an der Grenze der Ukraine. Jetzt strebt unser Staat danach, den technischen Zustand dieser Punkte zu verbessern und zu erweitern sowie auch deren Status in der neuen staatlichen Struktur der Ukraine zu bestimmen.

Im Hinblick auf die Steigerung des Autotourismus und Frachttransports ist geplant, einige neue Grenzpunkte zu eröffnen. Mit der Einführung des Gesetzes über den Schutz der ausländischen Investitionen bildeten sich in der Ukraine günstige Bedingungen für die Teilnahme der ausländischen Investoren an der Entwicklung der Infrastruktur der Tourismusindustrie auf einer für beide Seiten vorteilhaften Basis heraus. Dabei kann man schon heute Prognosen machen, welchen Gewinn diese Investitionen bringen werden, weil das touristische Potential der Ukraine wirklich riesig ist.

Nicht nur an Boden und historischen Denkmälern ist die Ukraine reich. Der wichtigste Reichtum ist ihr gastfreundliches und talentiertes Volk; darunter sind auch die Mitarbeiter zu erwähnen, die sich mit der Betreuung der Gäste beschäftigen. Unsere Reiseleiter/Dolmetscher werden seit langem für die qualifiziertesten in der Welt gehalten. Jetzt schenkt man besonders der Berufsvorbereitung und insbesondere der Sprachpraxis an vielen Universitäten und Hochschulen der Republik große Aufmerksamkeit. Es werden Spezialgruppen und Fakultäten für die Ausbildung von Tourismusmanagern und von Fachleuten für Werbung, Marketing usw. gebildet. In Kiew gibt es die Fachschule für Hotelwirtschaft, die Beziehungen zu vielen ähnlichen Fachschulen in Westeuropa und Amerika unterhält.

Ich habe versucht, ganz kurz die Situation der Touristik in der souveränen Ukraine zu beschreiben. Wenn es auch mit etwas düsteren Farben gemalt wurde, so ist dieses Bild realistisch und wahrheitsgetreu. Meine Darstellung möchte ich doch optimistisch zu Ende führen. Ich bin ganz sicher, daß die Ukraine in allernächster Zukunft zu einem Tourismuszentrum mit Weltruf wird, weil unser Boden reich ist und unser Volk begabt und gastfreundlich ist.

Wir haben Touristenobjekte für jeden Geschmack. All dies plus die Unterstützung von Großfirmen und Gesellschaften, das Heranziehen des ausländischen Kapitals und der modernen Technologien werden es der souveränen Ukraine ermöglichen, einen würdigen Platz unter den führenden Touristenzentren Europas einzunehmen.

Alexander A. Beidyk and Nikolai Nikolaevich Padun
The Ukraine's Recreational Resources

The essence of the conception: its structure

Recreational resources are objects and phenomena of natural and anthropogenic origin used for tourism and medical treatment which have an influence on the territorial organization of recreational activities and the formation of recreational regions, their specialization and economic efficiency. In the structure of recreational resources, two constituent parts are evident: the natural and the socio-economic ones.

As far as natural recreational resources are concerned, the Ukraine shares one of the leading places in Europe. The total area suitable for recreational purposes in the Ukraine comes up to 9.4m ha (15.6% of its territory), of which 7.1m ha are flat and 2.3m ha are mountainous (1.9m ha in the Carpathians and 0.4m ha in the Crimea).

Of considerable recreational value are geologic monuments, of which there are 716. About 7.8m ha (or 13%) are potentially suitable for recreation — i.e., are of limited recreational importance. By the decision of the Ukraine's government in 1977, 265 recreation zones were established with the aim to expand the forest areas for recreational use. At present, the recreational forests make up 20% of the state forest area of the Ukraine. 1.4m ha (0.4% of the territory) are covered with surface waters.

A special place in the recreational use of the territory is occupied by the Crimea. The average annual duration of the period favourable for recreation is 175—190 days, that of the period convenient for recreation is 65—80 days. The duration of sunshine comes up to 2,300 hours a year. The warm and mild climate, the rich vegetation (150 species), the salubrious sea water, the developed network of sanatoria and health resorts are characteristic of the Crimean South coast (110 km long and 2—3 km wide), which is a unique recreational region.

Mineral waters of different composition are available in almost all the regions of the Ukraine. The total number of mineral springs at present exceeds 500. Most of these are to be found in the western part of the Ukraine. Considerable reserves of carbonaceous water (used at the resorts of Vierkhovyna, Gornaya Tissa, the Carpathians and Shayan) are available in the Transcarpathian region. Carbonaceous waters are also used in the Svalyava group of resorts. Sulphide waters are used at Sinyak and chloride-sodium ones in the resort of Oust-Chernaya. Well-documented and widely used for spa treatment are rich deposits of mineral waters in the Lvov region: sulphide (Lioubien-Veliky and Niemirov), sulphate-chloride and sodium-magnesium-calcium (Morshin), hydrocarbonate-sulphate calcium-magnesium, sulphate-hydrocarbonate calcium-magnesium, sulphate sodium-calcium waters (Trouskaviets).

Widely spread in different regions of the Ukraine are chloride sodium waters: the Lougansk and Dniepropietrovsk (Soliony Liman resort), Poltava (Mirgorod spa), Rovno

(Goryn) regions and a number of others. Sulphide waters are available in the Ivano-Frankovsk region (the resort of Cherche). There are considerable resources of siliceous hydrocarbonate calcium-sodium-magnesium (the Beriezovskaya mineral water resort) and hydrocarbonate sodium-magnesium-calcium waters (Rai-Helenovka) in the Kharkov region. Radium waters of different chemical composition are available in the Jitomir, Vinnitsa (the resort of Khmielnik), Rovno, Dniepropietrovsk, Lougansk (the resort of Starobielsk), Doniets and Zaporojye regions.

Apart from the use at the Ukrainian resorts these waters are widely used as medicinal and mineral waters outside the resorts.

Of considerable importance are medicinal mud reserves. The number of deposits totals 104, of which 57 offer opportunities for development. Medicinal muds are concentrated mainly in the south (the Azov and Black Sea coasts) and in the north-west (the Near Carpathians, Jitomir region). In the littoral zone prevail sulphide silt muds, excavated from the salt and coastal salt lakes (Kouyalnik and Khajibei in the Odessa region and others) and the mud lakes of the Crimea (Sakhi, Moinakh, Adjigol and others). The oldest and most famous mud resorts (Berdiansk, Eupatoria, Kouyalnik, Sakhi, Khadjibei and others) function on the basis of these muds deposits. In the north-western regions, the resources of peat mud are concentrated, which are used at the spas of Morshin, Niemirov and Cherche as well as in Mirgorod.

The socio-economic recreational resources are objects of culture, monuments of history, architecture, archeology and ethnographic peculiarities. The total number of architectural and historical monuments in the Ukraine is 49,147. Their value and quantity vary within the regions. The highest number of architectural and historical monuments protected by the state are found in the Lvov (3,934), Kiev (2,886) and Chernigov (2,859) regions. 3,441 are to be found in the Crimean Autonomous Republic. The lowest number can be seen in the Transcarpathian region (674) and in the Chernovitsky (750) and Volyn (337) regions.

The most valuable cultural and historical monuments are to be found in Kiev (St. Sofia cathedral ensemble), the 16th century castle in Lvov, the medieval centre in Drogobych, Ternopol (Pochaevskaya Lavra), Poltava (Battle Field), Chernigov (Spaso-Preobrajenski monastery and Anthony caves), the church of St. Nicolas in Novgorod-Syvierski as well as in the Crimea (the Khan palace from the 16th–18th centuries in Bakhchisarai, the Aloupka palace, the Genoese fortress in Soudak etc.).

A constituent part of the recreational resources are social and natural objects, phenomena and events whose origin is closely connected with the territory within which they were found or the territory of the foreign country within which the given object, phenomenon or event was given rise to. More than 500 of these objects have been revealed on the territory of the Ukraine. Some of these are of world and European importance.

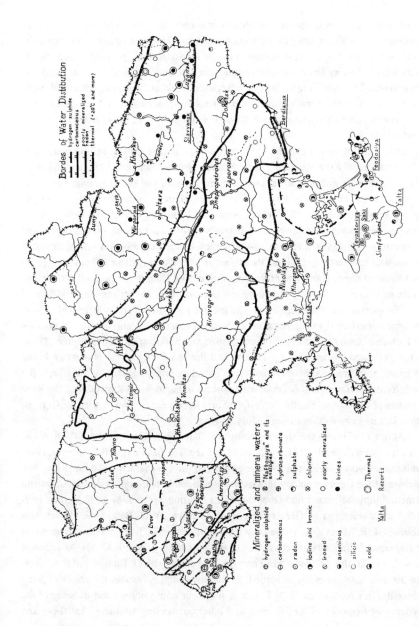

Fig. 1: Mineral waters of the Ukraine.

The recreational fund of Kiev

The Ukraine's transfer to the new conditions of economizing provides for the essential transformation in all the links of production and non-production spheres. An important aspect of the latter is the new approach to the reconstruction, protection and use of monuments of history and culture in the sphere of "invisible exports" — home and foreign tourism. Extremely urgent is the preservation of historical and architectural monuments in the Ukraine's main centres of tourism (Kiev, Odessa, Lvov) and in the first-class centres (Chernigov, Kharkov, Poltava, Dniepropietrovsk, Yalta, Sebastopol, Kamenets-Podolski).

In this list of tourist centres, the worst damage during the last century was done to the resources of Kiev. About 300 architectural, historical and other monuments, dozens of which were not only of national but of European and world importance, were destroyed in this city. Destroyed were 96 temples, churches and other religious buildings, 41 public buildings, 54 dwelling houses of historical value, 5 constructions of industrial and transport importance, 6 defensive works, 3 bridges, 4 landscaped and conservatory complexes, 2 mounds, 24 cemetries, 4 burial chambers, 13 monuments of monumental sculpture, 2 monuments of fine art. Now every effort is made to reconstruct some of them. Under the protection of State and Church are presently 941 monuments of history, archeology, town-building, architecture and of monumental art.

The recreational resources of the city include a number of socio-historical objects and events of material and spiritual value. Some of them are commemorated in plaques and included in tours of the city, others are just mentioned or simply forgotten. These are the places connected with the sojourn and life in the city of the Hungarian Franz von Liszt, of Indira Ghandi, the Americans Theodore Dreiser and John Steinbeck, the Czech Yaroslav Gacek, architectural masterpieces of Bartolomeo Rastrelli and the Kiev architects of German origin, the Schleifers. Some events are connected with the German nation and its contribution to the history of Kiev.

About 1765 the Lutheran community was founded in Kiev, and soon the first Lutheran minister, Dr. phil. Ch. Graal, arrived in Kiev. The head of the first German community was Georg Bunge, the founder of the first private chemist's shop in Kiev. The activities of the German colony in Kiev left a noticeable mark on its development and on the cultural and scientific life of the city. Lecturing at the Kiev St. Vladimir University were scientists of German origin (V. P. Becker, V. O. Betz, O. P. Walter, von Gubbenet, F. F. Mering, Y. Y. Waltz, R. E. Trautfetter). The latter was the founder of the University's botanical gardens (now bearing the name of Fomin O. V.). At different times K. Th. Kestler, O. F. von Midendorf, I. M. Fonberg, M. O. Bunge, and E. K. Gofman lived in Kiev; also law expert M. K. Rannienkampf, who was the rector of Kiev University. In Kiev worked G. V. Folborth, professor of physiology and member of the Academy of Sciences of the Ukraine, and other outstanding Germans. Yet these and some other pages of Kiev history have unjustly been forgotten and do not work for the development of multilateral tourist ties with foreign partners.

Directions of the national tourism development

Domestic tourism as a prospective source of non-hard currency earnings and financial receipts reflects deep socio-economic changes that take place in the Ukraine. Substantial structural reorganization, the change of priorities, the formation of a modern concept of development and the stiffening of competition make up only a small part of a wide range of problems wanting immediate solution. The strong points of this development are as follows:

1. The creation of alternative tourism using non-traditional (extreme, unusual, "conflicting") resources and catering to the demand for adventure tourism, "school of survival" excursions and tours of the kind of "Criminal Odessa," "National Necropolis," "Places of Cossaks' glory," "Ukrainian Fairs," "moral tours" through populated areas that suffered from the Chernobyl accident. Such a tour is already offered in the border area between the Ukraine and the Republic of Bielorussia, passing Gomiel — Hoiniki — Bragin — Pripiat — Chernobyl — Slavoutich (the duration is 12 hours, including 3 hours in the 30-km zone).
2. The offer of "superpoint tours." The "superpoint tour" leads to a place of natural, anthropogenic or natural-anthropogenic interest and offers a unique combination of natural attractions and events of considerable socio-historical significance which have taken or are taking place within its boundaries. To this category belong the memorial complex "Shevchenko Tomb" on Taras mount in Kaniev, the Malakhov and Sapoun mounts in Sebastopol, the mount of Vyjnitsa in the Chernovitskaya region, the Artiem mounts in Slavianogorsk of the Doniets region, and the mount of Ai-Petri (the main ridge of the Crimean Mountains).
3. Retrorecreational reconstructions are a complex of actions aimed at the renovation, reconstruction and restoration of socio-historical tourist resources.
4. The substantiation and realization of national tours. Such a tour is developed by us including an itinerary with the resources of Jewish history and culture. It passes the cities of Kiev — Korosten — Velediki — Korostyshev — Jitomir — Berdichev — Piatka — Khmelnik — Letichev — Medjiboj (hassidic cemetery and burial of Best, one of the founders of hassidism, and his followers) — Bar — Jmerinka — Kopaigorod — Shargorod — Toulchin — Mogiliev — Podolski — Yampol — Kryjopol — Bershad — Gaisyn — Ouman (the burial of Nakhman Bratslavski, one of the leaders of hassidism) — Jashkov — Bielaya Tserkov — Kiev. Referring to this category are pieces of Canadian military equipment recently found in the Cherkassy region.

Recreational regions

Having declared its sovereignty, the Ukraine passed laws on economic independence giving up the central-directive methods of running economics and politics. The new historic and national values have an effect on the ethnic-recreational regions. The first group of these includes 25 ethnic-historic-recreational areas. The other one includes 15 cultural-historical recreational regions.

Using both classical and region-forming factors allows to revive folk traditions besides the main "recreational corridors" and to use alternative recreational resources to ensure people's occupancy and the development of extra services with new sources of non-hard currency receipts.

Vladimir Kirillovich Fedorchenko
Conditions and Prospects of Developing the Recreational and Tourist Potential of the Ukraine

Not long ago, the Ukraine as a new independent state appeared on the map of Europe. After the referendum of December 1, 1991, when the majority of the population voted for the state independence the country was officially recognized by the world community. More than 130 countries recognized the Ukraine, and with more than 60 diplomatic relations have been established.

According to scientific data, the Ukraine was one of the places where the Indo-European community of people formed itself. It could be said that it is one of the cradles of modern civilization. Even before Christ, Slavonic tribes who lived on the territory of the Ukraine later formed the Ukrainian people although there were some Scithians and Sarmathians, Turks and ancient Vikings, Lithuanians and Germans.

Kiev, the capital of the Ukraine, is more than 1,500 years old. It entered the history of world civilization as the centre of one of the largest states in the Middle Ages — the Kiev Rus. At that time the Ukraine was one of the developed and flourishing regions connected through political, economic, and cultural ties to the rest of the most important centres of the world. The main trading route "from the Varangians to the Greeks" passed through Kiev. But the further history of the Ukraine was tragic.

After the seizure of the Ukraine by the Tatar-Mongolian conquerors, it was constantly getting under the power of either Lithuanian princes or Polish kings or Moscow tzars and emperors. For all that time the Ukrainian people struggled for their state independence. A unique form of state and military establishment, Zaporozhskay Setch, was established that — at the time of Bogdan Khmelnitsky (in the middle of the 17th century) — allowed the Ukraine to get its state independence. But equitable treaty with Moscow was violated by the other side, and for ages the Ukrainian people was put under the power of foreign capitals.

In 1917–1918, after the downfall of the Russian and Austro-Hungarian empires, between which the lands of the Ukraine were divided, the Ukraine received its independence again, but could not resist the prevailing enemies.

Being a part of the USSR, the Ukraine, although it had been one of the founding countries of the UNO in 1945, possessed a very limited sovereignty. And only now, when we started to build a new independent state, taking into account the experience of the past, we hope to strengthen its true sovereignty.

The Ukraine with its 603,700 square kilometres of territory is one of the largest European countries. It extends for 1,300 km from the west to the east and almost 900 km from the north to the south. The coasts of the Ukraine are washed by two seas — the Black Sea and the Azov Sea. The Ukraine has borders with Poland, Slovakia, Romania, Moldavia, Russia, and Byelorussia. It is worth remembering that the geographical centre of Europe is in the Ukraine, in the Carpathian mountains.

The population of the Ukraine is about 52 million, of which 78% are Ukrainians, 16% are Russians; there are also Poles, Jews, Bulgarians, Moldavians, Hungarians, and others. The Ukraine is one of the richest in mineral resources among the European states (coal, oil, gas, iron, manganese, mercury and titanium, salt and graphite, sulphur and many others). Industrial production of gold has begun, which will meet the demand of our country.

The Ukraine has the richest soil on the earth and a mild, moderate climate favourable for agriculture. The Ukraine is a developed country with a large industrial potential. But at the time it was a part of the USSR, the main accents were laid upon metallurgical and metal processing industries such as shipbuilding, machine-tool and mining industries, military (including strategic missiles) transport engineering, and less attention was paid to the production of consumer goods.

The Ukraine has a developed agriculture producing cereals, sugar, oil etc. (In 1990 the Ukraine produced more than 40% of the food of the former USSR.) The Ukraine has a highly effective transport infrastructure. It comprises 22,000 kilometres of railways, a large fleet on the Black and Azov Seas and inland water transport, several international airports, and quite a good network of highways. The Ukraine organizes its own production of satellite communication means and activated the development of other systems of communication.

The country has a large cultural potential. This was very important for people struggling to preserve their originality, wealth of national culture and traditions. Many archeological and historical relics remain, such as the town of Kherson, cave towns in the Crimea, towns of ancient Greeks and unique collections of world significance in the Museum of Historical Treasures. Today the Ukraine raises the question of claiming its cultural and historical treasures from the collections of former imperial capitals — Moscow and Petersburg.

The historical monuments from the Middle Ages include unique and majestic cathedrals and churches (St. Sofia Cathedral, Kievo-Pecherskaya Lavra, Pochayevskaya Lavra in the Ternopol region), historical monuments and architectural masterpieces (in Kiev, Chernigov, Lvov), and ancient fortresses and castles (in Kamenets-Podolsky and Lutsk, in Mukachevo and Belgorod-Dnestrovsky, in Khotin and Kremenets). Constructions of the new time, among which many are unique historical and architectural monuments, are also unforgettable.

In the art museums of Kiev, Lvov, Odessa, Poltava and other cities, there are masterpieces by Bellini and Velasquez, Surbaraun and Kramskoy, and many other Western and Eastern artists, sculptors, and etchers. Several museums are devoted to original applied and decorative art of Ukrainians; there are some museums of folk architecture and traditions (in Kiev, Lvov, Uzhgorod and Pereyaslav-Khmelnitsky) keeping the richest architectural, ethnographic and art treasures. There are many theatres, ballets, dance and opera houses and choirs carefully preserving classical and national traditions of Ukrainian musical culture.

The Ukraine has rich tourist resources. It is known for its variety of landscapes, climate, flora and fauna, which create conditions for recreation, sports, fishing and hunting. The Carpathian and Crimean mountains, the coasts of the two seas, the banks of numerous rivers and lakes, the woods of Polessye, and the oakwoods of the southern steppe regions make it possible to develop different kinds of tourism. Sea and river cruises on comfortable motor vessels with stopovers at historical and cultural memorials, with stays on well-kept beaches or in nature reserves, are very popular. On the seas and lakes the sailing sport is developing. In the mountains there are good opportunities for rock climbing and speleotourism, for walking tours of various degrees of complexity. Rivers offer the possibility of various water sports, including rafting, canoeing, etc. In winter, a number of mountain skiing centres are open in the Carpathians. Bears, aurochs, deer, wild boars, etc. are still to be found in woods and hunting reserves.

The country is rich in mineral springs and wells, many of which are not only good for table water but also have a curative effect. Among these are "Mirgorodskaya," "Truskavetskaya" and other mineral waters. In many spas (Eupatoria, Kuyalnik, Berdyansk), there are unique medicinal muds.

The south coast of Crimea is a subtropical zone, well-known for its sunny sea resorts. It also has various recreational facilities: Nikitsky Botanical Garden, palaces and museums of Livadia and Alupka, Simeiz and Blue Harbour, the historical monuments of Sevastopol and Yalta.

The Ukraine has a developed hotel infrastructure. In the last few years modern hotels have been built with the participation of foreign partners in Kiev, Uzhgorod, Kharkov, Yalta, Odessa, and Chernovtsy. The hotels are able to provide all necessary services. In the Ukraine's Intourist system alone there are 27 hotels which can accommodate 18,000 guests.

We understand that a large part of our accommodation is still far from world standards, and the number of hotels and other accommodation is not sufficient. The level of service at our hotels and restaurants also needs to be much better. But this is just the sphere where we can develop active cooperation with firms and organizations of other countries.

We hope that within the next few years contracts will be signed and joint ventures for the construction of new hotels and the reconstruction of existing ones will be established. In the Ukraine a new law on foreign investments has recently been adopted. The Ukrainian government is developing a state programme for attracting foreign investments by endowing foreign capital with various tax, customs, credit, etc. privileges. The law protects the property and investments from being confiscated or nationalized, and allows the transfer of acquired profits abroad. We also hope that the measures undertaken by the Ukrainian government on coming out of the economic crisis caused by the disintegration of the USSR will be effective and the Ukraine will be able to use all its possibilities for profitable investment of capital into this sphere of the Ukrainian economy. According to marketing assessment the Ukraine is able to receive up to 7 million foreign guests per year. And we will do everything necessary to make this number real in the near future.

One more positive factor that we hope will influence the development of the hotel industry is the demonopolization of this important sphere. Intourist, which acted as a centralized structure, did not pay much attention to promoting the industry in the Ukraine. Today there are several independent tourist companies instead of it. Among them are "Ukrintour," "Ukrproftour," "Intourist-Ukraine," "Sputnik" and others. The possibility of competition appeared, hence there is a stimulus to increase the quality of work and service.

The aims of these tourist organizations besides the traditional ones are the promotion of new kinds of tourism, setting up their own supply structures, services, advertising and information for tourists.

One of the most important thing will be the advertising of travelling abroad in the Ukraine. This creates the grounds of mutually beneficial cooperation with tourist organizations throughout the world. For example, "Ukrintour," a joint stock company, was established to develop foreign tourism in the Ukraine and to implement new forms of tourism. It conducts advertising activities in the Ukraine and abroad, provides foreign tourists with information, increases the level of hotel, transport, trade and cultural services, organizes recreational services and medical treatment for foreign guests, provides various additional services.

"Intourist-Ukraine" comprises 22 organizations, among them 9 hotels, motels and camping grounds, a number of tourist organizations running tourist services in various parts of the Ukraine. Intourist-Ukraine includes hotels, motels, camping sites, catering enterprises, production and maintenance centres, commercial enterprises, educational institutions on training and retraining personnel, and scientific units. This infrastructure was developed to meet the requirement of tourist services: excursions, guides-interpreters, transport, accommodation, catering, organization of congresses and meetings, exhibitions and other events, as well as to produce and sell folk craft goods.

The Ukrainian joint-stock company "Ukrproftour" was established by the Federation of Independent Trade Unions of the Ukraine and the Fund of Social Insurance of the Ukraine. The main aims of this organization are to develop social tourism, various types of services, recreation and catering for Ukrainian and foreign tourists.

Bearing in mind that the success in business depends upon the quality of staff training we are now setting up a whole system of services in this sphere. Up to this time the Kiev Hotel College has been the only one that has trained personnel for the tourism industry. It is evidently impossible for one educational institution to meet the demand of a country with 50 million inhabitants.

Today we are reshaping the education system of the tourism industry. Our college acquired the rights of a higher educational institution. Some other institutions, such as the Kiev Institute of Economy and Commerce, began to offer courses for the hotel and tourism industries, in hotel management, and in foreign economic activities of commercial and service enterprises. Courses in tourism and scientific research work on the possibilities of foreign tourism in the Ukraine started at the Kiev State University and at the Universities of Simferopol and Chernovtsy.

We are in hope of the European Association of Educational Institutions Training Staff for Tourism Industry. As we see it, its purposes might be the coordination and development of professional staff training for tourism, the improvement of working methods, exchanges of curricula, programmes and ideas on staff training, the implementation of new technologies in service, elaboration of manuals and textbooks.

Wide exchanges of teachers and students, various meetings and contacts should become regular. We think that this organization if set up has very good prospects. To our mind the establishment of joint educational institutions is one of the future directions of cooperation. Combining our efforts with the Utah Valley Community College, USA, we established the joint College of Business, which will educate specialists in a number of qualifications for international tourism. After finishing this college our graduates will receive two diplomas — an Ukrainian and an American one. We hope that such an education will make it possible to raise the level of professionalism of the Ukrainian specialists in international tourism. We are also interested in the development of such cooperation with educational institutions of other countries, especially with the ones of Europe. There is a school of Ukrainian cuisine at our college. We suggest to cooperate not only in this direction but also arrange mutual exchanges of teachers and students on reduced-price tours, with maximum use of student hostels, canteens and other facilities for their accommodation and catering. We are ready to organize courses of Ukrainian and Russian languages and studies of the peculiarities of business in the Ukraine for foreign businessmen.

We are to build our common European House. The independent Ukraine has become one of the participants. The more we will do for cooperation, the more our citizens will know each other's culture, traditions, history and national character, the more solid will be the walls of the common European House.

Boris P. Yatsenko, S. S. Savitsky and E. E. Lishansky
Problems of Developing International Tourist Activities in the Ukraine

The problem of working out a strategic development programme of international relations which would ensure the sovereignty of the state in the world economy and guarantee both national and foreign economic security, is being discussed in scientific circles of the Ukraine. The main parts of the programme are believed to include the following aspects:

- the creation of a large export sector;
- the introduction of a national and convertible currency;
- the creation of a single customs area and customs border;
- the attraction of foreign investments and the liberalisation of import;
- a flexible tax, price, deposit, credit, financial and currency policy stimulating the diversification of export/import relations;
- the integration of the economy into European and world economic corporations and organizations.

The offer of various services, primarily those of tourism and in resorts, can become one of the main directions of the Ukraine's international activities. Provided the corresponding infrastructure is created or strengthened, the Ukraine can really come into this market.

According to our concept, the tourism industry is a complex system within which commercial enterprises, state institutional systems and local authority bodies interact as shown in the diagram. The nucleus of this pattern is the tourism industry proper — a functional economic system (FES) in which tourist firms' services (tour operators and travel agencies), hospitality services (hotels, catering, recreation and extra services) and the services of transport firms are interrelated. A specialized form of hospitality services is the resort economy.

The activity of the above-mentioned FES is based on the use of the resources of tourism (natural and recreational, including balneological, historical, cultural, and infrastructural aspects) within the frame of the territorial and economic systems, depending also upon the state of the environment.

Finally, the effectiveness of the above-mentioned activities is achieved by the work of the institutional and organizational state systems: legislative and legal basis of tourism, customs, consular services, banking and financial activities as well as training of specialists.

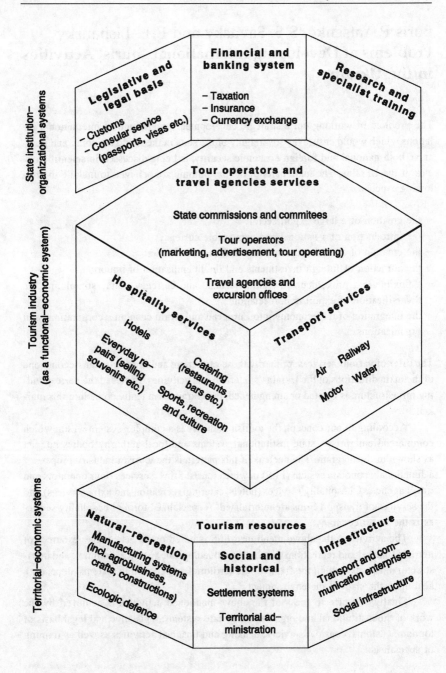

Fig. 1: Structure of tourism industry.

Problems of the functional-economic tourism systems

The key problem is the question of the correlation of the state and private capital (foreign capital included) under the arising conditions of the market economy and the forms of the firms' organization: large-scale tour operators and small enterprises (travel agencies, excursion offices, other small enterprises and cooperatives). It looks as if enterprises functioning with the active use of foreign capital should be added to the existing enterprises: "Intourist-Ukraine," "Ukrintour," "Ukrproftour" (the trade union system), "Sputnik" (youth organization system under reconstruction). There also exists a problem concerning the means of strengthening the tourism infrastructure, which is in an extremely bad condition (this concerns the hospitality sphere of the resort economy as well as that of transport). In the late 80s, the total room capacity of all the tourist centre hotels and camping sites was about 66,000 beds, of which 15,000 offered a comparatively decent level of comfort and could be used for lodging foreign tourists, including those in Kiev (9,000 and 5,600 respectively). The Ukraine's number of tourist beds is one order lower than the accepted standard (1.5 instead of 18 tourist beds per 1,000 inhabitants).

A transport service system for international tourism in the Ukraine as an independent power is just being formed. Support is needed to strengthen the activities of national airlines, and first of all "Air-Ukraine," to promote the realization of the national programme of building passenger planes (including transcontinental airlines), the construction or reconstruction of international airports in conformity with international norms. The Ukraine can also intensify Dnepro-Danube cruises and sea cruises. It is necessary to create links with the network of international railway routes.

The territorial economic system and its potential

Having a comparatively not large territory (about 600,000 sq km), the Ukraine shares an important place among the countries of CIS and Europe in the national recreational resources (climatic, biological, hydrological, landscape, mineral springs, medicinal muds, etc.). Specialists estimate that 94,000 sq km (about 16% of the territory of the state) are suitable for recreational purposes. Another 78,000 sq km are potentially suitable (if tourist infrastructure is created). The most notable place in the recreational system is occupied by the Crimean peninsular, the Carpathian region, the Dnepr valley, and the shores of the Black and Azov Seas. A good, but utterly neglected tourism resource basis is formed by historic and cultural monuments. Altogether there are 124,000 (1991) historical and cultural monuments in the Ukraine which could be used for excursions and tours. Most of these are to be found in the Lvov, Kiev and Chernigov regions and the Crimean Autonomous Republic.

There are wide possibilities of linking tourism activities with the state economy and the local economic facilities. This refers to catering, souvenir and handicraft supply, and construction and restoration work. The mild climate and the Ukrainian people's hospitality are other resources to be used when creating a network of small private camping sites in rural areas. Hence, another problem in elaborating a tourism development strategy is that of commercial structures and local self-government interaction.

The institutional-organizational system and its role in the development of tourism

In this sphere, the tourism development strategy consists in the development of effective methods of its activities support on the part of the state. We should point out that the Ukraine had no legislation of its own which could regulate activities in the field of tourism. And without it neither attracting capital nor even setting tasks to design the tourist infrastructure projects were possible. So working out a tourism law has become one of the primary tasks of the state programme of tourism development.

Other steps that must be taken by the state include putting the state borders into elementary order, the development of customs services, and the establishment of consular services in all the states that generate tourism to the Ukraine. If these measures are not taken, tourists cannot be attracted. In this connection an answer must be found to the question of banking and financial activities for tourism. The establishment of the export/import bank of the Ukraine is the first step towards the formation of the international infrastructure. It is believed to be linked with the commercial banks, leasing, and joint ventures, with independent participation of the Ukraine's firms in the international exchanges and tourism fairs. The present system of taxation, by which the Ukrainian government is not only far from promoting capital investment into tourism but represses any initiative, does need reviewing.

To solve these problem of coordination the independent Ukraine has to create a structure with an effective interaction of the appropriate state committee, commercial enterprises and the bodies of local self-government. In contrast to the classical examples of similar activities, its main and special purpose must be activities for the benefit of the spiritual rebirth of the nation.

Main features of the tourist and recreational regions of the Ukraine

Ukrainian geographers, historians, and physical-planning and urban-planning specialists traditionally pay much attention to the problems of the territorial organization of tourist and recreational activities. A concept of the possible planning organization of tourism has already been elaborated (the map shows one of the versions of the planning scheme). This concept can be used both by tourist enterprises and by building and other organizations concerned with infrastructure development. There are the following tourist and recreational regions in the Ukraine:

1. The Dnepr region (Kiev — Cherkassy — Dnepropetrovsk — Zaporojie), which is also called the "Dnepr Corridor." The leading place belongs to Kiev, the capital of Ukraine, in which monuments reflecting all the main stages of its history are concentrated. The capital of the republic possesses the most reliable infrastructure in the sphere of hospitality as well as the possibility of creating a knot of all the European and transcontinental communications. Other important tourist centres are Kanev and "Shevchenko Land" (places of the Ukraine's spiritual rebirth); Cherkassy — Chigirin — Zaporojie are the Ukraine's cossaks glory places and those of the main events of the 17th century national liberation movement.

2. The East Ukrainian region, in the heart of which are located the main territories of the left-bank Ukraine and the Chernigov region, which exerted considerable influence on the formation of the Ukrainian nation and the Ukrainian language. For a long time its monuments were extremely poorly used in international tourism, and now such centres as Chernigov, Novgorod-Siversky, Batourin, Niejin, Poutivl, Kachanovka and others could become new centres of tourism.

3. The Polissko-Volynsky region. In this region, which is of geographical and ethnographical interest, three areas should be mentioned: the Loutsk—Vladimir—Volynsky axis, the Rivne—Doubno—Ostrog triangular and the Chernobyl zone. The Chernobyl zone can become a unique radiological reserve and the object of specific tourist interest.

4. The Podolsky region is a peculiar region from the point of view of geography and history, having monuments of ancient architecture, town building, and history. Kamijanets-Podilski and Hotin, located in the Boukovina region, are the most interesting places.

5. The Carpathy-Galychina region. This historical region of the Ukraine has a dramatic and peculiar past. On the other hand, it is here that the tradition of Ukrainian culture and language have been most fully presented. The most important tourist centres are Lvov and its surrounding area. The city has preserved its architectural and historical appearance. There are a great number of architectural monuments. Lvov is no doubt one of the most important historic cities in Europe. Mineral waters of different composition are widely used for spa treatment in the Lvov, Transcarpathian and other regions of the western Ukraine.

6. The Black and Azov Seas regions. At present, Odessa is the historical and cultural centre of the Prichornomorja steppe. In the future, the use of climatic and balneological resources for international tourism is strongly expected. There are the littoral steppe climate (a rare combination), the medicinal muds of the Black Sea salt lakes (in the limans extending from the Danube delta to the Dnepr estuary), and the beaches on the Black Sea and Azov Sea coasts.

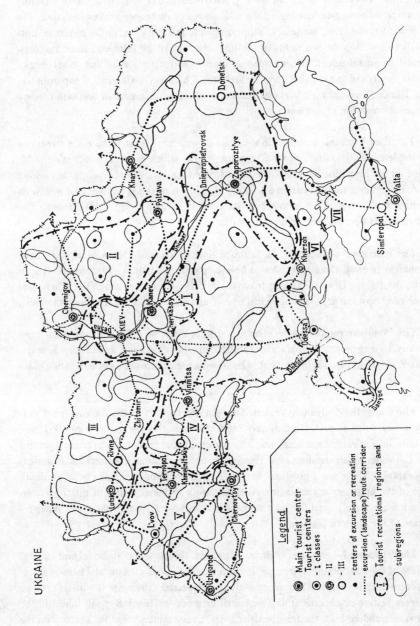

Fig. 2: Tourist and recreational regions.

7. The Crimea has been a very important tourist region for a long time. The sea coast from Eupatoria to Kerch with its beaches and its historical monuments going back to the fifth century B. C. is one of the most important recreation areas in Europe. Another recreational resource of the Crimea is the Mediterranean subtropical climate of its southern beaches and the balneological facilities of the salt lakes near Eupatoria and on the Gulf of Sivash.

For each of these regions (as well as for individual centres of the eastern Ukraine) detailed physical planning and urban planning studies have been undertaken and concrete urban planning projects are being worked out.

Autorenverzeichnis

SNEJANA GEORGIEVA ANGELOVA, Institut für Tourismus, Burgas.

Dr. NAIDEN DIMITROV APOSTOLOV, Fachbereich Ökonomik und Organisation des Tourismus, Wirtschaftsuniversität Warna, Warna.

Dipl. oec. OTTO BALOGH, Entwicklungsdirektor, Ungarisches Landesfremdenverkehrsamt, Budapest.

Prof. Dr. EMILIO BECHERI, Fachbereich Touristik, Universität Florenz, Florenz.

Prof. Dr. ALEXANDER A. BEIDYK, Lehrstuhl für Geographie, Geographische Fakultät, Universität Kiew, Kiew.

Dr. med. JURAJ ČELKO, Direktor des Heilbades Trenčianske Teplice, Trenčianske Teplice.

Prof. Dr. LASZLO CZISMADIA, Rektor der Hochschule für Binnenhandel und Fremdenverkehr, Budapest.

NADJA BORISOVA DANAILOVA, Institut für Tourismus, Burgas.

Dr. habil. MARIANNA DASZKOWSKA, Lehrstuhl für Ökonomie und Organisation des Tourismus, Universität Danzig, Danzig.

PAVLINA TOMOVA DETSCHEVA, Stellvertretende Direktorin, Institut für Internationalen Tourismus, Warna.

Dr. WLADIMIR KIRILLOWITSCH FEDORTSCHENKO, Direktor der Fachschule für Hotellerie, Kiew.

Prof. Dr. habil. JANUSZ S. FECZKO, Fakultät für Touristik und Erholung, Hochschule für Sport, Krakau.

Dr. med. ISTVÁN FLUCK, Präsident der Ungarischen Balneologischen Vereinigung, Vizepräsident der FITEC, Budapest.

Dr. WOLFGANG FUCHS, Präsident der Umweltkommission der FITEC, Bürgermeister, Bad Krozingen.

Dr. MARIAN GÚČIK, Lehrstuhl für Fremdenverkehr, Wirtschaftshochschule Banská Bystrica, Banská Bystrica.

HANA GÜNTHEROVA, Leiterin Marketing und Public Relations, Heilbad Jáchymov AG, Joachimsthal.

Dipl.-Ing. MARIE HOLUBCOVA, Stellvertretende Sektionsleiterin, Gesundheitsministerium der Tschechischen Republik, Prag.

Dr. med. GÜNTHER-JOACHIM JAECKEL, Kurarzt, Thermal-Hotel Sárvár, Sárvár.

Prof. Dr. HELMUT KLOPP, Fachbereich Touristikbetriebswirtschaft, Fachhochschule Heilbronn, Heilbronn.

HERIBERT KOHL, Steuerberater, Bonn.

Dr. med. LIBUŠE KREJNA, Gesundheitsministerium der Tschechischen Republik, Prag.

Dipl.-Betriebswirt PETER KRUMSCHEID, Kurdirektor, Kurverwaltung Freudenstadt, Freudenstadt.

Dr. IRENA LEDWOŃ-JĘDRZEJCZYK, Institut für Verkehrswirtschaft, Wirtschaftshochschule Kattowitz, Kattowitz.

Dr. VASIL HRISTOV MARINOV, Lehrstuhl für Geographie des Tourismus, Sofioter Universität, Sofia.

Dr. ALOIS MODL, Geschäftsführer des Österreichischen Heilbäder- und Kurorteverbandes, Wien.

Dr. oec. VASIL NAIDENOV NESCHKOV, Lehrstuhl für Ökonomie und Organisation des Tourismus, Wirtschaftsuniversität Warna, Warna.

Dipl.-Ing. LEO NOVOBILSKY, Stellvertretender Generaldirektor, Grandhotel Pupp, Karlsbad.

Prof. Dr. NIKOLAJ NIKOLAJEWITSCH PADUN, Dekan der Geographischen Fakultät, Universität Kiew, Kiew.

Dr. MAREK PASZUCHA, Vizeminister für Tourismus, Staatsamt für Sport und Tourismus, Warschau.

BARBARA RICHTER, Geschäftsführende Gesellschafterin, IKD Gesellschaft für medizinischen Tourismus, München.

WLADIMIR IWANOWITSCH SKRINNIK, Präsident Intourist Ukraine, Generaldirektor der Ukrainischen Vereinigung für Kur- und Sanatorieneinrichtungen, Kiew.

Prof. Dr. FRIEDER STADTFELD, Fachbereich Verkehrswesen/Touristik, Fachhochschule Worms, Worms.

Dr. med. ST. STAMATOV, Medizinische Fakultät, Universität Sofia, Sofia.

Prof. Dr. habil. GERARD STRABURZYŃSKI, Direktor des Instituts für Kurmedizin, Posen.

Dr. ZDZISLAW SUWAŁA, Ministerium für Gesundheit und Sozialfürsorge, Warschau.

Dr. SIEGFRIED WENTER, Direktor des Landesverkehrsamtes Südtirol, Bozen.

Prof. Dr. KARLHEINZ WÖHLER, Bereich Fremdenverkehrsbetriebslehre, Universität Lüneburg, Lüneburg.

Prof. Dr. BORIS PAWLOWITSCH YATSENKO, Lehrstuhl für Landeskunde und Reiseverkehr, Geographische Fakultät, Universität Kiew, Kiew.